火災和爆炸的預防、評估與控制

Prevention, Assessment and Control of Fire and Explosion

黃清賢◎著

序

　　年輕時，我在美國念工業安全研究所，修習兩門防火防爆課程，一為工業防火，論及工廠火災，爆炸相關的理論，因果與控制；另一為消防工程，即一般所謂的各種滅火用的消防設備。

　　回國後，我在政府的勞工檢查機構（類似今日之行政院勞工委員會）從事工廠安全衛生的檢查工作，親自接觸一些血淋淋、怵目驚心的火災及爆炸案件，益覺廠房設備設施防火防爆之重要。工作之餘，我編寫一本《建築與防火》（徐氏基金會出版，現已絕版）。

　　之後，我轉任教職，在當時國內唯一有安全衛生科系的嘉南藥理科技大學任教。數年後，經我建議而開設防火防爆課程。

　　我上課喜歡有一本教科書，如此我方便，學生也方便。起初我使用自己編的《建築與防火》，但數年之後，漸覺該書不能滿足我授課所需，乃自行編印講義，多取材自美國防火協會（FNPA）和英國專業書籍。

　　大約在十年前，我開始撰寫本書。寫了幾個寒暑，完成前面四章。不意此時，原本輕微的椎間盤突出突然舊疾復發，因此擱筆多年。在這期間，從大學部到研究所，我一直教授防火防爆課程，整理不少教材。

　　去年，忽然心血來潮，去把塵封的稿件找出來，再度動筆。因擔心寫書久坐將使舊疾復發，故此次改弦易轍，邊寫邊玩，再也不敢似寫前幾本書那麼賣命。很幸運地避過災病，書也於今年夏末秋初完成。

　　本書寫作的原則在於──儘量滿足一個職業安全衛生系或研究所的學生所應該知曉的防火防爆專業知識。

　　本來希望能面面俱到，鉅細靡遺地論述當今重要的防火防爆各項議題，但限於篇幅，我僅做了幾成。然而對於一個工業安全的學生，這本書已容納其所需的專業知識了。

　　本書第九章專論火災、爆炸的危害分析與風險評估，藉此彌補《危害分析與風險評估操作手冊》一書中之不足，順便修正《危害分析與風險評估》第五章之部分內容。

　　本書最適合作為大學或研究所的教科書。授課老師可依學分數多寡自行斟酌。建議某些章節在大學部可略而不論，包括：

一、第三章：3.2.4、3.2.5

二、第四章：4.8～4.10

三、第六章：6.4.1、6.4.2、6.6.4

四、第七章：7.4.2之一些計算公式

五、第八章：8.1.4、8.1.5、8.2.2、8.3

六、第九章：8.2.4、9.3、9.4或本章全部

七、第十章：10.3電氣防爆設備之一部分，10.4、10.7.4

八、附錄全部

　　本書亦可作為高考或證照考試的參考用書。準備高考三級或專技高考者，必須讀透全書；準備甲級技師者，可省略上列之章節。祝各位金榜題名。

　　感謝揚智文化事業公司編輯群的辛勞，對於他們的專業與敬業，我深感佩服。

　　本書雖經多次校對，恐疏漏謬誤之處難免，尚祈各界專家、讀者不吝指正。

黃清賢 謹識

2013年8月於台南

目　錄

附　錄　389

Chapter

1 燃燒生成物及其危害

火對人類文明的貢獻巨大深遠，難怪中東地區有拜火教之出現；然而火同時也給予人類重大的蹂躪摧殘，故西方人有句諺語：「Fire is a good servant but a bad master」（火是忠僕，也是惡主）。又有人稱之為「兩面神」（two-sided god）。

火災對人的傷害，主要來自燃燒過程中產生的火焰，煙（smoke）和毒性氣體。火焰發出高熱（主要是輻射熱和對流熱）。又因為煙和毒性氣體充塞於大氣之中或室內空間，以及燃燒過程中消耗大量的氧，也容易形成缺氧環境。因此，缺氧、高溫、煙和毒性氣體構成火災的致命因子。

而爆炸所造成的傷害來源有部分與火災相同，例如有火焰的爆炸（通常是化學性爆炸）會產生高熱、煙和毒性氣體；無焰的爆炸（flameless explosion），例如蒸氣爆炸，則無高溫的火焰和毒性煙氣。然而不論有無火焰，爆炸常伴隨壓力波（pressure wave or shock wave），使得被衝擊的構造物支離破碎，這些四散橫飛的碎片便成為致命因子。而且，人所居住或工作的建築物、廠房或機器設備倒塌，也成為殺人凶手。

有關火災、爆炸的危害與風險評估，本書將在第九章詳細討論。在此僅略述缺氧、高溫、煙和毒性氣體對人體造成的危害。

1.1 缺氧

燃燒（combustion）是激烈的氧化反應。在燃燒過程中，會消耗空氣中的氧。燃燒時，又產生不少各種氣體，使得氧在空氣中的濃度大為降低。氧降至18%以下，人的呼吸轉為急促。若再降至10～14%，雖仍有意識，但判斷力受損、易疲勞。若降至6～10%，人會崩潰昏厥失去意識，必須補充新鮮空氣，否則會在數分鐘內死亡。**表1-1**為缺氧對人體生理的不良效應。

表1-1　空氣中含氧量對人體的影響

空氣中含氧量（％）	人體的生理反應
21	正常
17	肌肉協調受到影響，增加呼吸頻率以補充氧
12	暈眩、頭痛、迅速疲勞
9	喪失意識知覺
6	呼吸及心臟同時衰竭，數分鐘內死亡

 1.2 高溫

　　人有時會被高溫的火焰燒灼，但大多數都先接觸輻射熱與對流熱。對流熱是由高溫的空氣與燃燒生成的氣體（如CO_2）帶至人體。因火災現場除了有空氣中的濕度之外，尚有燃燒時產生的水分子以及滅火時用的消防水，這些濕氣將使得熱傳更有效率，人體暴露於高溫氣流，熱效應也因濕氣而加劇。

　　高溫會傷害呼吸道，中樞神經系統使人脫水。49°C～54°C的熱氣若吸入肺部，會導致血壓大降，循環系統衰竭。吸入過多熱氣，也會發生肺水腫，可能窒息死亡。根據加拿大National Research Council所做的實驗，認為140°C是最高存活呼吸空氣溫度（maximum survivable breathing air temperature）。在空氣中沒有濕氣的情況下，人只能在148°C（300°F）之下忍受很短的時間。如果有濕氣的話，人存活的時間將更短（NFPA, 1986: 4-37）。

1.3 可見的（visible）煙

　　普通可燃物（如木材、紙張、塑膠、橡膠等）和油類在燃燒過程中熱分解，不論是否完全燃燒或不完全燃燒，除了肉眼看不見的有毒氣體之外，還產生大量的懸浮在空氣中的固體或液體粒子。

　　煙塵中布滿細微的碳粒、焦油、灰塵，阻礙光線，影響視覺，妨礙逃生。被吸入肺部的煙粒本身具有刺激性，對呼吸系統亦會造成損害。有毒氣體和煙一起進入肺部，是造成火災死亡的最大元凶，據估計，可達80％以上（Bryan, 1974）。

1.4 毒性氣體

　　火災燃燒過程中產生的毒性氣體（fire gases）可說是火場中最迅速、致命的殺手。任何家具、衣服、藥物或某些建材，一旦燃燒分解，幾乎都會產生有毒氣體，例如沙發椅套、椅墊中的聚胺酯，會產生異氰酸酯，可刺激肺部，也

產生氰化氫，侵入血液，循環全身；壓克力燈罩會產生丙烯醛（Acrolein）；地氈燃燒產生丙烯醛、氰化氫及氨；電視機外殼中的聚丙烯產生一氧化碳；壁紙及油漆產生乙醛、甲醛、氮的氧化物、乙酸；電線絕緣被覆中的聚氯乙烯產生氯化氫、光氣及一氧化碳；皮革、羊毛產生硫化氫等等（**表1-2**）。

　　這些毒性氣體在密閉空間濃度甚高，種類繁多，共同為害，對人體的毒害形成加成效應，可在1、2分鐘之內取人性命。茲簡述各主要的毒性氣體。

1.4.1 一氧化碳

　　一氧化碳雖不是火場中最毒的氣體，但其所產生的量可能是最多的，特別是在通風不良、缺氧、悶燒的環境之中。通常煙越黑，一氧化碳的濃度越高。

表1-2　燃燒產生的氣體的中毒效應

毒性物質	可燃物	中毒效應	短期（10分鐘）估計致死濃度（ppm）
氰化氫	羊毛、絲綢、尼龍、紙、聚丙烯腈、聚胺基甲酸乙酯（pu）	迅速致命窒息性中毒	350
NO_2及其他氮的氧化物$(NO)_x$	纖維品產生少量。硝化纖維及賽璐珞產生較大量	強烈肺部刺激物，能立即致命，亦能造成持久的傷害	200
氨氣	羊毛、絲綢、尼龍、蜜胺（氰尿三醯胺），在一般建築物的火災，其濃度不高	刺激性、氣味惡劣，刺激眼睛、鼻子	1,000
氯化氫	聚氯乙烯（PVC）及一些阻火抗火材料	呼吸性刺激物，刺激身體表面之皮膚、眼結膜、呼吸道內面	500
鹵化氫氣體（HF及HBr）	氟化樹脂或薄片，一些含溴的抗火材料	呼吸器官刺激物	HF 400 HBr＞500
二氧化硫	含硫的物料	在致死濃度以下則具有強烈的刺激性，且難以忍受	＞500
異氰酸鹽	胺基甲酸乙酯聚合物，甲苯-2,4-二異氰酸酯（TDI）	強烈刺激性，刺激鼻和咽喉黏膜，導致皮膚炎	100
丙烯醛	在較低溫（400℃）的聚烯烴及纖維素的高溫分解作用	強烈呼吸性刺激物	30～100

資料來源：美國工業衛生學會ACGIH期刊。

一氧化碳的危害比二氧化碳高多了，最主要在於一氧化碳與血液中血紅素（hemoglobin）的親和力大於氧和血紅素的親和力。與一氧化碳結合的血紅素（即COHb）妨礙與氧結合的血紅素（即HbO_2），致使身體組織缺氧。COHb的結合能力是HbO_2的250倍左右。根據研究（NFPA, 1986），血液中COHb的濃度達30%以上，對大多數人而言就相當危險。根據經驗，一氧化碳的濃度（ppm）乘以時間（分鐘數）只要超過35,000ppm，就非常危險。例如，暴露於一氧化碳濃度3,500ppm 10分鐘的人即陷於險境。**表1-3**為一氧化碳的中毒效應。

1.4.2 二氧化碳

二氧化碳是物質完全燃燒後的產物。正常空氣中含0.03%的二氧化碳，即使增加到3～4%，暴露1小時，人仍然安全。但若增至5%以上，人的呼吸會加速，感到頭痛、暈眩、冒汗及精神亢奮等；若繼續增至10～20%，腦部呼吸中樞癱瘓，可能在數分鐘內死亡。

1.4.3 氰化氫

燃燒羊毛、尼龍、橡膠會產生氰化氫（HCN）。服裝衣飾、家具、地毯店家發生火災，將產生大量的氰化氫。這種氣體無色，有杏仁味。

氰化氫是窒息性毒氣，其毒性約為一氧化碳的25倍，會妨礙細胞、組織內氧和二氧化碳的交換，抑制氧化酶，引發氣喘、肌肉痙攣、脈搏加速、有虛脫感。人在中毒後期會喪失意識、瞳孔擴大、呼吸低淺、不感覺痛苦而死。其在空氣中的致死濃度與暴露時間大約如**表1-4**。

表1-3 空氣中一氧化碳的中毒效應

CO濃度（ppm）	（%）	生理反應
100	0.01	無徵象——無損害
200	0.02	輕微頭痛
400	0.04	1～2小時後頭痛
800	0.08	45分鐘後頭痛、噁心、虛脫；2小時後昏迷
1,000	0.1	危險——1小時後昏迷
1,600	0.16	20分鐘後頭痛、暈眩、噁心
3,200	0.32	5～10分鐘後頭痛、暈眩、噁心；30分鐘後昏迷
6,400	0.64	1～2分鐘後頭痛、暈眩；1～15分鐘後昏迷
12,800	1.28	立即昏迷，1～3分鐘後有死亡危險

6

表1-4　空氣中氰化氫的致死濃度與暴露時間

濃度（ppm）	生理效應
18～36	數小時內無顯著影響
45～54	可支持30分鐘～1小時
110～135	30分鐘～1小時內造成死亡
135	30分鐘內死亡
181	10分鐘內死亡
270	立即死亡

1.4.4 氯化氫

　　無色的氯化氫常見於聚氯乙烯塑膠、玩具、藥品、電線的燃燒生成物之中。

　　氯化氫對身體表面（如皮膚、眼結膜）與呼吸道的內面（如口腔、鼻、喉、氣管的黏膜）具強烈刺激而造成腫脹、阻礙、呼吸費力、窒息。一般而言，1,000～2,000ppm濃度的氯化氫使人在短時間陷入險境，超過2,000ppm，數分鐘即奪人性命。

1.4.5 丙烯醛

　　燃燒聚乙烯和含纖維素的物料甚易產生丙烯醛，尤以在不完全燃燒的情況下為最。

　　也是無色的氣體、具強烈刺激性，刺激眼睛、皮膚、呼吸器官。丙烯醛對人的生理效應如表1-5。

表1-5　丙烯醛對人的生理效應

濃度（ppm）	暴露時間	生理效應
1	2～3分鐘	刺激眼睛
1	3分鐘	流淚
1	5分鐘	痛苦難耐
5	20秒	眼、鼻痛苦
5	1分鐘	痛苦難耐
30～100	10分鐘	死亡

1.4.6 氮的氧化物〔$(NO)_x$〕

在氮的氧化物中有兩種物質較危險，即二氧化氮（NO_2）和氧化氮（NO）。氧化氮和氧易轉成二氧化碳。氮的氧化物皆溶於水，和氧反應可生成硝酸和亞硝酸。硝酸和亞硝酸在人體組織中接觸鹼性物質，而成硝酸鹽、亞硝酸鹽。這兩種鹽類使人虛脫、血壓異常、頭痛、暈眩。

二氧化氮是棕紅色氣體，能刺激肺部，引發肺炎、支氣管炎，嚴重時導致肺水腫（NO_2濃度在500ppm以上），呼吸困難，終至窒息而亡。

參考文獻

1.NFPA, *Fire Protection Handbook*, 16ed, pp. 4-37, 1986.

2.Bryan, John L., *Fire Suppression and Detection Systems*, Glencoe Press, 1974.

3.NFPA, *Fire Protection Handbook*, 16ed, pp. 4-34, 1986.

Chapter 2

火災、爆炸的基本原理

2.1 燃燒與火災、爆炸

　　先有燃燒然後才有火災（fire）或化學性爆炸（注意：物理性爆炸不涉及可燃物的燃燒）。

　　何謂「燃燒」？依據火災最重要理論——四面體（tetrahedron）的發現者Walter M. Haessler的定義，燃燒是可燃物（還原劑）與某些元素，最重要是空氣中的氧或化合物（氧化劑）不斷結合的反應。雖說氧是最常見的氧化劑，但氟或氯也是氧化劑。這種可燃物的氧化反應有一個共通點：即是放熱反應，換言之，反應物分子中的化學能轉變成熱能（Haessler, NFPA, 1986）。

　　但是，並非全部的可燃物之燃燒非得氧或其他氧化劑不可。例如可燃性金屬，如鎂、鋁、鈣等卻可在沒有氧的空氣中燃燒，其反應式如下：

$$Mg + 2H_2O \longrightarrow Mg（OH）_2 + H_2 + 燃燒熱（\triangle Hc）$$
$$2Al + 6H_2O \longrightarrow 2Al（OH）_3 + 3H_2 + 燃燒熱（\triangle Hc）$$

　　此外，有些物質在高溫下，放出光和熱，例如聯胺（N_2H_2）、乙硼烷（B_2H_6，沸點是零下92.5°C）、硝基甲烷（CH_3NO_2）、過氧化氫（H_2O_2）、臭氧（O_3）等。

　　然而，這些在放熱反應過程中沒有氧參與的物質終究屬於少數。一般而言，燃燒是產生光和熱的氧化反應。根據以上討論，有些物質的氧化過程甚為緩慢，需數週或數月才完成，且未有顯著的放熱現象，增溫不及1°C，則不能稱之為燃燒，例如鐵的生鏽、人體內食物的代謝作用。

　　何謂「火災」？火災可說是失去人類控制的燃燒，在違反人的意願下發生，向四面八方擴散，可燃物在快速的氧化過程中，釋出高熱的氣態燃燒生成物，放出可見與不可見的輻射光，常常造成人所不欲見的傷亡、財產損失者。

　　比較燃燒與火災的意義，可知兩者都是氧化反應，放出熱及光，所差異者在於燃燒為人所用，在人的控制之內進行，有功於人類，而火災則已失控，向各處蔓延，造成人類各種程度不等的傷亡或損害。

　　再者，何謂「爆炸」？有人也許會想到鞭炮或煙火，或炮彈爆炸，說它是「一種巨大的噪音並同時裂成碎片」或是「發生一種巨大的聲音，同時物體由

其原來位置迅速離開」。這種說法，僅描述爆炸過程中被看見的一些表面現象而已，沒有觸及爆炸的真正內涵。又有人說：「爆炸係一種伴隨燃燒，分解，或蒸發等化學變化而使壓力急速上升，造成建築物或容器設備被破壞並發生爆風、爆音的現象。」此定義比前一個定義正確，談到壓力急速上升，有爆風發生，但僅言及化學性爆炸而已，沒有考慮到物理性爆炸現象。

我翻閱不少外國學者專家的著作，有些定義失之簡略，例如鼎鼎大名的化工安全專家Frank P. Lees在其巨著稱「爆炸是能量突然且劇烈的釋放」（Explosion is a sudden and violent release of energy）（Lees, 1986），而美國防火協會（NFPA）在其防火手冊寫著「爆炸可定義為高壓氣體迅速釋放於環境之中」（An explosion is defined as a rapid release of high pressure gas into the environment）（NFPA, 1986），這兩個定義都僅道出爆炸的一小部分特點而已。我見過最詳細完整且嚴謹的定義，是由R. F. Schwab在NFPA防火手冊所下的：

Explosions

In the widest sense, an explosion is an effect produced by the sudden violent expansion of gases. This process of rapid physical and/or chemical transformation of a system into mechanical work, accompanied by a change of its potential energy, may also be accompanied by shock waves and/or the disruption of enclosing materials or structures. An explosion may result form (1) chemical changes such as in the detonation of an explosive or the combustion of a flammable gas-air mixture, (2) physical and mechanical changes such as the bursting of a boiler, or (3) atomic changes.

爆炸

廣義言之，爆炸是氣體突然劇烈的膨脹（擴張）所引起的效應。這種一個系統之物理／化學迅速轉移至機械功的過程，常伴隨其潛在能量之轉換，也伴隨著衝擊波／封閉的物料或結構的毀壞。爆炸常由下列情況所引起：(1)化學的變化，如爆炸物之爆轟或易燃性氣體與空氣的混合物之燃燒；(2)物理或機械的變化，如鍋爐爐胴爆裂；(3)原子的變化。

在此定義之中，他簡明扼要地點出爆炸的幾個基本特點：

1. 爆炸過程中必然有氣體突然劇烈的膨脹，比其原來的體積至少膨脹1,000倍以上。這種氣體迅速向外擴張的效應產生壓力波〔pressure wave，或稱shock wave（震波）〕。

2. 爆炸主要有三大類：

   (1)化學性爆炸：凡易燃性氣體、可燃性（combustible）和易燃性（flammable）液體以及可燃性固體（例如各種爆炸性粉塵）進行快速氧化還原反應的爆炸。

   (2)物理性爆炸：與可燃性物質燃燒無關的不涉及化學反應的爆炸。通常係因外力加熱，導致容器內之液體蒸發壓力過大，突破容器的結構強度，終使容器爆炸，例如鍋爐本體爆炸或BLEVE（boiling liquid expanding vapor explosion）。此外，兩物質的溫度差過大，接觸時，低溫的液體急速汽化而爆炸，這是過熱液體（superheated liquid）爆炸，例如水碰觸高熱金屬或極低溫液體（約零下150℃）接觸常溫的水，或突然送水進入高溫鍋爐管、熱交換器等而生氣爆（BLEVE將在後面章節討論）。

   (3)原子（或核子）爆炸：原子核分裂或核融合的爆炸，不在工業安全研討範圍之內。

3. 爆炸過程中，會發生「系統之物理和（或）化學迅速轉移至機械功」之情形。此處所謂「系統」係指硬體設備，如化學反應器、穀倉、鍋爐等。這些硬體系統之內發生物理或化學變化，這中間有能量的產生與累積，當累積至一定程度時，以力的形式出現，並使硬體系統產生位移，此即所謂的機械功，事實上，就是膨脹功。

4. 爆炸的過程中，必有大小程度不同的衝擊波（或稱壓力波、震波、爆風波）。這是膨脹的氣體急速向外壓縮空氣所致。

5. 爆炸的後果，常使得結構物崩塌瓦解。

大略言之，凡不具備上述任一特點者，都不是爆炸。

比較以上的討論，可知化學性爆炸是極快速、強烈的燃燒，火災與爆炸之間有相同且相異之處，請參考**表2-1**。本書第五章將細論各種爆炸的基本特性、形成因素及各種不同物質產生的爆炸等。

表2-1 Fire與Explosion的異同

比較項目	Fire	Explosion
形成因素	Fuel　化學 O　　反應 Heat（有flame）	（與fire相同） 侷限空間 高壓or　　物理反應 兩物質之　（無flame） 溫度差
燃燒速度	慢，＜10m/sec	快 deflagration＜330m/sec detonation 1,000～8,600m/sec
產生	光、熱、煙塵	光、熱、煙塵、極大氣壓 shock (pressure) wave 〔巨響，（震）壓力波〕
分類	A、B、C、D四類	物理化、化學性、原子三類
熱傳方式	傳導、對流、輻射	震波、反應熱
發生時間	較長	瞬間（＜0.5秒）
波及範圍	可大可小 （依延燒時間而定）	通常較大（可達一公里）
發生頻率	高	較低
產生對人體 傷害的物質	火焰（高溫）、 毒性煙塵、 窒息	火焰（高溫）、 毒性煙塵、震波（可造 成肺部出血或二次傷害）

2.2 火災爆炸的基本理論

2.2.1 三角理論

　　火災的三角理論（fire triangle）是最早、也是最基本的燃燒理論。這理論以三角形三個邊表示燃燒過程中缺一不可的三個要素：可燃物（fuel）、氧和熱（heat）（圖2-1）。

(一)可燃物

　　在此，所謂可燃物只是一個通稱，為非可燃物（non-combustibles）相對的名詞。所謂非可燃物，依NFPA的定義，係指暴露於1,500°F（816℃）溫度達5分鐘而不會在空氣中燃燒的物質。非可燃物之外者是為可燃物。

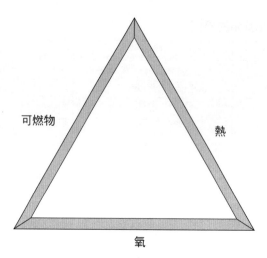

可燃物

熱

氧

圖2-1　火災的三角理論

　　美國文獻通稱的fuel並非指供給燃燒設備（如鍋爐）作為能源的燃料（例如供給鍋爐加熱於水的燃料有煤炭、重油、輕油、汽油、煤氣、天然氣等）。fuel泛指所有可燃性物質，包括固態、液態與氣態可燃物。

◆ 固態可燃物

　　可分普通（ordinary or common）可燃物（如木材、紙、纖維、棉毛、塑膠、橡膠等），以及易燃的金屬（如K、Na、Mg、Al、Zn等）和非金屬（如純碳、磷、硫）。一般而言，這些可燃物需先經熱分解（pyrolysis），直到釋出可燃性氣體，以木材為例，加熱至200°C之後，木材逐漸釋出CH_4、C_2H_4、H_2、有機酸、醛等氣體。但也有例外，例如萘（$C_{10}H_8$）經加熱即昇華為可燃性氣體，未經熱分解的程序。

　　雖然同是固態可燃物，但各可燃物之間的燃燒特性差異頗大，這與其各自的物理化學性質有密切關係。

1. 熱傳導度：一般而言，固態可燃物熱傳導度較小者較易燃，因燃燒產生的熱散失較慢，熱易於蓄積之故，例如比較碳與石墨的易燃性，發現碳的熱傳導度是每秒0.0004cal/cm，而石墨是每秒0.04cal/cm，相差100倍，碳較石墨易燃。

2. 熔點：熔點較低的物質較易燃。低熔點物質受熱後變成熾熱的熔漿，擴大其面積，使火焰蔓延。

3.表面積：可燃物表面積與其質量比越大者，越易獲得氧，越易燃，故細微的木材粉比木屑易燃，木屑又比木片易燃，木片又比木塊易燃。

4.放置狀態：垂直放置的可燃物比水平放置者更易燃。因空氣受熱、密度降低而向上浮動，使得火焰向上蔓延。垂直堆積的物料在真正燃燒之前已經受到熱氣的預熱、燃燒速度加速進行。

5.煙塵：燃燒時產生大量細微固態碳粒的濃煙者，較易燃，因煙塵（soot）增加輻射熱，轉而升高燃燒速率（burning rate）。

6.阻火物（flame retardants）：固態可燃物上若添加阻火物會抑制（inhibit）氧化反應，降低可燃性蒸氣的含量阻礙燃燒及防止火焰蔓延。

◆ 液態可燃物

依美國防火協會（NFPA）的分類（NFPA 30）（**表2-2**），可分可燃性液體，其閃火點（flash point）高於100°F（37.8°C）和易燃性液體，其閃火點低於37.8°C。可燃性液體包括醋酸、松節油、汽油（gas oil）、煤油、重油等；易燃性液體則包括汽油、二硫化碳、己烷、環氧乙烷、丙酮、苯、甲苯、乙醇等。國內勞工安全衛生法規所指引火性物質即屬之。

液態可燃物在被引燃（ignition）之前，必須經過汽化的階段（正如固態可燃物需先歷經熱分解的階段一樣）。此時，液體吸熱而變成蒸氣，所吸收熱，稱為汽化潛熱（Latent heat of vaporization，一公克的液體在一大氣壓力下，在沸點時，變成蒸氣，所吸收的熱，單位cal/g，Btu/1b）。液體的蒸氣和空氣混合在一起，而成可引燃的混合氣體（ignitable mixtures），此時，空氣中的蒸氣

表2-2　易燃性與可燃性液體

易燃性液體	可燃性液體
閃火點低於100°F（37.8°C）且在100°F 2,068mmHg時之蒸氣壓未超過40psia的液體	閃火點等於或大於100°F（37.8°C）的液體
Class I液體，包括閃火點低於100°F者，可分類為： 1.Class IA液體：包括閃火點低於73°F（22.8°C）且沸點低於100°F者 2.Class IB液體：包括閃火點低於73°F且沸點大於或等於100°F者 3.Class IC液體：包括閃火點在73°F～100°F者	1.Class II液體：閃火點大於或等於100°F且低於140°F（60°C）者 2.Class IIIA液體：閃火點大於或等於140°F且低於200°F（93°C）者 3.Class IIIB液體：閃火點大於或等於200°F者

資料來源：NFPA 30.

濃度達到某一定的百分比範圍，此一濃度範圍則稱為燃燒（爆炸）範圍〔flammable（explosive）range〕。此範圍的下限稱為燃燒（爆炸）下限〔lower flammable（explosive）limit, LFL or LEL〕，此範圍的上限稱為燃燒（爆炸）上限〔upper flammable（explosive）limit, UFL or UEL〕。例如二硫化碳的燃燒（爆炸）範圍之實驗值是1～44%。

而略低於燃燒（爆炸）下限濃度的蒸氣如果有發火源（sources of ignition）靠近，則會閃火（flash fire），而不會繼續自發火源向外燃燒，此時的溫度，稱為閃火點。我們可以說，液體的閃火點是液體的蒸氣壓在燃燒（爆炸）下限恰好足以產生易燃性混合氣體時之最低溫度。

用於決定閃火點的測試設備有多種（**圖2-2**），有的使用開口杯（open cup），有的使用閉口杯（closed cup）；各種設備測試的液體亦不同，例如ASTM D93測試閃火點大於93℃（200°F）的液體。

對於同一物質，以開口杯法測得的閃火點通常高於以閉口杯法測得的閃火點（**表2-3**）。閃火點也會隨著下列因素而異：

1.壓力（低於一大氣壓力時，測得的閃火點高於燃燒下限）。
2.空氣中的含氧量。
3.被測試液體的純度。
4.測試方法。
5.實施測試之人員。

原則上，閃火點可視為物質易燃或不易燃的重要指標。其他重要參考指標尚有著火點（fire point，或稱燃點）和自燃溫度（autoignition temperature, AIT，或ignition temperature，有人譯為「發火溫度」）。

液態可燃物在閃火點時，若有發火源接近，會閃出一道火焰，但瞬間熄滅，無法繼續燃燒，因蒸發速度不及燃燒速度。若再逐漸加溫，液體的蒸氣濃度增加，與空氣混合成ignitable mixtures，並持續燃燒（按：有人說至少燃燒5秒鐘，見北川徹三）。此時的最低溫度稱為著火點。在著火點以上，液體的蒸發率足以維持燃燒不輟，一般而言，蒸發率至少2g/m^2・s。

閃火點低的液體，其著火點高於閃火點約5℃；閃火點高的液體，兩溫度差異較大。

著火點之測定，常以開口杯試驗（亦即Cleveland open cup儀器）。

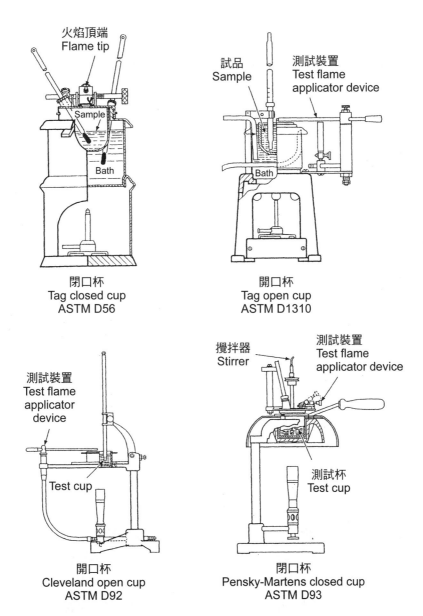

圖2-2　四種常用以決定液體閃火點的設備（ASTM, 1990～1993）

易燃性液體的蒸氣，或易燃性氣體與空氣混合的混合氣體，在逐漸加溫與加壓之下，在密閉或近於密閉的容器（container）之中，不藉助發火源（如火花、母火），在1分鐘或數分鐘之後，自行燃燒的最低溫度，稱為自燃溫度（AIT）。石油產品之自燃溫度的標準測試方法在ASTM E659有詳細描述。

表2-3　各種液體的閃火點和著火點

液態可燃物	閉口杯閃火點（℃）	開口杯閃火點（℃）	著火點（℃）
汽油（100辛烷）	-38		
n-己烷	-22		
環己烷	-20		
n-辛烷	13		
異-辛烷	-12		
n-癸烷	46	52	61.5
n-十二烷	74		103
甲醇	11	13.5	13.5
乙醇	13	18	18
丙醇	26	26	26
n-丁醇	35	40	40
i-戊醇	41		57
p-二甲苯	27	31	44

　　就同一系列的碳氫化合物而言，凡分子量越大，碳鏈長度越長者，其自燃溫度越低（**表2-4**）。

　　自燃溫度也受到一些因素的影響而變異，如混合氣體中蒸氣或氣體與空氣的組成百分比、引燃處的空間大小和形狀、加熱的速率與時間、氧的濃度、觸媒之存在與否、測定的方法、壓力的增減、是否加入汙染物等。

◆ 氣態可燃物

　　在常溫（21℃或70°F）常壓（一大氣壓）下為氣體的易燃性氣體，依美國防火協會（NFPA）的定義是：在常溫、常壓時，與小於或等於13%的空氣混合而易燃的氣體；或不論其燃燒（爆炸）下限，與超過12%的空氣混合而形成燃燒（爆炸）範圍的氣體。此一定義與美國運輸部（DOT）和聯合國國際氣體船運的議定書基本上一致。

　　易燃性氣體因其本身就是極細微的粒子，所以不像固體或液體需經熱分解或汽化的過程，即可與空氣混合成可引燃的混合氣體。

　　易燃性氣體與易燃性液體最大不同之處在於易燃性氣體的閃火點不具特別防火防爆的意義，因易燃性氣體只要和空氣中的氧體積百分比適當，發火源的能量足夠，即可引燃，而不像易燃性液體必須在超過閃火點溫度之後，產生足夠的蒸氣，才可能被引燃。此閃火點在液體之正常沸點之下（**圖2-3**）。而易燃

表2-4　易燃性氣體和蒸氣的自燃溫度

氣體或液體	最低自燃溫度（℃）
氫	400
一氧化碳	609
甲烷	601
丙烷	450
n-丁烷	405
異-丁烷	460
n-辛烷	220
異辛烷	415
乙烯	490
乙炔	305
甲醇	385
乙醇	365
丙酮	465
苯	560

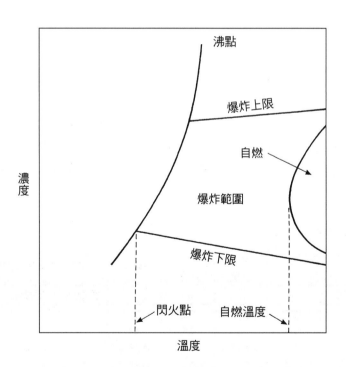

圖2-3　閃火點與燃燒（爆炸）上下限之關係

性氣體卻不同，即使在液化的狀態，氣體通常存在於其正常沸點之上，亦遠超過其閃火點，因此，對於易燃性氣體而言，閃火點不具實用意義；但對於易燃性液體而言，卻是常用且甚有用的燃燒特性。

常見的易燃性氣體如**表2-5**所列。此外尚有矽烷（Silane, $SinH_{2n+2}$）和磷化氫（PH_3）亦屬之，有人稱為引火性氣體（pyrophoric gases），因能在空氣中不需發火源而自行引燃，雖用途不廣，但常見於半導體製造業。

易燃性氣體與易燃性液體相同，也有爆炸範圍。

易燃性氣體包括高壓氣體（如氫、一氧化碳、水煤氣、煤氣、天然氣）、液化氣體（如石油氣、乙烷、乙烯、丙烷、丁烷、丁二烯、環氧乙烷、氯乙烯、氰化氫、硫化氫等）和極低溫液化氣體（cryogenic gases，如一氧化碳、乙烯、氫、甲烷等）（**表2-6**、**表2-7**）。

(二)空氣中的氧

火災三角理論的第二個要素就是空氣中的助燃物質——氧。大多數的火災、爆炸，都藉助於空氣中的氧，但仍有一些例外的情況，藉助於含氧的化合物，如硝酸鈉（$NaNO_3$）、氯酸鉀（$KClO_3$）。有些物質本身即含有很多氧，如三硝基甲苯（$CH_3C_6H_2(NO_2)_3$，簡稱TNT），只需加熱或衝擊即可引火爆炸，無需外求空氣中的氧。

然而，需要多少氧才足以和可燃物混合，從而進行氧化反應，產生足夠的能量來加熱全部的混合氣體，達到火焰傳播、促進燃燒持續不斷的目的？理論上，每一可燃物燃燒所需的氧各不相同，依其化學反應而異，例如某些固態可

表2-5　易燃性氣體的性質

氣體	燃燒（爆炸）（vol%）		自燃溫度（℃）	比重	沸點（℃）	NFPA 704危害識別系統		
	下限	上限				健康性	易燃性	反應性
氫	4.0	75	585	0.9	-252.2	0	4	0
乙炔	2.5	100	299	0.9	-83.3	1	4	3
乙烯	3.1	32	450	1.0	-103.9	1	4	2
甲烷	5.3	14	537	0.6	-161.7	1	4	0
乙烷	3.0	12.5	515	1.0	-89	1	4	0
丙烷	2.2	9.5	466	1.6	-42.2	1	4	0
丁烷	1.9	8.5	405	2.0	-0.6	1	4	0

表2-6　高壓氣體之物理化學性質

氣體	分子式	臨界溫度 (°C)	臨界壓力 (atm)	沸點 (°C)	溶點 (°C)	蒸氣壓 (kg/cm², 20°C)	液體比重	氣體比重 (空氣1.00)	爆炸範圍（空氣中） (vol%)	容許濃度 (ppm)
氦	He	-267.9	2.26	-268.9	<-272.1		0.126^{-269}	0.14	-	
氫	H_2	-239.9	12.8	-252.8	-259.2		0.071^{-253}	0.07	4.0~75	
氮	N_2	-147.0	33.5	-195.8	-210.0		0.81^{-196}	0.97	-	
一氧化碳	CO	-140.2	34.5	-191.5	-205.0			0.97	12.5~74	50
氬	Ar	-122.4	48.0	-185.9	-189.3		1.38^{-183}	1.38	-	
氧	O_2	-118.8	50.1	-183.0	-218.8		1.14^{-166}	1.11	6.1~95.3（H_2中）	
甲烷	CH_4	-82.1	45.8	-161.5	-182.5		0.42^{-164}	0.55	5.3~14	
乙烯	C_2H_4	9.9	50.5	-103.5	-169.4		0.57^{-102}	0.98	3.1~32	
二氧化碳	CO_2	31.0	72.9	-78.5（昇華）	-56.0	58.4	0.77^{20}	1.53	-	5,000
乙烷	C_2H_6	32.3	48.2	-88.3	-172.0	30.0^{10}	0.55^{-66}	1.04	3.0~12.5	
乙炔	C_2H_2	35.7	61.5	-83.6（昇華）	-81.8		0.62^{-64}	0.91	2.5~81	
一氧化二氮	N_2O	36.5	71.6	-89.8	-102.3	50.0^{18}	0.94^{0}	1.53	20~94.8（H_2中）	
丙烯	C_3H_6	91.8	45.6	-47.0	-185.2	$10.0^{19.8}$	0.61^{-47}	1.45	2.4~10.3	
freon 22	$CHClF_2$	96.0	48.7	-40.8	-160.0	12.3^{30}		2.98	-	
丙烷	C_3H_6	96.8	42.0	-42.6	-189.9	8.5	0.59^{-45}	1.52	2.2~9.5	
硫化氫	H_2S	100.4	88.9	-60.2	-83.8	$20.0^{25.5}$		1.19	4.3~45	10
freon 12	CCl_2F_2	111.7	39.6	-29.8	-155.2	7.6^{30}		4.18	-	1,000
氨	NH_3	132.3	111.3	-33.4	-77.7	8.8	0.63^{20}	0.60	15~28	50
氯甲烷	CH_3Cl	143.1	65.9	-24.0	-91.5	4.8	0.92^{18}	1.78	10.7~17.4	100
氯	Cl_2	144.0	76.1	-34.0	-100.5	6.7	1.41^{20}	2.49	11~94.5（H_2中）	1
丁烷	C_4H_{10}	152.0	37.5	0.5	-135.0	3.0	0.60^{0}	2.09	1.9~8.5	
一甲基胺	CH_3NH_2	156.9	73.6	-6.3	-93.5	2.9	0.67^{20}	1.40	4.6~20.7	10
二氧化硫	SO_2	157.5	77.8	-10.0	-75.3	3.6	1.43^{0}	2.26	-	5
三甲基胺	$(CH_3)_3N$	161.0	41.0	2.9	-117.1	2.0	0.64^{20}	2.58	2.0~11.6	
freon 11	CCl_3F	180.2	43.3	23.7	-111.0	1.3^{30}		4.74	-	
光氣	$COCl_2$	183.0	56.0	8.2	-126.0	1.6	1.39^{20}	3.5	-	0.1
氰化氫	HCN	183.5	53.0	25.0	-13.4	0.8	0.68^{25}	0.96	6~41	10
氯乙烯	C_2H_3Cl	187.2	52.0	13.1	-138.7	1.4	0.92^{0}	2.88	3.8~15.4	1,000
環氧乙烷	C_2H_4O	195.8	7.2	10.7	-111.3	1.4	0.90^{0}	1.52	3.0~80	50

表2-7　極低溫液化氣體的物理性質

名稱	沸點（℃）	汽化潛熱（KJ／kg）	從液體變成氣體增加的體積倍數（1m³液體變成1m³氣體）
一氧化碳	-191.5	215.8	706
乙烯	-103.7	483.8	961
氫	-252.8	448.2	636
甲烷	-161.5	509.8	636

註：極低溫液化氣體尚有He、Ne、N_2、Ar、O_2、air，因不是易燃性氣體，故未予列入本表。

燃物（如鎂、純碳），因其燃燒時僅發生表面燃燒（surface glow mode），無火焰出現，燃燒物的表面放出赤熱的光輝（glow），燃燒所需的氧不多，約只有4～5%而已。而同是碳氫化合物的易燃性氣體或液體也有差異，通常易燃性氣體或液體需要15%以上的氧，可是乙炔低到4%的氧仍可燃。

　　因此，從稀釋空氣中的氧而達到降低氧濃度以資滅火的觀點而言，首先需考量一個問題：要對付這個可燃物，使用稀釋法（oxygen dilution）是否奏效？現場是否有氧化物（劑）存在，因稀釋氧這種方法是無法稀釋氧化物分子中被鎖住的氧，而且氧化物會和可燃物進行化學反應，反而危險。其次，需考量何種可燃物，其氧化反應所需的氧濃度（體積百分比）是多少？

　　在密閉空間（例如儲存易燃性液體的儲槽），我們常注入氮氣以降低液面上之蒸氣濃度，以防止易燃性蒸氣和足量的氧混合而成可被引燃的混合氣（mixture），此防範措施稱為purging（迫淨或清淨）。通常以惰性氣體（inert gases）（或稱不燃性氣體，nonflammable gases）注入密閉空間，以達降低氧濃度至可燃物燃燒反應所需氧之最低濃度（minimum oxygen concentration, MOC）之下。這類inert gases包括N_2、Ar、He、CO_2、steam（水蒸氣）、SO_2等。

　　可燃物與氧的化學計量混合氣體之中，可燃物與氧以剛好的濃度進行氧化反應，在燃燒之後，可燃物與氧完全消耗殆盡。由下列反應式，可知丙烷與氧以1比5的體積比例混合：

$$C_3H_8 + 5O_2 \longrightarrow 3CO_2 + 4H_2O$$

而丙烷與空氣的混合比是1：5/0.21，亦即1：23.8（體積）或1：15.7（重量）。

欲求烴（碳氫化合物）的最低氧濃度（MOC）可由其氧化反應的moles求之。例如丁烷（butane）的燃燒（爆炸）下限，LFL＝1.6%，其反應式如下：

$$C_4H_{10} + 6.5O_2 \longrightarrow 4CO_2 + 5H_2O$$
$$\frac{MOC}{LFL} = \frac{moles\ O_2}{moles\ fuel}$$

亦即，

$$\frac{MOC}{1.6} = \frac{6.5}{1}$$
$$MOC = 10.4\%$$

　　由此可知，只要加入inert gases使空氣中氧的濃度稀釋至10.4%以下，丁烷因缺氧而停止燃燒。請問，可加入水嗎？答案是不可以，因水不等於水蒸氣，加入水，將使氧濃度上升至MOC之上。

　　以上討論使用稀釋氧含量滅火的方法。但有一種特殊也是異常情況，氧的濃度超乎正常的21%，而達到25%以上，成為富氧環境（oxygen-enriched atmospheres）。氧的濃度對燃燒（爆炸）下限的影響不大，對爆炸上限之影響則相對顯著，因為爆炸上限以上時，可燃物呈缺氧狀態，若適時加入氧，原本不燃的混合氣變成可燃，爆炸上限因而向上擴大；反過來說，如果氧的濃度下降，爆炸上限隨之降低，整個爆炸範圍縮小。例如，O_2濃度自21%降至20.6%，CH_4的爆炸下限降至20.6%。所謂「富氧環境」，係指氧在空氣中的濃度超過21%或其分壓超過160torr（21.3kPa）或兩者都是。富氧環境常見於：

1. 氧的儲存搬運、生產製造，包括液氧的貨卡車運輸、儲存、分裝設備等。
2. 醫療設備設施，包括呼吸治療、生命維持系統、急救設備、高壓氧氣室和麻醉場所。
3. 石化製程、鋼鐵製造、採礦、工業廢水處理、微晶片製造、紙及紙漿的漂白、沉箱作業、水面下隧道工程。
4. 太空活動涉及液態氧的使用設備，如液態燃料火箭和太空呼吸系統。使用於美國航空太空總署（NASA）的太空梭、人造衛星，在正常情況下，

氣態氧的濃度高達25.9%。太空站的氧濃度為30%，氣壓70.3kPa。

5.常見的氧氣乙炔焊接，切割系統。

以上這些場所中的設備，設施若發生嚴重洩漏，將形成富氧環境。此外，使用氧化亞氮（N_2O）的場所也會產生富氧環境。

大多數物質於富氧環境中比在普通空氣中，縱使在較低溫情況亦能起火燃燒。而且一旦起燃，燃燒速率比在正常環境更快。一般而言，氧的濃度越高，所需引燃的能量越低，火焰蔓延的速度越快。一定體積百分比的氧，最小著火能（minimum ignition energy, MIE）與周圍大氣壓力的平方成反比。低於最小壓力，可燃物質不被點燃。溫度增加，所需點燃可燃性混合氣體的能量越來越低，一直達到夠高的自燃溫度，即所謂的spontaneous ignition（自發性燃燒）溫度，亦即auto-ignition溫度（AIT）。

(三)熱（發火源）

三角理論最後一個不可或缺的要素就是熱（heat）。當可燃物以適當比例和氧混合之後，必須要有熱源或發火源，也就是反應之前所必需的input heat。此引燃所必需的最低能量，是為最小著火能（MIE）。今定義如下：

使可燃性氣體、液體的蒸氣，或爆炸性粉塵與空氣的混合氣體著火燃燒爆炸的最低能量。

最小著火能可由電氣火花所產生的放電能量算出，其公式為：

$$E = \frac{1}{2}CV^2 \times 10^{-9}$$

式中，E＝放電能量，單位為毫焦耳（mJ）

　　　C＝電容，單位為微微法拉（$\mu\mu$F）

　　　V＝電壓，單位為伏特（volt）

今假設人走在地毯上產生的靜電電壓是10,000伏特，人體有300微微法拉，則人所產生靜電火花的能量是15毫焦耳。

$$E = \frac{1}{2}(300)(10^4)^2 \times 10^{-9}$$

$$= 15mJ$$

這靜電火花能量，足以引燃**表2-8**全部的氣體或蒸氣。

各種物質的最小著火能都不相同，原則上，點燃爆炸性粉塵所需的能量大大超出點燃易燃性氣體所需的能量（**表2-9**）。

物質的最小著火能也受到一些因素的影響而變異。從實驗資料顯示（Field, 1982）：

1.MIE隨著壓力的增加而下降。MIE大約與絕對壓力的平方成反比。

2.MIE隨著空間內氮氣的增加而提高。

最小著火能可使用1/8吋的電擊棒測得：

表2-8　可燃性氣體的最小著火能

可燃性氣體	濃度（%）	最小著火能（10^{-3}J）空氣中	可燃性氣體	濃度（%）	最小著火能（10^{-3}J）空氣中
二硫化碳	6.52	0.015	正-丁烷	3.42	0.38
氫	29.5	0.010	丁酮	3.67	0.53
乙炔	7.73	0.02	苯	2.71	0.55
氧化乙烯	7.72	0.105	醋酸乙烯酯	4.44	0.70
氧化丙烯	4.97	0.10	氨	21.8	0.77
甲醇	12.24	0.215	丙酮	4.97	1.15
甲烷	8.5	0.28	異辛烷	1.65	1.35
丙烯	4.44	0.282	甲苯	2.27	2.5
丙烷	4.02	0.31	乙腈	7.02	6.0
乙醛	7.72	0.376			

表2-9　各類物質的最小著火能（MIE）

物質名稱	最小著火能（mJ）
敏感的主炸藥，敏感的氣體	0.01～0.1
非常細微的霧滴，非常敏感的粉塵 普通氣體（在空氣中）	0.1～1.0
細小的霧滴 敏感的粉塵	1～10
不敏感的氣體 普通的霧滴 Sub-200mesh粉塵	10～100
非常不敏感的氣體、粗粉塵、霧滴	100～1,000

$$H_{Flange} = 1.2H^{1.18}$$
式中，H_{Flange}＝使用凸緣的陽極之最小著火能（mJ）

　　　　H＝最小著火能（mJ）

　　除非是自發性燃燒（spontaneous combustion）或自行加熱（self-heating），否則在燃燒之前，必須給予發火源，也就是引燃所需的最小著火能，有人稱這種引燃方式為piloted ignition，以別於自發性燃燒，因為這種燃燒需藉助於外在的母火（external pilot）。

　　在燃燒過程中，可燃物與氧的分子受激化而達到活化狀態（be excited to an activated state），而產生反應激烈的中間產物，即自由基（free radicals，如氫氧原子），引發快速的、分支的鏈（或連鎖）反應（branched chain reaction），將反應物轉變成較穩定的生成物（主要是二氧化碳和水），並釋出熱能——燃燒熱（heat of combustion）。以丙烷燃燒為例，其釋出的燃燒熱（$\triangle Hc$）是-2,044KJ/mol。

$$C_3H_8 + 5O_2 \xrightarrow{\triangle} 3CO_2 + 4H_2O + \triangle Hc$$

　　最小著火能（MIE）是燃燒反應所需的input heat，而燃燒熱是output heat。output heat之中約有三分之二釋放於周圍大氣之中，其餘約有30～40%是輻射出去的輻射熱。輻射熱主要從火焰的紅外線區域，經由煙塵粒子輻射而出，通過氣體（如O_2、N_2），但波長為2.8～4.4μm者，被CO_2、CO、SO_2、水蒸氣吸收。燃燒產生的能量可以下式計算：

$$\dot{Q} = \triangle Hc \cdot \dot{m}$$
式中，$\dot{Q}$＝釋熱率（kw）（1w＝1J/s）

　　　　$\triangle Hc$＝燃燒熱（kw/kg，KJ/g，KJ/mole）

　　　　$\dot{m}$＝可燃物重量損失率（kg/s）

　　表2-10為一些物質的淨燃燒熱（net heat of combustion）。

　　燃燒產生的熱能有12%回饋到燃料表面，有助於燃燒的維繫。燃燒損失的熱不宜大於產生的熱，否則火將逐漸變小而停止。

表2-10　各種物質的淨燃燒熱

名稱		淨燃燒熱（KJ/mole）	（KJ/g）
氣體	CO	283	10.1
	C_2H_4	1,323	47.2
	H_2	242	121
	CH_4	803	50.2
	C_3H_8	2,044	46.4
液體	CH_3COCH_3	1,660	28.6
	C_6H_6	3,138	40.2
	C_6H_{14}	3,858	44.8
	CH_3OH	639	19.9
	C_8H_{18}	5,058	44.3
固體	C	394	32.8
	$(C_6H_{10}O_5)_n$賽璐珞	-	16.1
	$(C_2H_4)_n$	-	43.3
	$(C_6H_5CHCH_2)_n$聚苯乙烯	-	39.9
	木材	-	16～19

註：所謂「淨燃燒熱」，係指燃燒時所形成的水仍然是水蒸氣時的燃燒熱之值。

　　發火源有四大類：機械的發火源、電氣的發火源、熱的發火源和化學的發火源。本書將闢一章專論各類發火源。

2.2.2 四面體理論

　　1962年，Walter M. Haessler在研究使用多用途乾粉（即國內常稱的A、B、C乾粉）的滅火功用之際，發展一套火焰燃燒的理論。他認為三角理論無法解釋乾粉為何能快速消滅火焰。他稱他的理論為「火災的四面體」（The Tetrahc-dron of Fire），亦即在有火焰的燃燒過程中，實包含四個要素：(1)可燃物（還原劑）；(2)氧化劑；(3)溫度；(4)未受抑制的連鎖反應（uninhibited chain reac-tion）。

　　他使用如金字塔一樣的圖形（**圖2-4**）而不使用四方形來說明這四個要素同等重要，互相關聯，不可分割，如一個四面體，故謂之「四面體理論」。茲分別討論如下：

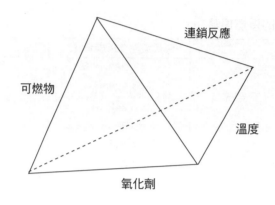

圖2-4　火災的四面體理論

(一)可燃物

燃燒可定義為可燃物（fuel）（亦即還原劑，失去電子的物質）與氧化劑（獲得電子的物質）不斷結合的反應。此反應的共通點是放熱反應，分子中的化學能轉變成熱能。

火災中常見的還原劑包括：

1.氫。
2.碳及含碳的化合物，這些化合物涵蓋前述的普通可燃物，如橡膠、塑膠、纖維等。
3.富含碳和氫的有機物（如C_2H_2），或含碳、氫、氧的有機物（如醇、醛、酮、苯等）。
4.非金屬，如磷、硫、純碳（即煤炭煉製而成之高純度碳）。
5.金屬及其合金，如鉀、鈉、鎂、鋁、鋅等。

一般而言，富含碳、氫的物質是最有效的可燃物，也最易燃。

上列物質在搬運、儲存、操作時不宜與氧化劑接觸，因即使在缺氧的情況下亦能產生放熱反應。當然，有時增加溫度才會發生反應。

(二)氧化劑

燃燒中常見的氧化劑包括：

1.空氣中的氧、臭氧。

2.無機過氧化物，如H_2O_2、K_2O_2、Na_2O_2等。

3.有機過氧化物，如過醋酸（CH_3COOOH）、過氧化丁酮（$CH_3COOC_2H_5$）、過氧化二苯甲醯（$(C_6H_5CO)_2O_2$）。

4.鹵族元素：F、Cl、Br、I。

5.硝酸鹽、過硫酸鹽（如$K_2S_2O_8$）、氯酸鹽、過氯酸鹽、次氯酸鹽（如$Ca(ClO)_2$）、硼酸鹽、碘酸鹽、重鉻酸鹽、高錳酸鹽等。

　　除上列氧化劑之外，一般所謂的爆炸性物質（explosive material），本身是可燃物，又含大量的氧，更具有危險性，例如硝化甘油（$C_3H_5(ONO_2)_3$）、硝化纖維（$C_6H_7O_2(NO_2)_3$）、三硝基苯（$C_6H_3(NO_2)_3$）、三硝基甲苯（$CH_3C_6H_2(NO_2)_3$）、三硝基酚（苦味酸）（$HOC_6H_2(NO_2)_3$）等，依照三角理論，火災三個要素中已占兩個，若再予以衝（撞）擊，加熱，陽光直射，則遇熱而分解爆炸，例如：

1.硝化甘油

　　$C_3H_5(ONO_2)_3 \longrightarrow 3CO_2 + 2.5H_2O + 1.5N_2 + 0.25O_2 + 1,250\text{kcal/kg}$

2.三硝基甲苯

　　$CH_3C_6H_2(NO_2)_3 \longrightarrow C + 6CO + 2.5H_2 + 1.5N_2 + 880\text{kcal/kg}$

3.RDX（cyclonite，旋風炸藥）

　　$(CH_2)_3N_3(NO_2)_3 \longrightarrow 3N_2 + 3CO_2 + 3H_2$或$3N_2 + 3CO + 3H_2O$

4.硝基甲烷

　　$CH_3NO_2 \longrightarrow CO + H_2O + 0.5H_2 + 0.5N_2$或$CO_2 + 1.5H_2 + 0.5N_2$

5.硝酸甲酯

　　$CH_3ONO_2 \longrightarrow CO_2 + H_2O + 0.5H_2 + 0.5N_2$或$0.5CO_2 + 0.5CO + 1.5H_2O + 0.5N_2$

6.硝酸銨

　　$NH_4NO_3 \longrightarrow N_2 + 2H_2O + 0.5O_2$

7.過氯酸銨

　　$NH_4ClO_4 \longrightarrow 0.5N_2 + HCl + 1.5H_2O + 1.25O_2$

上列物質常作為炸藥或火箭推進劑。

氧化劑不可與普通物質，如紙、棉花、木材、塑膠、碳氫化合物、乙醇、

動植物油、油脂、硫、金屬等接觸。

　　氧化劑不可與還原劑、強酸、有機酸混合，處理時需極為謹慎小心，宜儲存在隔離的安全場所。

(三)溫度

　　以「溫度」一詞代替三角理論的「熱」，似乎較宜。因一談到「熱」，給人的感覺好像燃燒的氧化反應都必須在50°C或更高的溫度下進行。事實未必，有些易燃物的閃火點甚低，在零下30°C以下即可閃火，如乙醚、汽油、乙醛、環氧丙烷、二硫化碳等，其中汽油約在零下37°C～零下42°C閃火，其自燃溫度（AIT）也僅280～450°C。使用「溫度」一詞似較寬廣，包括零下、零上的溫度。

　　當然，溫度的高低，與熱的供給、輸出，或input、output有關。

　　在氧化還原反應中溫度的升降，影響物質內分子的運動速度。溫度升高時，氣體分子的運動速度亦增加，液體的汽化或固體的熱分解速度隨之增加，氧與碳、氫之分子間的碰撞次數加速進行，釋放出熱。此熱若在絕熱的狀態下〔例如管路中的可燃物被點燃而發生deflagration（爆燃）〕，則更加速熱能的累積與反應的加速進行。除非是吸熱反應，一般而言，溫度每升高10°C，化學反應速率則增加兩倍或三倍，特別是均相（homogeneous）化學反應，亦即發生於單一氣相或液相的反應。比較例外的是一氧化氮與氧反應成二氧化氮：

$$2NO + O_2 \longrightarrow 2NO_2$$

　　在此反應中，反應速率隨著溫度緩慢下降（**圖2-5(b)**）。

　　因溫度升高而引起的火災、爆炸時有所聞。常發生的爆炸如熱爆炸（thermal explosion）或聚合反應引發的重大失控反應（runaway reaction）爆炸。熱爆炸係因不穩定（unstable）物質自行加熱分解、溫度增加，其分解速率增加，物質熱膨脹或產生氣體，或兩者兼具，終使密閉容器爆裂。所謂「不穩定物質」是易受熱分解，易起聚合反應，或易與其他物質反應的物質，如疊氮化鉛（$P_b(N_3)_2$）、重鉻酸銨（$(NH_4)_2Cr_2O_7$）、苦味酸銀（$C_6H_2O(NO_2)_3Ag \cdot H_2O$）、過氯酸銨（$NH_4ClO_4$）、乙炔化銅（$CuC_2$）、異氰酸甲酯（$CH_3NCO$）以及一些炸藥或爆炸性物質。

　　上列之異氰酸甲酯（MIC）因聚合作用而在印度Bhopal鎮發生重大災變。

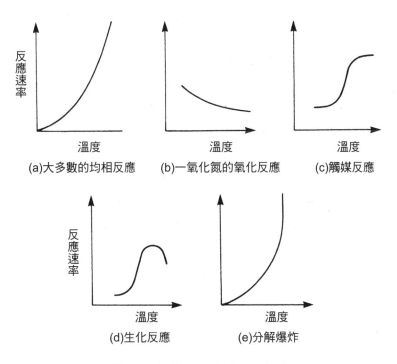

圖2-5　化學反應隨溫度而變化

資料來源：King (1990).

1984年12月，美國聯合碳化物公司（Union Carbide）在印度所屬的農藥廠因工人清洗MIC儲槽管路未使用盲板，使得本來在儲槽內約0°C的MIC加熱到約20°C，而發生聚合反應，槽內壓力急劇升高，衝破設計壓力為40psi（約2.72倍的大氣壓力）的破裂板，30公噸的MIC自洗滌塔噴出，毒殺正在睡夢中的Bho-pal鎮民，至少造成3,000人死亡，20萬人傷病（黃清賢，2005：476-479）。

　　我們曉得可燃物的爆炸範圍易受一些因素的影響，例如氧的濃度、inert gases（如CO_2、N_2、steam、He等）、管徑的大小、壓力、溫度等的影響。一般而言，溫度升高，爆炸下限略降，爆炸上限增加較大，亦即本來不致於爆炸之情況，因溫度上升而燃燒爆炸。以氫為例，利用Burgess-Wheeler定律：

$$LEL_t = \left[\,1 - 0.000721(t - 25°)\,\right] LEL_{25°}$$

式中，LEL_t＝t°C時之爆炸下限

　　　　$LEL_{25°}$＝25°C時之爆炸下限

H_2之$LEL_{25°}$＝4%，假設求t＝50°C

$$則 LEL_t = \left[1 - 0.000721(50° - 25°) \right] 4\%$$
$$= \left[1 - 0.018 \right] 4\%$$
$$= 3.928\%$$

除了化學品本身的因素之外，溫度的升高常因外在的發火源而起。引發燃燒爆炸的發火源有四大類，本書將在第三章詳細討論，在此簡略說明如下：

◆ 機械的發火源

1.摩擦熱：兩固體互相摩擦產生熱。產生的熱比消失的熱大得多，大到物質的最小著火能（MIE），則引發火災。

2.摩擦火花：兩堅硬物質表面撞擊所生的火花。通常至少有一物質為金屬。例如鋼製工具自高處落下撞擊混凝土或大理石地面、機器設備、管線等產生火花；又如金屬自滾壓機飛射出來撞擊其他設備亦然。鋼製工具所生的火花溫度可達1,400°C。銅－鎳合金與鐵撞擊的火花可能高達3,000°C。然而火花的引燃能力依其總熱含量（total heat content）而定，即使火花溫度高達1,000°C，因其熱含量低，而使引燃危險性不高。機械火花冷卻速度甚快，只有在相當有利的情況下才引火，例如火花掉落在易燃的粉塵、乾鬆的棉花、爆炸物之上。原則上，不鏽鋼比普通工具鋼之火花危害低。在危險場所，銅－鈹合金可減低火花危害，但不能100%消除之。使用無火花工具代替鋼製工具幾無任何好處。使用皮革、塑膠、木製工具可免除火花的危害。

◆ 電的發火源

1.電阻熱：眾所周知的燈泡發光是燈絲之電阻熱的結果。電阻熱最可能發生在電阻高的地方，特別是連結不良處。裸線比有絕緣被覆之電線帶更多的電；一條電線比成捆的電線帶更多的電。

2.絕緣熱：導電不良的物質較易產生電壓而產生熱。

3.感應熱：微波爐是利用感應熱的一個例子。利用分子摩擦加熱，此分子摩擦是由吸收的微波能量所感應（induced）。通過圍繞在被加熱物料線圈的高頻率交流電會造成感應熱。

4.洩漏電流加熱：洩漏電流不斷加熱於易燃物而引發火災。

5.電弧熱：帶電流之電路被故意中斷，如閘刀開關開斷，或意外被中斷（接觸不良），則發出高熱的電弧光（arcing）。本質安全的電氣設備之電路，若因意外、電路中斷而引發電弧，不致釋出足夠之能量以點燃危險物。

6.靜電熱：靜電火花幾乎可點燃大多數的易燃性氣體和液體的蒸氣，但不足以點燃木屑、紙等普通可燃物。

7.閃電熱：閃電所生的電流、電壓及熱能，可點燃世界上大部分的物質。

◆ 熱的發火源

包括吸菸（smoking）、縱火、熱表面（如熱排氣管表面的熱）、焊接切割、絕熱壓縮（adiabatic compression，如管路內的空氣被壓縮生熱）、自行加熱（如腐敗植物發酵生熱）、明火（指燃燒設備的火焰）、火花（燃燒設備如焚化爐的火花）等。

◆ 化學的發火源

1.分解熱：不少化合物不安定（unstable），會分解成較小的分子，放出熱。例如：

$$O_3 \longrightarrow 1.5O_2$$
$$C_2N_2 \longrightarrow 2C + N_2$$
$$N_2H_4 \longrightarrow N_2 + 2H_2$$
$$P_b(N_3)_2 \longrightarrow P_b + 3N_2$$
$$B_2H_6 \longrightarrow 2B + 3H_2$$

其餘如硝化纖維、三硝基甲苯、三硝基苯等爆炸性物質。

2.反應熱：化學物品之間的反應產生高溫高熱，激烈的反應存在於：禁水性物質與水之反應（特別是鉀、銣、銫）；鐵鏽與焦碳的反應（$Fe_2O_3 + 2C \longrightarrow 2Fe + CO + CO_2$）；兩不相容物質間的反應（如硝酸銨與無機酸、鉛與苦味酸、乙醚與空氣等）。反應熱可分數個等級，如**表2-10**所示。

3.聚合熱：失控的聚合反應常發生大量的熱。有機單體互相結合時產生

表2-10　反應熱的等級

類別	釋放出的熱（J/g）
極強放熱反應	≧3,000
強烈放熱反應	≧1,200～3,000
中等放熱反應	≧600～1,200
溫和放熱反應	≧200～600

　　熱，如乙烯、丙烯腈、苯乙烯、乙酸乙烯酯等（**表2-11**）。

4.自發性燃燒產生的熱：有的化合物與空氣或與水產生自發性燃燒。與空氣者，如三甲基鋁（$Al(CH_3)_3$）；與水者，如過氧化鋇（BaO_2）。

5.鋁熱反應所生的熱：

$$4Al + 3P_bO_2 \longrightarrow 2Al_2O_3 + 3P_b + \triangle Hc$$
$$\triangle Hc = -100.2kcal/mol$$

(四)未受抑制的連鎖反應

　　平常我們看化學反應式就如：

$$2H_2 + O_2 \longrightarrow 2H_2O$$
$$或CH_4 + 2O_2 \longrightarrow CO_2 + 2H_2O$$

表2-11　易於發生聚合反應的功能基和化合物

功能基	化合物
$-CH=CH_2$	氯乙烯、苯乙烯、丙烯酸乙酯
$-CH=CH-CH=CH-$	丁二烯、氯丁二烯
$-CH=CH-CH=O$	丙烯醛
$-CH=CH-C=N$	丙烯腈
$-CH=C=O$	乙烯酮
$-N=C=O$	甲苯
$\begin{matrix} NH \\ / \ \backslash \\ -CH-CH_2 \end{matrix}$	次乙基亞胺
$-CH=O$	乙醛、丁醛

我們只看到反應物和生成物，而其中反應的過程如何，不得而知。其實，在所見的反應物到生成物的過程之間，有著頗為複雜的、一連串的基本步驟被省略了。這些繁複的反應步驟為時甚短（千分之幾秒），有許多自由原子和自由基（free radicals）出現。就是這些自由原子和自由基在有火焰的燃燒過程中扮演極為重要的角色。若缺乏這些自由基（特別是OH基）和自由原子（特別是H原子和O原子），火焰將迅速熄滅。

　　我們先來檢驗一下H_2與O_2的連鎖反應。

　　首先，H_2必須先分解成自由原子，亦即$H_2 \longrightarrow 2H$，然後單一的H原子和穩定的O_2分子反應，產生兩個高度活性的自由基和自由原子，OH和O、氫氧基與H_2的反應非常迅速：

$$H + O_2 \longrightarrow OH + O \quad\text{———}\quad 第一反應$$
$$OH + H_2 \longrightarrow H_2O + H \quad\text{———}\quad 第二反應$$

　　第二連鎖反應產生的H原子能使連鎖繼續快速進行。同時，第一個反應產生的O原子能與H_2極快速反應，形成另外兩個連鎖擔體（chain carriers）：

$$O + H_2 \longrightarrow OH + H$$

　　如**圖2-6**氫－氧火焰中的連鎖反應，單一H原子在高溫時進入$H_2 - O_2$混合氣體之中，會經由一連串的快速反應程序（sequence）而變形，以形成兩分子的H_2O（水蒸氣）和3個新的H原子。此每一個新的H原子能立即引發同樣的連鎖

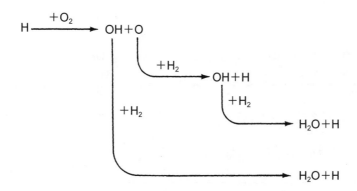

圖2-6　氫－氧火焰中的連鎖反應

反應，並產生分枝連鎖反應（a branching chain reaction），一直到反應物被消耗竭盡才停止。我們可以說：只要有一個自由原子或自由基存在，就會發生分枝連鎖反應。

其次，再來看看CH_4的燃燒反應。由**表2-12**及**圖2-7**可知比上述的H_2-O_2反應複雜多了。

一開始，甲烷分解成CH_3和H原子，這是起始（initiation）反應式。緊接著甲烷分別與OH、H、O三個自由基和自由原子快速反應而產生火焰。然後超過100個連鎖反應極快速進行（**表2-12**僅列出一部分而已），直到表中的m、n、p、q終止（termination）反應式，整個反應因CH_4的耗盡而停止。

從**表2-12**亦可看出，燃燒反應過程可分三個階段：

1.起始階段（initiation stage）：可燃物熱分解或汽化形成自由基和自由原子，有個起始步驟（step）。

2.火焰蔓延階段（flame propagation stage）：在自燃溫度之上進行快速繁複

表2-12 甲烷的連鎖反應

CH_4	+	M	=	$\cdot CH_3$	+	$H\cdot$	+	M	a
CH_4	+	$\cdot OH$	=	$\cdot CH_3$	+	H_2O			b
CH_4	+	$H\cdot$	=	$\cdot CH_3$	+	H_2			c
CH_4	+	$\cdot O\cdot$	=	$\cdot CH_3$	+	$\cdot OH$			d
O_2	+	$H\cdot$	=	$\cdot O\cdot$	+	$\cdot OH$			e
$\cdot CH_3$	+	O_2	=	CH_2O	+	$\cdot OH$			f
CH_2O	+	$\cdot O\cdot$	=	$\cdot CHO$	+	$\cdot OH$			g
CH_2O	+	$\cdot OH$	=	$\cdot CHO$	+	H_2O			h
CH_2O	+	$H\cdot$	=	$\cdot CHO$	+	H_2			i
H_2	+	$\cdot O\cdot$	=	$H\cdot$	+	$\cdot OH$			j
H_2	+	$\cdot OH$	=	$H\cdot$	+	H_2O			k
$\cdot CHO$	+	$\cdot O\cdot$	=	CO	+	$\cdot OH$			l
$\cdot CHO$	+	$\cdot OH$	=	CO	+	H_2O			m
$\cdot CHO$	+	$H\cdot$	=	CO	+	H_2			n
CO	+	$\cdot OH$	=	CO_2	+	$H\cdot$			o
$H\cdot$	+	$\cdot OH$	+	M	=	H_2O	+	M	p
$H\cdot$	+	$H\cdot$	+	M	=	H_2	+	M	q
$H\cdot$	+	O_2	+	M	=	$HO_2\cdot$	+	M	r

資料來源：Bowman (1975).

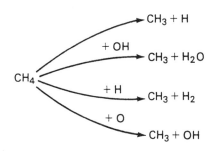

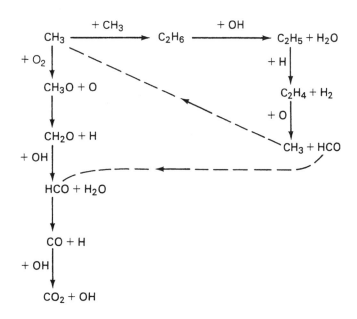

圖2-7　甲烷燃燒的連鎖反應

資料來源：Friedman (1989).

　　的連鎖反應，包含許多步驟。

3.終止階段（termination stage）：連鎖反應停止，火焰熄滅。

　　火焰的熄滅，有時是因為燃料耗盡自然停止；有時是因為人為的滅火行為所致。

　　我們常用乾粉或鹵化烷（Halon滅火劑）消滅火焰，係利用這些滅火劑在火災現場產生的原子或自由基捕捉有助於形成火焰的OH及H等自由基，例如Halon 1301：

$$CBrF_3 \longrightarrow CF_3^+ + Br^-$$
$$\longrightarrow R - H + Br^- \longrightarrow HBr + R^-$$
$$HBr + OH^- \longrightarrow H_2O + Br^-$$

重複

又如英國ICI所開發，滅火效果極佳的Monnex投入火災現場：

$$\longrightarrow NH_3 + H^+ \longrightarrow NH_4^+$$
$$NH_4^+ + OH^- \longrightarrow NH_3 + H_2O$$

重複

因為H及OH高活性的自由基被較不活性的鹵族原子所取代，使得整個連鎖反應速率大降，燃燒受到抑制（inhibited）而停止。

本書後面各章所論述的火災爆炸的預防（prevention）與控制策略、方法、措施，主要根據本章的基本理論、原理或原則。

 參考文獻

1.Haessler, Walter M. Theory of Fire and Explosion Control, *Fire Protcetion Handbook*, 16 ed, NFPA, 1986.

2.Lees, Frank P., *Loss Prevention in the Process Industries*, p. 555. Butterworths, 1986.

3.NFPA, *Fire Protection Handbook*, pp. 4-17. 6ed, 1986.

4.Schwab, R. F., Explosion, *Fire Protection Handbook*, pp. 3-15. NFPA, 1981.

5.NFPA 30. *Flammable and Combustible Liguid Code*. NFPA.

6.北川徹三（林熾昌譯），《化學安全工學》，頁47，中華民國工業安全衛生協會，1980。

7.Field, P., *Dust Explosion*. Elsevier, 1982.

8.Haessler, Walter M., *The Extinguishment of Fire*. Dayton, 1962.

9.King, Ralph, *Safety in the Process Industries*. Butterworth-Heinemann, 1990.

10.黃清賢，《危害分析與風險評估》，頁476-479，台北三民書局，2005。

11.Friedman, R., *Principles of Fire Protection Chemistry*, p. 79, NFPA, 1989.

12.Bowman, C. T., *15th Symposium on Combustion,* pp. 869-882, 1975.

Chapter 3 發火源

使物質點火燃燒爆炸的發火源有五大類：(1)機械的（mechanical）發火源；(2)電的（electrical）發火源；(3)熱的（thermal）發火源；(4)化學的（chemical）發火源；(5)核子的（nuclear）發火源。

本書不談核子的發火源。以下詳論各類發火源。

3.1 機械的發火源

機械的發火源因下列三種情況而產生：(1)摩擦：摩擦生熱；(2)摩擦或撞擊火花；(3)金屬破碎（fracture）：金屬被延展（ductile）破裂而生熱。

3.1.1 摩擦

幾乎無人不知摩擦會生熱。早期，煤礦坑內發生火災爆炸，與摩擦所生的發火源有關。礦坑內充滿易燃易爆的煤塵、甲烷等，如果以鑿煤機挖切，撞擊岩石，可能生熱或閃出火花。

兩物件互相緊密滑動、摩擦生熱。但要成為發火源，產生的熱必須達到可燃物的自燃溫度以上，因此每次摩擦所生的熱未必成功地成為發火源。有幾個因素影響摩擦生熱的大小（Powell, 1969）：

1. 接觸面的表面積：表面積越大者，越易點燃可燃物，例如接觸面只有 $2.5mm^2$，點燃 CH_4-air 混合氣體需 $1,600°C$ 的高溫，而若接觸面增至 $6mm^2$，則點燃同一氣體混合物，只需 $1,250°C$ 即可。
2. 能量：無庸多言，能量越大，越易點燃，例如摩擦岩石以點燃 CH_4-air mixture，需超過0.75kw。
3. 速度：例如以金屬摩擦石英石的速度需達每秒2.5公尺，如果只有1.5公尺，則無法點燃 CH_4-air mixture。
4. 長度（距離）：例如摩擦岩石的長度超過20公分，才能點燃 CH_4-air mixture。
5. 物質材料。根據實驗，分別在水泥地面灑上汽油、航空用油、煤油，再以不同的金屬迅速拖過地面，看其是否燃燒，最後發現除了鋁不能點燃這些油料之外，其餘如鈦、鎂、鉻－鉬合金鋼、不鏽鋼皆能點燃。

在作業場所中常見的摩擦生熱情況，例如輸送皮帶、軸承、鑽孔設備、研磨設備等。

3.1.2 摩擦或撞擊火花

兩個堅硬的物體互相摩擦或撞擊產生的火花（spark）或火星，有時會點燃易燃物。通常這兩個物體之一是金屬材料，例如以金屬撞擊金屬，或撞擊石頭。假設某一儲槽因爆炸而發生槽體爆裂、向外四射、槽體外殼碎片（missiles）撞擊附近儲槽，則撞擊點溫度甚高，閃出火花，此溫度可能透過雙層槽壁而進入槽內可燃性蒸氣部分而起燃。因此槽壁之間最好使用熱絕緣材料，以防熱由外而傳入內部。

常見的撞擊火花，如鋼製工具掉落撞擊水泥地面、機器或管路；研磨機內有金屬碎片；鞋釘擦撞水泥地等。火花會加熱表面的粒子，粒子在高溫下氧化，所生的氧化熱使粒子達到熾熱。當然，是否會達到熾熱與金屬的不同有關，例如鋼製工具的火花可達1,400°C，銅－鎳合金與鐵撞擊火花可達3,000°C。然而，火花的引燃性依其總熱含量（heat content）而定；因此，粒子大小對火花引燃性有影響。因粒子通常甚小，總熱含量低，引燃能力不足，即使火花溫度高於1,100°C以上。機械火花冷卻速度甚快，除非在甚為有利引燃的情況下（例如火花掉落在乾鬆的棉花、粉塵、易燃性氣體、蒸氣或爆炸物之上），否則不易引燃。但有些特殊情況仍需注意，例如鋁與鐵鏽（Fe_2O_3）的鋁熱（thermite）可達3,000°C高溫；爆炸煙火業配藥室應避免機械火花。

雖然有人強調在易燃性氣體或蒸氣的場所宜使用無火花工具，勿使用鋼製工具。但無火花工具（例如銅－鈹合金的工具）不能百分之百消除火花的危害。我們可以說使用無火花工具替代鋼製工具，幾無什麼好處（NFPA，1959）。就危害性而言，鎳、蒙銅（monel metal）與銅的火花危害甚低，不鏽鋼比普通工具鋼的火花危害低。如果真要消除摩擦、撞擊火花危害，可改用皮革、塑膠、木製工具。

3.1.3 金屬破碎

碳鋼有兩種情況可導致破碎：脆裂（brittle fracture）與延展破裂（ductile

fracture）。溫度低於15°C時，碳鋼脆裂的可能性增加，但脆裂時碳鋼溫度升高常低於2°C，不致成為發火源。延展破裂時，碳鋼的溫度升高46°C，可能成為發火源。鋼球延展破裂可引燃空氣中的氫和富氧環境中的甲烷，但不能引燃$CH_4 - $air mixture或$C_5H_{12} - $air mixture。

3.2 電的發火源

電的發火源有五種，依其發生頻率由多至少，依序如下：(1)電流；(2)靜電；(3)閃電；(4)射（電）頻（率）；(5)雜散電流（stray currents）。

3.2.1 電流

電流流經導電體，電子從這一原子到另一原子。銅、銀是良導體，最易移動外層電子，如此在導電體內維持電子流動所需的電位差（電壓），比由緊綁著的電子所構成的物質要少很多。任何物質的電阻與其性質有關。電阻是與所需移動電子以對抗電子擄獲和撞擊力量的能量成正比。這所消耗的能量以熱的形式顯示出來。

與電流有關的火災原因不外電線短路、開關引起的火花、漏電、接觸不良、過負載、絕緣劣化、碰線等。這些都肇因於電氣設備的缺失與使用不當所致。常見於作業場所有缺失的電氣設備，如馬達、變壓器、電熱器、壓縮機等及其相關線路、開關。有人統計十年內發生的25,000件火災（大部分為工業火災），由電氣設備引起的火災次數所占百分比最高，達23%（FM, 1967），其餘依其發生頻率分別為：吸菸（18%）、摩擦（10%）、物料過熱（8%）、熱表面（7%）、燃燒器的火焰（7%）、燃燒火花（5%）、自發性燃燒（4%）、焊接切割（4%）、暴露（exposure）（3%）、縱火（3%）、機械火花（2%）、熔化或熾熱的物質（2%）、化學反應（1%）、靜電火花（1%）、閃電（1%）、其他（1%）。

與電氣設備有關的由電產生熱而成為發火源者有多種，茲分別討論如下：

(一)電阻所生的熱

　　電阻熱最可能發生在電阻高的地方，而高電阻之發生常是線路接頭或線路與配電器具連接鬆弛，或接觸點附有塵埃異物，造成接觸點電阻過高，產生熱，使配線及其被覆著火。電流的熱效應依焦耳定律（Joule's law）：

$$H = 0.24I^2Rt$$
式中，H＝熱（焦耳）
　　　I＝電流（安培）
　　　R＝電阻（歐姆）
　　　t＝時間

　　電流所生的熱與電阻及電流的平方成正比。

　　電阻熱的發生與電氣設備的使用不當、缺乏預防性維護保養有關，例如導線之間的接合不實，螺絲未拴緊、鬆脫，接點表面不潔、附有異物，接點材料使用經久耗損，或熔化或氧化。

(二)短路所生的熱

　　短路引發的電弧高熱可能是電氣設備最常引起火災的最重要原因。配線的被覆損壞以及接頭及開關等的絕緣破損，致使導線之間接觸形成短路。絕緣被覆為何受損？大都與遭受外力或因高熱、化學品腐蝕，或日久老化有關。

(三)過負載所生的熱

　　導線內的電流不能過大，否則絕緣被覆將逐漸熔解，冒出白煙，變成液狀，而著火燃燒，導線並發生短路。

　　每一種電線依其截面積及直徑大小，皆有其安全電流值（或容許電流值）（表3-1）。安全電流是導線周圍溫度為35°C時，電流流過線路以不超過60°C為限。導線的安全電流受周圍溫度的影響。凡周圍溫度經常超過35°C時，表3-1所列的安全電流值應乘以表3-2中的減少係數。

(四)電弧所生的熱

　　攜帶電流的電路被干擾時，不論是故意（如被開關干擾）或意外（如意外

表3-1　金屬管配線的安全電流表（周溫在35℃以下）

線別	公稱截面（mm²）	根數/截徑（mm）	3以下	4	5～6	7～10
銅導線			同一導管內之導線數			
			安全電流(A)			
單線		1.6	15	15	14	12
		2.0	20	20	17	15
		2.6	30	27	24	25
		3.2	40	35	30	27
絞線	5.5	7/1.0	30	28	25	22
	8	7/1.2	38	35	30	27
	14	7/1.6	55	50	45	40
	22	7/2.0	70	65	60	50
	30	7/2.3	85	80	70	60
	38	7/2.6	100	90	80	70
	50	19/1.8	120	110	100	85
	60	19/2.0	140	125	110	100
	80	19/2.3	160	145	130	115
	100	19/2.6	190	170	150	130
	125	19/2.9	220	200	175	155
	150	37/2.3	250	225	200	175
	200	37/2.6	300	270	235	205
	250	61/2.3	350	315	280	250
	325	61/2.6	415	370	330	290
	400	61/2.9	475	425	380	330
	500	61/3.2	535	480	430	375

表3-2　周圍溫度對導線安全電流的影響（周溫35℃～60℃）

周圍溫度（℃）		40	45	50	55	60
減少係數	橡皮線、PVC線、PVC絕緣電纜、卡胎電纜、軟線、燈具線	0.90	0.78	0.64	0.45	

接觸或接點鬆脫），就會發生電弧，產生火花。若牽涉電動機或其他感應電路時，電弧就特別嚴重。電弧溫度甚高，釋出的熱足以點燃附近的可燃物。有時電弧會熔掉導線，散發赤熱金屬。本質安全的（intrinsically safe）電路要求電弧不可釋出足夠的能量以點燃附近作業場所存在的危險性氣體、蒸氣或粉塵、飛絮等。

(五)洩漏電流所生的熱

因現有的絕緣材料都不是完美的絕緣體。一旦絕緣體承受大量電壓，就常有電流流出。此流出的電流是為洩漏（leakage）電流。洩漏電流所生的熱，嚴格來說，不如過負載所生的熱那麼危險。站在工業安全的觀點，洩漏電流造成人體的電擊比較值得重視。然而，如果絕緣被覆太薄，洩漏電流超過安全限值，加熱絕緣被覆，終使其劣化而損毀。

另有一種漏電情況發生在絕緣被覆破損或附著各種汙染物（如雨水、鹽、塵埃、粉塵等）之時。這些絕緣材料上的汙染物具導電性，電流會跨過（"track" across）絕緣體的表面，因此有人稱之為「沿面洩漏放電」，日本人稱之為「積汙導電現象」（或稱「電痕」），其定義為：「固體絕緣物表面，因放電與電解汙染物之合併作用，緩慢形成碳化導電通路現象」（陳弘毅，2003）。

事實上，絕緣體（如木材、電木）受到破壞，而有導電的功用，能流通電流，這種現象在日本被稱為「金原現象」，因係金原教授所發現。

3.2.2 靜電

(一)靜電的產生

靜電產生的方式主要有三種：

第一種，兩個不同物質的結合與分離。這兩個不同物質之中，至少有一個是電的不良導體，而且通常都發生在固體與固體，液體與液體，或固體與液體之間的表面。原則上，純粹的氣體不會發生靜電，但若氣體之中混有細小的粉塵、鐵鏽、水垢等不純物質，則在此情況下，仍為固體與固體的結合與分離。

第二種，感應（induction）引發靜電。當一個帶電物體接近另一個中性電荷的物體，引發中性電荷的物體產生相反的電荷。

第三種，電荷轉移。一個帶電體接觸另一個不帶電體而使不帶電體也變成帶電。

以上三種產生靜電的情況再詳述如下：

◆ 兩個不同物質的結合與分離

兩個不同物質表面緊密接觸，兩者之間的自由電子可能發生轉移（transfer），一方獲得電子，另一方失去電子，形成相互的吸引力。一旦兩物體分

離，作功在與此吸引力相反的方向上。消耗的能量再度出現，使得兩物體表面之間的電子張力（electrical tension）或電壓增加。若兩物體與其周遭隔絕，兩者被稱為「充電」：其中之一帶有過多的電子，稱為帶負電荷，另一個稱帶正電荷。若兩者之間有導電性之通路（path）連接，則分開的電荷立即再結合。若無此通路，例如絕緣體，則保留電荷，形成電場（field）。

如果接觸再分離的兩物體是電的良導體，則產生的靜電可自由移動，物體會恢復其原先未充電的狀態；但若有一方或雙方皆是不良導體，則電荷不能自由移動，因此，電荷是靜止的（static），靜電之名即由此而來。

分離的電荷常停留並累積在非導電性的固體表面或液體裡面，或在雲、霧、霧滴之上。

至於哪一種物質帶有正電荷或負電荷，則由哪一種物質容易放棄或獲得電子而定，例如以玻璃與照相軟片相互摩擦接觸再分離來看，玻璃易失去電子而照相軟片易獲得電子（**表**3-3）。

◆感應引發靜電

若一個導電體被帶進另一個帶有靜電荷的電場時，導電體的表面會出現電荷，此稱為「感應」。在未充電的導電性物體內本來就有相互平衡的電荷，經由相斥和相吸的作用而發生感應，在導電性物體表面有平衡但相反的電荷。

靜電感應的效應以**圖**3-1(a)至(f)說明。圖(a)中的圓形代表發電機，長方形代表導電體。兩者豎立在絕緣體上且暫時予以接地。圖(b)中啟動發電機數秒鐘，使發電機充負電。導電體靠近發電機的一邊因電場影響，感應而生正電。圖(c)中在導電體右邊實施接地，負電荷消失而正電荷因受發電機負電的吸引仍保留著（圖(d)）。現在移開發電機（圖(e)），導電體上的正電荷再重新分布在其表面（圖(f)）。

今以人體為例，若一個人穿鞋子（與大地絕緣）靠近廠房內一捲高度充電

表3-3　各種物質的帶電序列

陽電側	玻璃	頭髮	尼龍	羊毛	嫘縈	絹	棉布	醋酸絲	奧龍、綿混紡	紙	麻	鋼鐵	合成橡膠	聚乙烯	賽璐珞	照相軟片	陰電側

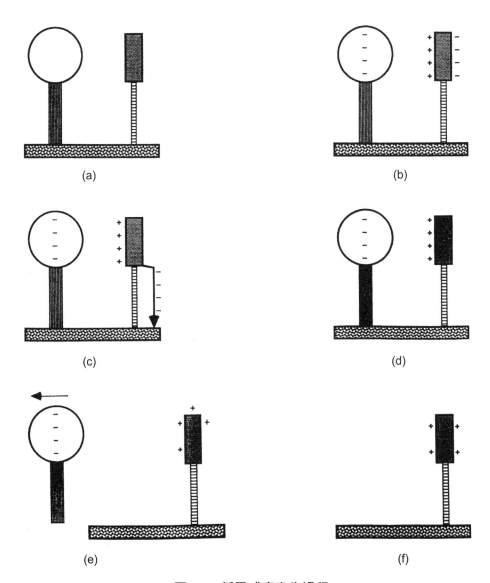

(a)

(b)

(c)

(d)

(e)

(f)

圖3-1　靜電感應產生過程

的塑膠軟片，人被感應而生靜電，一旦人體碰觸大型或接地的導電體，人體將遭受靜電電擊。如果這個人離開塑膠軟片，原先感應在人體上相反的電荷仍停留在人身上，當他再接觸大型或接地的導電體，會再遭受第二次電擊。

◆ 電荷移轉

　　在一個本來未帶電的物體表面會因與另一個帶電的物體接觸而帶電，這就是電荷轉移。以**圖3-2(a)至(f)**來看（Cooper, 1970）：

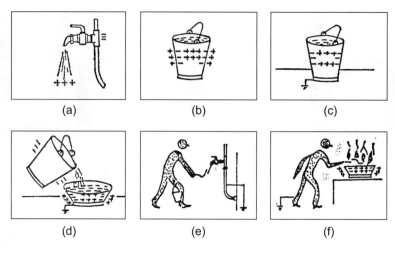

圖3-2　靜電荷轉移

(a)易燃的液體流經閥的出口之後帶靜電；產生兩種相反且相等的電荷。管路帶負電，流體帶正電。

(b)帶電的液體會在盛裝液體的桶子外緣上產生兩種相反且相等的電荷（亦即電荷自管路轉移）。

(c)放在地上的桶子，其外面的電荷會消失；雖然桶子與液體都帶電，但整個來說是中性的。

(d)液體及其所帶的電荷倒進盆子裡，引發帶電的過程重複發生；只留下桶子外面的電荷。

(e)穿塑膠鞋底的人與桶子一樣帶電，火花從他的手傳到接地的燃料排放口，造成火災。

(f)另一個沒有穿塑膠鞋底的人（直接接觸地面），他的手靠近帶電的液體的表面，產生火花，造成火災；事實上，此情形常造成意外事故。盆子雖然接地，但無差別。

(二)容易產生靜電的作業場所

由**表3-4**可知容易產生靜電的事業單位不少，尤其涉及液體或粉塵輸送，液體向空中噴射（jetting）、混合、攪拌、塗布、剝離或過濾的作業。比較常見的機器設備包括傳送皮帶、傳動輪及滾輪、抄紙機、輸送管路、儲槽、攪拌器、混合設備等。儲槽中除了液體與槽壁或漂浮在液面上的物體之間會產生靜電之

表3-4　容易發生靜電的行業與作業

業種別	調查事業場所數	計	流送工程 小計	流送 氣體	流送 液體	流送 粉體	噴出工程 小計	噴出 氣體	噴出 液體	噴出 粉體	混合、攪拌、濾過工程 小計	液體混合	液體攪拌	液體濾過	粉碎、混合、用篩工程 小計	固體粉碎	粉體混合	粉體用篩	攪拌工程（液狀物）	塗布工程（液狀物）	剝離工程（固體）	其他工程
合計	405	703	166	30	75	61	68	31	26	11	82	19	36	27	121	43	32	46	23	46	61	136
化學工業	177	337	112	21	43	48	35	15	11	9	44	12	20	12	79	18	22	39	9	11	15	32
化學肥料製造業	(12)	(12)	(6)	(1)	(4)	(1)	(4)	(3)	(1)	(1)	(1)	(4)	(1)	(6)	(8)	(2)	(2)	(4)	(2)	(3)	(1)	(1)
無機工業藥品製造業	(30)	(38)	(18)	(1)	(3)	(8)	(5)	(2)	(1)	(2)	(1)	(1)	(1)	(1)	(35)	(8)	(11)	(16)	(6)	(1)	(6)	(3)
有機工業藥品製造業	(45)	(130)	(46)	(7)	(20)	(19)	(5)	(7)	(7)	(1)	(18)	(3)	(8)	(4)	(5)	(2)	(2)	(1)	(1)	(2)	(2)	(5)
化學纖維製造業	(21)	(37)	(10)	(1)	(3)	(6)	(1)	(2)	(1)	(1)	(4)	(1)	(8)	(1)	(4)	(2)	(2)	(9)	(1)	(3)	(1)	(9)
動植物油脂製造業	(8)	(4)																				(1)
油脂加工品塗料製造業	(15)	(44)	(9)	(3)	(6)	(6)	(4)	(1)	(1)		(18)				(13)	(2)	(3)	(9)	(1)	(2)	(1)	(1)
醫藥品製造業	(22)	(36)	(12)	(2)	(4)	(8)	(2)		(1)		(1)				(14)		(2)				(1)	(1)
其他化學工業	(24)	(38)	(11)		(3)						(1)										(3)	(5)
石油製品、煤炭製品製造業	22	77	26	4	19	3	18	8	9	1	27	6	10	11	1	18	9	1	1	1	2	1
橡皮製品製造業	55	89	1	1	6	1	1	1	4		3	1	3	2	27	4	1	5	10	1	9	12
紙漿、紙、紙加工品製造業	57	62	2	2	2	6	8	4	2		5	1	2	1	9	3		1	2	27	21	37
出版、印刷有關製造業	16	21	2		5	2	6	3			1		1	1	5				1	1	3	45
纖維工業	26	28	13								2									5	1	21
食品製造業	24	41	2																		9	4
其他製造業	18	30	8																		1	8
其他	10	20																				3

外，儲槽的灌裝、卸料作業時，液體沉降（settling）或泡沫上升，穿過非導性的液體時，皆會發生靜電。

(三)靜電放電成為火災、爆炸的發火源

我們作業的場所如果發生靜電，未必會引起火災、爆炸，就如冬天時許多人都有被靜電電擊的經驗，雖嚇了一大跳，卻無災害發生。靜電若要引發火災、爆炸，必須四個條件具備：(1)至少有一個產生靜電的方式；(2)物質儲存電荷的能力；(3)靜電引燃可燃物的能量；(4)產生靜電的場所有易燃性氣體、液體的蒸氣或粉塵。詳論如下：

◆有一個產生靜電的方式

如前一小節所言，不再贅述。

◆物質儲存電荷的能力

物質上累積的靜電若遇到導電性甚低的絕緣物質，則電子的流動受阻，充電的兩個不同物質之間的表面迅速分離之後，多餘的電子仍停留在絕緣物質的表面。若以Q表示靜電荷，Q_g表示靜電產生量，Q_r表示靜電消退量（即靜電排洩至大地或流向正離子的量），S表示絕緣物質，以**圖3-3**說明Q的帶電量。當Q_g產生之後，皆欲經S的方向逃向大地。但S是絕緣物質，電阻甚大，靜電消退（relaxation）甚慢，雖然靜電Q不是永遠不變，但要使Q＝0，需一段時間。

靜電消失的過程稱為relaxation（消退）。消退的速度與物質的電阻係數有關。假設絕緣物S的斷面積是A，長度是L，S的電阻有如下式：

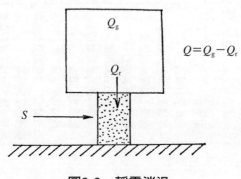

$$Q=Q_g-Q_r$$

圖3-3　靜電消退

$$R = \rho \frac{L}{A} \quad \text{或} \quad \rho = \frac{RA}{L}$$

式中，R的單位為歐姆

A的單位為平方公尺

L的單位為公尺

ρ 的單位為歐姆－公尺，稱為電阻係數，1歐姆－公尺＝100歐

姆－公分

電阻係數的倒數稱為導電率。可燃性液體的電阻係數在 10^{11} 歐姆－公分～ 10^{15} 歐姆－公分之間較易帶電，特別是在 10^{13} 歐姆－公分之時。**表3-5**為各物質的電阻係數。

靜電之消退（或稱衰減率，rate of decay）是由消退時間（relaxation time, τ 單位秒）而定（**表3-6**）。**表3-7**是一些物質的導電率與消退時間。導電性越差的物質，靜電越不易消失，累積的靜電越多，在分離的電荷之間的電位差越大。

◆ 靜電引燃可燃物的能量

如果靜電的發生率大於其消失率，則靜電將逐漸累積。當累積的靜電電荷密度或電壓達到某一程度時，靜電穿越周圍的氣體（通常是空氣）之絕緣障礙而放電，此靜電放電值稱為「空氣破壞值」（breakdown value）。電場強度約3MV/m，電荷密度約 $26\mu C/m^2$。這種在靜電場周圍氣體中放電的現象，我們稱為「氣體放電」（gas discharge）。氣體放電可分兩大類：

表3-5　各物質的電阻係數

物質名稱	電阻係數（ $\Omega-cm$ ）
原油	$10^9 \sim 10^{11}$
燈油	10^{13}
汽油	$10^{13} \sim 10^{14}$
甲苯	2.5×10^{13}
二甲苯	2.8×10^{13}
苯	1.6×10^{13}
己烷	4×10^{14}
丙酮	$10^7 \sim 10^{10}$
甲醇	10^9
聚乙烯	10^{21}

表3-6 電阻係數與靜電消退時間

物質的電阻係數（Ω－cm）	消退時間（秒）
10^{11}	0.018
10^{12}	0.18
10^{13}	1.8
10^{14}	18
10^{15}	180
10^{16}	1,800
10^{17}	18,000

表3-7 物質的導電率與靜電消退時間

	導電率（K）（s/m）	絕緣常數（ε）	消退時間（s）秒
不含礦物質的純水	10^{-5}	80	7.1×10^{-5}
原油	$10^{-9} \sim 10^{-7}$	2	$1.8 \times 10^{-4} \sim 1.8 \times 10^{-2}$
White products	$10^{-13} \sim 10^{-11}$	2	$1.8 \times 10^{-1} \sim 1.8 \times 10^{2}$
高淨化的碳氫化合物（烴）	10^{-15}	2	1.8×10^{4}

資料來源：Lees (1986).

1.單極（one electrode）放電：如電暈（corona）放電、電刷（brush）放電、超級（super）電刷放電（極少在工作場所發生）、圓錐（cone or bulking）放電、傳導電刷（propagating brush）放電等。

2.兩極間放電：如火花放電。

放電能量在單極放電情況不可能直接測出。但我們只要知道絕緣導電體的電容及電壓（或電荷量）可運用前述的公式：

$$E = \frac{1}{2} CV^2 \times 10^{-9}$$

即可計算火花放電的能量。

一般而言，放電的能量由低至高依序如下：

電暈放電 ⟶ 電刷放電 ⟶ 火花放電 ⟶ 傳導電刷放電

電暈放電的能量甚低，大多不足以點燃易燃性氣體或蒸氣。在黑暗中放電時，肉眼可見其微弱的藍紫色光暈（圖3-4）。

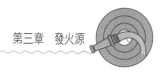
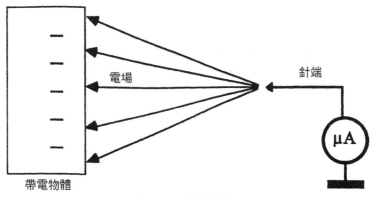

圖3-4　電暈放電

資料來源：Luttgens and Wilson (1997).

　　電刷放電能點燃易燃性氣體或蒸氣，但不能點燃普通粉塵。因其在放電時產生刷子狀的現象而得名。其電場能將氣態離子擠壓（pinch）成高溫電漿（plasma），並在放電時可聽到「咯、咯」聲（**圖3-5**）。

　　火花放電與傳導電刷放電能點燃易燃性氣體、蒸氣和粉塵。傳導電刷放電是除了閃電之外最強的一種靜電。其電流之感抗（inductive reactance, inductivity）極低，電流在短時間增加，產生大脈衝（sharp pulses）。來自此脈衝的電磁輻射，可能造成鄰近電子設備遭受電擊、損毀（**圖3-6**）。

　　作業場所中最常見的是火花放電（**圖3-7**）。在兩個電極之間，當電場強度達到空氣的破壞值，火花並跨越兩電極之間距（以d表示）。若兩電極間的電位差u，則電場強度E等於電位差除以d。

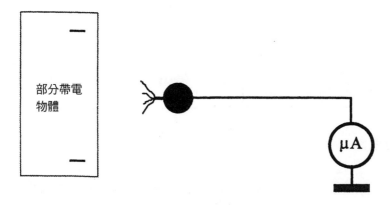

圖3-5　電刷放電

資料來源：Luttgens and Wilson (1997).

圖3-6　傳導電刷放電

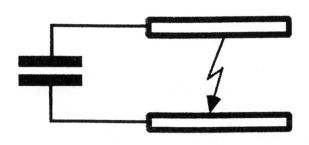

圖3-7　火花放電

$$E = \frac{u}{d}$$

　　從帶電荷的電容器釋出的火花因具有「擠壓效應」（pinch effect），其溫度足以引燃易燃性物質。由**表3-8**可知除了電量放電之外，其餘靜電能量大都具有發火源的能力。

◆ **產生靜電的場所有易燃性氣體、蒸氣或粉塵**

　　表3-8已說明靜電可點燃易燃性氣體、蒸氣或粉塵與空氣的混合物，可是靜電卻不能點燃普通可燃性固體，如紙、木片或鋁、鎂、鉀、鈉等金屬碎塊。

　　有關靜電的防範與控制將在第十章討論。

3.2.3 閃電

　　閃電是靜電放電的一種形式，其能量可達一千萬焦耳，電流達二十萬安培，在二分之一秒之內，產生一千萬至三千萬伏特的電壓，為百萬倍致人於

表3-8 靜電放電點燃可燃物

最小著火能（MIE）mJ	氣體和蒸氣 0.2～1.0	敏感的粉塵 1.0～10	粉塵 >10
電暈放電	不能	不能	不能
電刷放電	可能	不能證明	不能
超級電刷放電	可能	未定	未定
圓錐放電	可能	未定	未定
傳導電刷放電	能	能	能
火花放電	能	能	能

資料來源：Luttgens (1997).

死的能量，並可摧毀其他動物、建築物、船舶、飛機，引發電氣設備（如變電所、發電所、輸配線、變壓器等）的損壞或火災，或造成油槽等內儲存的易燃物起火爆炸。

以儲存易燃性氣體或液體的儲槽為例，閃電成為儲槽火災的發火源的機制（mechanism）是：

1. 由於電流快速升至二十萬安培，磁場急速變化，能感應電路與構造物中的電壓與電流。閃電火花傳到接地端點有足夠能量引燃易燃性的混合氣體。
2. 閃電擊中金屬板會造成局部加熱現象，金屬板的另一邊若有氣體或蒸氣，可能達到自燃溫度（AIT）之上而起火燃燒。
3. 閃電直接進入儲槽內液面上方的蒸氣。
4. 在法蘭（flange）接頭，經由管路傳導閃電火花。

3.2.4 射電頻率

要使射電頻率（radio frequency）電磁場產生的能量引燃易燃的混合氣體需具備三個條件：

第一，在易燃的混合物現場需有足夠強度的電磁輻射，其頻率至少達15,000Hz以上。**表3-9**是依據英國國家標準的報告，說明射電頻率的發射器（transmitter）及最大危險半徑區域（maximum vulnerable zone）（BS 6656, 1986），若**表3-9**所列的範圍內無射頻發射機，則無危害存在。這些發射機通常

表3-9　射頻發射設備及其危險半徑區域

發射種類	最大危險半徑區域		
	IIA	IIB	IIC
低頻與甚低頻廣播及無線電信號（150～530kHz）	4.5km	5.5km	7.5km
中頻廣播與通訊（530kHz～1.6MHz）	11.5km	14.5km	17.5km
高頻廣播與通訊	9.0km	11.0km	14.0km
業餘無線電（固定和行動）（1.8MHz～430MHz）	0.75km	1.0km	1.1km
甚高頻與特高頻（固定和行動）（87MHz～2.7GHz）	0.2km	0.25km	0.3km
對流層散射（0.9GHz～2GHz）	1.0km	1.2km	1.5km
民間與軍用雷達（220MHz～14GHz）	0.5km	1.5km	3.0km

資料來源：BS 6656 (1986).

以雷達站和廣播電台所屬的設備較危險。

　　第二，現場出現的構造物能夠作為接收天線，引發感應電流。能夠作為接收射頻天線的構造物如**圖3-8**所示：

　　(a)、(b)、(c)塔槽與管路形成的迴路；(d)油罐車進料設備；(e)儲槽之間的通路走道；(f)、(g)固定式與移動式起重機。

　　一般而言，迴路周長越長，越危險，反之，越安全。

　　第三，射頻持續到達天線，使得接收到的能量轉變成強度足夠的火花，點燃易燃性的混合氣體。原則上，發射設備發出的能量若低於**表3-10**的下限值，應不致構成危害。

表3-10　廠房與固定式起重機之最大安全能量限值

設備分類	安全能量限值
IIA	8w：每100μs期間平均超過800μJ（註1）
IIB	4w：每100μs期間平均超過400μJ（註1）
IIC	2w：每20μs期間平均超過40μJ

註：1.起重機較易被引燃，因此IIA類，引燃能降至6w（600μJ），IIB類，降至3.5w（350μJ）。

　　2.上表所列的時間是引燃時間，必須在該時間內達到該能量，否則不會引燃。

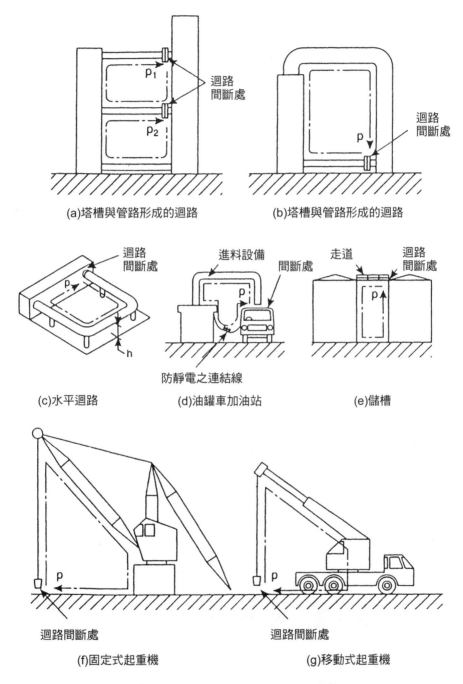

(a)塔槽與管路形成的迴路

(b)塔槽與管路形成的迴路

(c)水平迴路

(d)油罐車加油站

(e)儲槽

(f)固定式起重機

(g)移動式起重機

圖3-8　可作為射頻接收天線的構造物

資料來源：BS 6656 (1986).

有關射頻引發的火災、爆炸，在歐、美都曾發生。例如在德國漢堡市碼頭發生大型伸臂式（jib）起重機的電壓高達1,000伏特，禍首是7公里外300kw廣播電台發射機。美國檀香山貨櫃轉運站曾發生人員灼傷事故，另一災變是無線電台發射機引發在加油站加油的油罐車爆炸（AIChE, 1993）。

如果有這類射頻發射器存在，或有這類可作為接收天線的構造物存在，或兩者皆有之，且無法移開發射器或調整其方向，則防範之道有：

1. 優先考慮以連結（bonding）方式避免火花的發生。亦即在迴路（loop）有間斷的空間用導線連結，可避免產生過高的電壓。連結的導線宜短不宜長，且必須穩固確實。勿使用直接接地的方法。
2. 縮短迴路的周長。

3.2.5 雜散電流

很少人談到雜散電流這個很少發生的發火源。實際的災變案例非常少，即使有也令人混淆不清。專業書籍討論到雜散電流，多半語焉不詳，例如美國化學工程師協會（AIChE）化學製程安全中心出版的專書（AIChE, 1993）將上一小節討論的射頻和stray currents混淆在一起，令人不知所云，其餘更不足道也。

依據美國石油協會（American Petroleum Institute, API）的定義，雜散電流是指流在其應流的路徑之外的任何電流。所謂非其應流的路徑者，包括大地、管線及其他金屬物體或與大地接觸的構造物。雜散電流也許是連續的、斷斷續續的、單方向的、交替的（alternating），且常在一些平行的路徑中流動（與其個別的電阻成反比，亦即電阻大者，電流少；電阻小的，電流多）（API, RP 2003）。

管路分開之時或接地之時，可能發生雜散電流而引燃。下列情況可能造成雜散電流：

1. 鐵路電線的通訊或訊號（signalling）電流。
2. 與電力牽引有關的鐵路電線接地不足。
3. 電焊設備。
4. 油管陰極防護（protection）。
5. 油輪碼頭陰極防護。

一般認為在停泊碼頭的油輪與岸邊的進卸料設備之間的管線在分開時會產

生電氣火花或電弧光（arc），此火花或電弧會點燃油料而發生火災。因此美國海岸防衛隊（US Coast Guard, USCG）規定進卸料臂的法蘭凸緣接頭使用具絕緣性質者（API, RP 2003）。

 ## 3.3 熱的發火源

　　熱的發火源包括：(1)熱表面：設備的表面溫度相當高而成為發火源；(2)自行加熱：包括分解熱、發酵熱、氧化熱等；(3)火焰及燃燒的火花；(4)吸菸；(5)絕熱壓縮。再分別討論如下：

3.3.1 熱表面

　　機器設備或其零組件的表面因作業而產生相當高的溫度，使易燃性的物質和空氣或氧的混合物起燃、延燒。熱表面的面積越大，引燃所需的熱越小。

　　常見的熱表面包括：車輛的排氣管、內燃機的排氣系統、電燈、電熱器、蒸氣管鍋爐、加熱爐、乾燥設備及熱製程設備等。有些物質的溫度甚高，一接觸可燃物即起火燃燒，亦可屬於這一類發火源，例如熱傳鹽（heat transfer salt）、赤熱的金屬或玻璃熔液。

3.3.2 自行加熱

　　此處討論的自行加熱與下一單元討論的化學的發火源中的自發性燃燒略有不同。雖說兩者都不需火焰、火花等其他發火源而自己燃燒，但自行燃燒發生過程緩慢，所花時間較長，而自發性燃燒發生時間甚短。

(一)分解熱

　　運送或儲存不當，受日光直射，易於自然分解的物質，如硝化纖維（硝化棉）、硝化甘油、硝酸鹽、賽璐珞等，因分解時產生的熱大於消散的熱（通常是儲存場所通風不良，或熱不易逸散，如在密封的桶子裡面），熱逐漸蓄積，而達到物質的自燃溫度之上。

(二)發酵熱

稻草堆或乾草堆會發生self-heating，分兩階段進行：

1. 微生物在腐敗植物中進行發酵分解，產生發酵熱。因散熱不易，可蓄積達70℃。
2. 在超過70～80℃之後，微生物不易生存。此後只要稻草內含濕氣，即可進行氧化反應，此氧化熱之蓄積，可能點燃稻草。

(三)氧化熱

在濕度高與氧氣充足的環境中，不少物質易於與氧反應，如動植物油（鯨魚油、骨油、棉花種籽油、亞麻仁油、桐油、玉米油等不飽和油）、電木粉、浸油漬破布、脫脂糠、硫化鈉、硫化礦石、橡膠粉、木屑粉、金屬粉、油煙、易於聚合反應的單體等不下數十種。這些物質有些是液態（如魚油），附著在固體上（如破布），都有可能產生氧化熱。其自行加熱程度與物質的組成、乾燥的方法、溼度、溫度、空氣中含氧量等有關。

火力發電廠使用的煤粉之自燃，亦屬氧化熱的一種。

3.3.3 火焰及燃燒的火花

各種燃燒設備有火焰者，如鍋爐、火爐、熔爐、烤箱等，或者直接以火把、打火機燃燒的如縱火案件。此外，焚化爐、煙囪、廢氣燃燒塔飄出來的火花，或焊接切割時產生的火花以及貨卡車排氣管排出高溫的碳粒皆屬之。

焊接切割時有三種發火源：火花、赤熱金屬及電弧。就引發火災的頻率而言，火花與赤熱金屬約占焊切作業的90%。電弧產生的熱甚高，可達3,000℃，但較少成為發火源。這種熱作業應實施動火許可制度之管理。

這些發火源宜與可燃物保持安全距離。有些設備宜使用自動控溫裝置，平時宜加強維護保養。

3.3.4 吸菸

雖說事業單位裡裡外外都會見到「嚴禁煙火」、「禁止吸菸」的醒目標語，可是視而不見、不當一回事的人仍然不少。

與香菸（cigarettes）類似的發火源尚有敬神祭拜用的線香，或驅除蚊蟲用的蚊香。這類發火源與公共危險較有關係，在工業作業場所較為少見。在此姑且不論。

香菸表面的溫度約200～300°C，裡面中心的溫度可達700～800°C，足以使大多數的易燃性氣體或蒸氣引火燃燒，亦可使常見的A類火災之普通可燃物起燃，難怪吸菸除了是工業火災僅次於電氣的發火源之外，也是航空、旅館、養老院或居家火災之罪魁禍首。

3.3.5 絕熱壓縮

氣體突然被壓縮、溫度升高，釋出的熱是壓縮熱，這種情形也稱為「柴油效應」（diesel effect）。柴油引擎不用火花點燃系統，而使用絕熱壓縮的方法，是較為安全的點火方法。首先空氣在引擎汽缸內被壓縮，然後再將輕油注入高溫（約500°C）的壓縮空氣之中，油的噴霧被點燃。

壓縮比越大者，產生的溫度也越高（**表3-11**）。汽車引擎內的壓縮比為13～14比1，壓縮壓力可達35～37kg/cm²。一般的油在壓縮比18比1時，此時160°C即可點燃；若壓縮比31比1，則在120°C即可點燃油料。

我們可由下列公式計算壓縮後的氣體溫度：

$$T_2 = T_1 \left(\frac{P_2}{P_1} \right)^{\frac{r-1}{r}}$$

式中，T_2＝壓縮後的氣體溫度（絕對溫度）

表3-11　空氣的壓縮比與對應的上升壓力和溫度

壓縮比（V_1/V_2）	P_2（atm）	T_2（°C）
1	1.0	20
2	2.6	120
3	4.7	181
5	9.5	283
10	25.0	462
15	44.2	594
20	66.0	697

T_1＝壓縮前的氣體溫度（絕對溫度）

P_2＝壓縮後的壓力

P_1＝壓縮前的壓力

r＝比熱比〔定壓比熱（C_p）除以定容比熱（C_v）〕

【例題】

　　假設空氣被壓縮前的溫度是20℃，壓力是一大氣壓。經壓縮後，壓力達35大氣壓力，求空氣的最後溫度。空氣的r＝1.4

【解】

$$T_2 = 293 \left(\frac{35}{1} \right)^{\frac{1.4-1}{1.4}}$$

$$= 293 \times 2.76$$

$$= 809°K$$

$$= 536℃$$

　　中國石油公司桃園廠曾連續兩年發生管線法蘭氫氣外洩引發火災爆炸，以及台南威致鋼鐵公司氧氣槽外管線破裂，液態氧大量噴出，外包公司員工被灼傷等事件，應與絕熱壓縮成為發火源有關。高壓氣體配管或壓縮機等設備內的易燃性氣體和空氣的混合氣體被壓縮，若急速洩放，皆易發生火災爆炸，美國挑戰者號太空梭燃料箱氫氣外洩即為一例。氫氣自高壓（如79bar）下突然釋放到1bar的空氣中，引燃機會至少50%以上。

　　日本以圖3-9實驗（成田善雄，1967）。急速開啟配管A端高壓（150atm）氧，產生絕熱壓縮效應，配管內空氣被壓縮，產生953℃高溫，燒毀B端的閥。計算壓縮後的溫度如下：

$$T_2 = T_1 \left(\frac{P_2}{P_1} \right)^{\frac{r-1}{r}}$$

式中，$T_1 = 20℃ = 293°K$

$P_2 = 150atm$

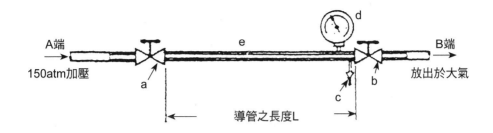

a：輸氣閥　b：阻塞閥
c：通氣閥　d：壓力表
e：高壓導管（內徑15mmφ）

圖3-9　實驗裝置相關的組件

$P_1 = 1atm$

$r = 1.4$

則$T_2 = 1,226°K = 953°C$

$$壓縮比 = \left(\frac{V_1}{V_2}\right) = \left(\frac{P_2}{P_1}\right)^{\frac{1}{r}} = \left(\frac{150}{1}\right)^{\frac{1}{1.4}} = \frac{36}{1}$$

 ## 3.4 化學的發火源

化學的發火源包括：(1)過氧化物釋出的熱；(2)聚合熱；(3)自發性燃燒；(4)不相容物質的反應熱；(5)鋁熱反應；(6)不穩定物質釋出的熱；(7)高壓分解物質釋出的熱。茲詳論如下：

3.4.1 過氧化物釋出的熱

過氧化物包括：

1.無機過氧化物：如K_2O_2、Na_2O_2、B_aO_2、H_2O_2等。

2.有機過氧化物：如$C_2H_5COOCH_3$（過氧化甲乙基酮）、（丁酮過氧化物）、$(C_6H_5CO)_2O_2$（過氧化二苯甲醯）、CH_3COOOH（過醋酸）等。

過氧化物的危險性在於：

1. 受熱分解，放出O_2和分解熱。例如過氧化甲乙基酮，在40℃以上進行分解，80～100℃時激烈分解，110℃以上發火，390℃自燃。又如過氧化二苯甲醯在70℃急速熱分解，自行加速分解溫度（self-accelerating decomposition temperature, SADT）是103℃，加熱至105℃以上爆炸。

2. 受摩擦或衝擊而起火爆炸，例如過氧化丁二烯受到機械性的衝擊會發生爆炸。91%以上的H_2O_2溶液亦然。

3. 受到其他化學品汙染時，其自行加速分解溫度（SADT）會下降，並釋出氧及熱。例如H_2O_2在有觸媒作用的不純物鉑、二氧化鎂及鹼金屬出現時，會進行分解，釋出氧和熱。又如鹼金屬過氧化物可與水激烈反應生熱，放出氧；若與有機物接觸，則起火爆炸。

過氧化物具有一般氧化劑的特性，不宜與下列物質混合、接觸，否則起火或爆炸。

1. 可燃物。
2. 有機物或強酸。
3. 還原劑。

有些物質在商業上或製程上常被使用，宜特別注意，例如過氧化氫水溶液與胺混合會發生爆炸；濃度超過86%時，一遇強發火源，亦爆炸。在製程中H_2O_2作為氧化劑，與有機物混合，形成爆炸性混合物。

美國費城某製酚廠發生25,000加侖的氫過氧化枯烯（$C_6H_5C(CH_3)_2OOH$）被蒸氣加熱而爆炸（Garrison, 1988）。

3.4.2 聚合熱

易聚合的單體在聚合反應過程中會產生熱。釋出的聚合熱若不易排放，恐造成重大災變。1984年12月3日發生於印度Bhopal的異氰酸甲酯外洩災變即是聚合作用造成的（詳情請見黃清賢，2005）。**表3-12**是四種常見於石化工廠易發生聚合反應的物質所釋出的熱。在化工製程的反應器災變中，聚合反應的失控所造成的事故頻率高居首位（**表3-13**）。在64件聚合事件，其中五之一涉及

表3-12　聚合反應釋出的熱（kcal/mol）

易發生聚合反應的物質	釋出的熱
丙烯酸（$CH_2CHCOOH$）	18.5
丙烯腈（CH_2CHCN）	17.3
苯乙烯（$C_6H_5CHCH_2$）	17.4
乙酸乙烯酯（$CH_3COOCHCH_2$）	20.9

表3-13　發生於化工製程的災變分析

反應類別	事故發生次數（共134次）
聚合（包括縮合）	64
硝化	15
磺酸作用	13
水解	10
鹽形成	8
鹵化（氯化及溴化）	8
烷基化	5
胺基化作用	4
重氮化作用	4
氧化	2
酯化作用	1

資料來源：ECC (1982).

酚－甲醛的縮合（condensation）。

　　為防範聚合反應演變成失控反應，常在單體中加入抑制劑（inhibitor）。但有兩種情況，抑制劑會流失，致使反應失控：

1.抑制劑先行蒸發，只剩下單體。一旦冷凝，單體因缺乏抑制劑，若有任何促進反應的物質存在（例如乙醯過氧化物），則立即引發聚合反應。
2.單體在大氣溫度中結晶（crystallization），抑制劑會從單體的結晶體被排出。一旦溶解，因液態單體已無抑制劑，可能發生低溫聚合反應，致演變成失控反應。

3.4.3 自發性燃燒

　　不需要發火源（如電氣火花、火焰、靜電火花、摩擦或撞擊火花等），物

68

質卻能自燃者，共有兩種：(1)自行加熱（已在本書3.3.2節詳述）；(2)自發性燃燒。

這兩種自燃現象，前者進行緩慢，熱的蓄積超過熱的消散，逐漸累積一段時間，例如牧草歷經2～6週的時間，在封閉、通風不良的環境中達到70°C以上的溫度。而後者主要有兩種自燃型態：

1. 與空氣接觸發生自燃者，這類物質有時被稱為發火性或自燃性物質（pyrophoric）。
2. 與水接觸迅速反應而燃燒爆炸者。

(一)影響自發性燃燒的因素

影響自發性燃燒的因素有：

1. 無數的小粒徑物質，其總和面積甚大，便於與空氣進行反應。
2. 粉末型態與O_2反應。
3. 濕氣常有助於自發性反應。
4. 金屬的應力（stress）。
5. 物質不純，含有雜質（impurities）。
6. 氧意外出現。

氧有時意外出現在海上油輪的油槽，而引發油輪火災。油輪的油釋出H_2S，與油槽的鐵鏽化合而成硫化亞鐵（FeS）：

$$Fe_2O_3 + 3H_2S \longrightarrow 2FeS + 3H_2O + S$$

因油槽常需以氮氣灌入油面上的蒸氣空間，進行爆炸性氣體的惰性化，有時空氣趁隙同時進入，與FeS反應，產生高溫的Fe_2O_3，並點燃油料：

$$4FeS + 3O_2 \longrightarrow 2Fe_2O_3 + 4S + \triangle Hc$$

(二)易於發生自發性燃燒的物質

下列為兩類易於發生自發性燃燒的物質：

◆與空氣接觸發生自燃的物質

鋁粉、三乙基鋁、三甲基鋁、鋇、疊氮化鋇、硫化鋇、鈹粉、硼粉、氫化鈣粉、鈣、細銅粉、氧化亞鐵、氫氧化鐵、氫化鋰、鋰、鎳鐵合金、赤磷、黃磷、鉀、鉀鋁合金、氫化鉀、過氧化鉀、硫化鉀、矽粉、一氧化矽、乙酸鈉（NaC$_2$H$_3$O$_2$）、鈉汞齊、氫化鈉、鈉鉛合金、甲氧基鈉（CH$_3$ONa）、碳化鈾、氫化鈾、鈾粉、二氧化鈾、鋅粉、磷化鋅等。

◆與水接觸發生自燃的物質

鋁的碳化物、磷化鋁、矽化鋁粉末、碳化鋇、過氧化鋇、氫化鋇細粉、碳化鈣、次氯酸鈣、氧化鈣、二乙基鋁的氯化物、次氯酸鋰、鋰、磷化鋰、氫化鎂、鎂粉、鎂屑、磷化鎂、鈰、硼氫化鉀（KBH$_4$）、羰基鉀、鉀與金屬合金、過氧化鉀、矽化鉀（接觸水爆炸）、鉀鈉合金、碳化鈉（爆炸）、羰基鈉（在水中和空氣中爆炸）、矽化鈉（爆炸）、三氧化硫、磷化鋅、鋅粉、三苯基鋁（爆炸性分解）。

3.4.4 不相容物質的反應熱

有些物質也許本身未必是危險物質，但如果與其他物質混合或接觸，則發生危險的反應，生熱起燃，產生危險的氣體；若在容器內發生，因氣體的膨脹而使容器爆裂，物質溢流外洩引發火災、爆炸。這些物質被稱為「不相容物質」（incompatible substances）（在日本被稱為「混合危險性物質」），他們都具有不相容性（incompatiblity）（**表3-14**）。

兩種或兩種以上的物質意外被混合，通常發生在製造、搬運、儲存、使用的過程之中。例如筆者曾親自調查某紙廠一件爆炸災變，肇因於同一車輛搬運氯酸鉀與硫黃，兩種物質意外混合並儲放在通風不良的倉庫之中，在夏天接近中午時分發生爆炸。

有些外在因素也可能使兩不相容物質意外混合，例如地震、海嘯。

有鑑於物質意外混合的危險，美國海岸防衛隊在其危險化學品資料中，列表說明哪些運送物資相容或不相容（**表3-15**，打×者表示不相容）。

兩不相容物質的混合危險受到一些因素的影響，包括：

1.溫度。

表3-14 物質不相容性的危害

物質A	物質B	可能發生的現象
氧化劑	可燃物	形成爆炸性的混合物
氯酸鹽	酸	自燃
亞氯酸鹽	酸	自燃
次氯酸鹽	酸	自燃
無水鉻酸	可燃物	自燃
過錳酸鉀	可燃物	自燃
過錳酸鉀	高濃度硫酸	爆炸
四氯化碳	鹼金屬	爆炸
硝基化合物	鹼金屬	形成非常敏感的物質
亞硝基化合物	鹼金屬	形成非常敏感的物質
鹼金屬	水	自燃
亞硝基胺	酸	自燃
過氧化氫水溶液	胺	爆炸
乙醚	空氣	形成爆炸性的有機過氧化物
烯烴碳氫化合物	空氣	同上
氯酸鹽	銨鹽	形成爆炸性的銨鹽
亞硝酸鹽	銨鹽	形成不穩定的銨鹽
氯酸鉀	赤磷或硫	形成爆炸性的混合物
乙炔	銅	形成非常敏感的銅鹽
苦味酸	鉛	形成非常敏感的鉛鹽
濃縮的硝酸	胺	自燃
過氧化鈉	可燃物	自燃

資料來源：Yoshida (1987).

2.壓力。

3.濃度。

4.光線。

5.質量。

6.接觸時間。

7.黏性。

8.容器材料、形狀、大小。

9.混合比。

表3-15　載運物品的相容與不相容性

貨物名稱 ＼ 反應物名稱	1.非氧化礦物酸	2.硫酸	3.硝酸	4.有機酸	5.苛性物	6.氨	7.脂肪族胺	8.烷醇胺	9.芳香族胺	10.醯胺	11.有機酐	12.異氰酸	13.乙酸乙烯酯	14.丙烯酸酯	15.烯丙基	16.烯烴基氧化物	17.環氧氯丙烷	18.酮	19.醛	20.醇、二醇	21.酚、甲酚	22.己內醯胺溶液
1.非氧化礦物酸		×			×	×	×	×	×	×	×	×	×				×	×	A	I		
2.硫酸	×		×	×	×	×	×	×	×	×	×	×	×	×	×	×	×	×	×	×	×	×
3.硝酸		×			×	×	×	×	×	×	×	×	×	×	×	×	×	×	×	×	×	
4.有機酸		×			×	×	×	×	C			×					×	×			I	
5.苛性物	×	×	×	×						×	×						×	×		×	×	×
6.氨	×	×	×	×						×	×		×				×	×		×		
7.脂肪族胺	×	×	×	×						×	×		×	×	×	×	×			×	×	×
8.烷醇胺	×	×	×	×						×	×		×	×	×	×	×			×		
9.芳香族胺	×	×	×	C						×	×									×		
10.醯胺	×	×	×				×					×									×	
11.有機酐	×	×	×		×	×	×	×	×													
12.異氰酸	×	×	×	×	×	×	×	×	×	×					D					×		×
13.乙酸乙烯酯	×	×	×			×	×	×														
14.丙烯酸酯		×	×				×	×														
15.烯丙基		×	×				×	×				D										
16.烯烴基氧化物	×	×	×	×	×	×	×	×														
17.環氧氯丙烷	×	×	×	×	×	×	×	×														
18.酮		×	×				×	×														
19.醛	A	×	×		×	×	×	×	×													
20.醇、二醇	E	×	×	I	×		×					×										
21.酚、甲酚		×	×		×		×			×												
22.己內醯胺溶液		×			×		×					×										
30.烯烴		×	×																			
31.鏈烷烴																						
32.芳香族			×																			
33.各種碳氫化合物混合物			×																			
34.酯		×	×																			
35.乙烯基鹵化物			×																			×
36.鹵化烴	O					II		I														
37.腈		×																				
38.二硫化碳								×	×													
39.環硼烷																						
40.乙二醇醚類		×										×										
41.乙醚		×	×																			
42.硝基化合物					×	×	×	×	×													
43.各種水溶液		×										×										

資料來源：US Coast Guard (1978).

3.4.5 鋁熱反應

　　輕金屬如鋁、鎂、鈦等及其合金在摩擦接觸金屬氧化物時,能產生高放熱反應。其他含氧的鹽類,如硝酸鹽也有類似反應。這類反應可以最常見的鋁熱反應(thermite reaction)為代表。鋁熱反應是鋁或其合金和鐵鏽產生高熱的反應。其溫度可達3,000℃,產生火熱的粒子,引燃現場的可燃物。

$$8Al + 3Fe_3O_4 \longrightarrow 4Al_2O_3 + 9Fe \ (\triangle Hc = -66.8kcal/mol)$$

3.4.6 不穩定物質釋出的熱

　　任何化學品,一旦受到外在因素的影響,發生或多或少的激烈分解,聚合、縮合,或變得自行反應,就可說它是不穩定物質。所謂「外在因素」係指熱壓力、震動(shock)、震波、摩擦和光線等。

　　一般而言,物質的穩定或不穩定,可由一些測試方法得知,常用者如:衝擊(impact)敏感度(sensitivity)試驗、摩擦敏感度試驗、加熱試驗、震波(shock wave)敏感度試驗等。

　　不穩定物質甚多,讀者可參考L. Bretherick所著的*Handbook of Reactive Chemical Hazards*(4th ed, Butterworths)。以下摘錄一些不穩定物質僅供參考:

1. 重鉻酸銨:180℃分解。
2. 過氯酸銨:350℃分解,在高溫下反應引起爆炸,用於炸藥、噴射式引擎推進劑。
3. 苦味酸銨:乾燥狀態對摩擦敏感,軍用炸藥,亦稱D炸藥。
4. 偶氮雙異丁腈:107℃分解,自行反應。
5. 疊氮化銀:乾燥狀態下對摩擦敏感,高級炸藥。
6. 過氧丁二烯:加熱爆炸。
7. 苦味酸銀:摩擦敏感。
8. 苦胺酸鈉:摩擦敏感。
9. 2,4,6-三硝基酚:摩擦敏感。
10. 2,4,6-三硝基甲苯:摩擦敏感。
11. 2,4-二硝基苯胺:受熱分解,產生大量氣體,迅速延燒。

12.硝酸甲氧苯胺：受熱分解，產生大量氣體，迅速延燒。

3.4.7 高壓分解物質釋出的熱

前面談到不少物質在受熱後至其臨界溫度之上開始分解，並釋出分解熱。但是有些物質在高壓下分解，亦釋出大量的分解熱，並引燃分解時產生的易燃物而發生火災、爆炸。

(一)環氧乙烷

常用於消毒、殺菌或熏蒸的環氧乙烷，在壓力自1bar突增至11bar時，會分解，並點燃分解物甲烷：

$$C_2H_4O \longrightarrow CO + CH_4 + 32.1 \text{ kcal/mol}$$

事實上，環氧乙烷亦可在無空氣環境中，560°C分解；若在有空氣環境中，429°C自燃；約在100°C開始發生聚合作用。

(二)乙烯

乙烯在一大氣壓時，426°C分解，若加壓至7～10大氣壓力，分解溫度約在315～370°C。

$$C_2H_4 \longrightarrow C + CH_4 \quad \triangle H_{298} = -30.4 \text{kcal/mol}$$
$$C_2H_4 \longrightarrow 2C + 2H_2 \quad \triangle H_{298} = -12.5 \text{kcal/mol}$$

(三)丙烯

丙烯在327°C容器中加壓至955大氣壓力，分解爆炸（Russell and Mueller, 1951）。

$$C_3H_6 \longrightarrow CH_4 + H_2 + 2C \quad \triangle H_{298} = -22.8 \text{kcal/mol}$$

(四)乙炔

乙炔在14.7psig（一大氣壓力）的分解溫度約為800°C，產生的熱使分解物溫度達3,000°C。當壓力增加，分解溫度降低，例如在30psig時，分解溫度變為540°C。

$$C_2H_2 \longrightarrow 2C + H_2 + 54.2kcal/mol$$

(五)氮的氧化物

氮的氧化物如NO、NO_2、N_2O，也會發生分解爆炸。

$$NO \longrightarrow 1/2N_2 + 1/2O_2 + 21.6kcal/mol$$
$$NO_2 \longrightarrow 1/2N_2 + O_2 + 8kcal/mol$$
$$N_2O \longrightarrow N_2 + 1/2O_2 + 19.5kcal/mol$$

這類物質不少，尚包括O_3、C_2N_2、H_2O_2、H_2H_4、$P_b(N_3)_2$、B_2H_6和爆炸性物質。

 參考文獻

1.Powell, F., Ignition of Gases and Vapors. *Industrial and Engineering Chemistry, 61*(12), pp. 29-37, 1969.

2.NFPA. Friction Spark Ignition of Flammable Vapors, *NFPA Quarterly, Vol. 53,* NO. 2, pp. 155-157, 1959.

3.Factory Mutual Engineering Corporation. *Handbook of Industrial Loss Prevention.* p. 3-1. 2ed, McGraw-Hill Book Co., 1967.

4.陳弘毅，《火災學》，頁6-5，鼎茂圖書公司，2003。

5.Cooper, W. F., Electrical Safety in Industry, *IEE Reviews, Vol. 117,* Aug. 1970.

6.Luttgens G. and Wilson N., *Electrostatic Hazards.* Butterworth-Heinemann, 1997.

7.*BS 6656: 1986 Guide to Prevention of Inadvertent Ignition of Flammable Atmospheres by Radio Frequency Radiation. BSI, 1986.*

8.AIChE, *Guidelines for Engineeing Design for Process Safety*, p. 332, 1993.

9.成田善雄、伊藤博，《安全工學》，1967（北川徹三，林熾昌譯，《化學安全工學》，頁92）。

10.Garrison, W. G., *100 Large Losses*, Illinois, 1988.

11.黃清賢，《危害分析與風險評估》，三民書局，2005。

12.ECC, *Official Journal of the European Communities No. L 230.* August, 1982.

13.Yoshida, T. and Masamitsu,T., *Safety of Reactive Chemicals*, Elsevier, p. 56, 1987.

14.US Coast Guard, *CHRIS: Hazardous Chemical Data.* DoT, 1978.

15.Russell, F. R. and Mueller, R. H., *12th International Congress of Pure and Applied Chemistry.* New York, 1951.

Chapter
4

各種燃燒、火災現象

燃燒是可燃物與氧的化學反應,常散發光與熱。火災是失控的燃燒,違反大多數人的意願者。

本章將討論各種不同的燃燒、火災現象,以瞭解其形成的因素,作為防範災害的參考。

 ## 4.1 完全燃燒與不完全燃燒

可燃物在空氣充分供應之下,全部被氧化的燃燒,是為完全燃燒(complete combustion),例如碳全部氧化成為二氧化碳;丙烷全部氧化成為二氧化碳和水蒸氣。

若在通風不良的地方,空氣供應不足,或空氣與可燃物混合不完全,或溫度太低,無法維持燃燒,則可燃物僅部分被氧化,例如碳未全部被氧化而成一氧化碳。

 ## 4.2 可燃物控制之火與氧控制之火

在不同的火災現場,因為空氣供給量的差異,常呈現迥異的燃燒現象。

在通風充足、氧氣可自由進出的地方,火勢的大小端賴可燃物的量(fuel load)、可燃物的表面積與質量比(surface-to-mass ratio)以及可燃物排列的幾何結構(geometry of the fuel arrangement)而定。如發生在空曠的野外(如飛機或汽車起火燃燒)或空敞的室外庫存區、屋外、碼頭等的火災皆屬之。這種火災可稱之為「可燃物控制之失」(fuel regulated fire)或稱「通風充足之火」(fully ventilated fire)(Law, 1963)。欲控制這種火災,最好的方法是隔絕或移除可燃物,或以物理或化學方法改變可燃物及其氧化反應。

在通風不足的地方(如地下室、緊密門窗的建築物、隧道等),氧氣端賴門窗隙縫進入或機械空調系統吹拂,燃燒速度必受阻礙,此依賴氧氣之多少的火災,稱為「氧控制之火」(oxygen controlled fire)或「通風控制之火」(ventilation controlled fire)。其特性之一是產生大量濃煙。欲控制這種火災,以降低空氣中的氧含量最為有效。

今再以建築物內辦公場所或旅館、公寓住家的火災為例，詳論這兩種燃燒情況。

4.2.1 在部分通風的情況

　　此時，室內的門、窗是開著的，也許還開著電扇，也許沒有。萬一失火，一開始，氧氣充足，室內可燃物如桌椅、家具、紙張、書本燃燒起來，是完全燃燒，產生大量的二氧化碳。如無人滅火，燒至648～815°C以上，室內逐漸缺氧，燃燒不完全，而且二氧化碳又與碳結合，產生大量的一氧化碳。一旦氧與一氧化碳的比率達1～3時，CO就達到燃燒（爆炸）下限。

4.2.2 在密不通風的情況

　　因室內密不通風，一開始可能還有一些燃燒所需的氧，燃燒生成物是CO_2。但在短時間後，氧氣耗盡，特別在648°C之後，演變成不完全燃燒，燃燒生成物變成CO。雖說一氧化碳的自燃溫度是651°C，奈何缺氧，CO不會自燃。除非消防隊員衝進火場滅火，此時可能帶氧進入室內，而發生閃燃（flash-over）。在未發生閃燃的情況下，室內可燃物繼續燃燒，室溫逐漸升高，至982°C前，室內必然充滿CO。當氧與CO比在0.06～0.07時，兩者的混合氣體達到燃燒（爆炸）上限。在燃燒上限之上，CO不會爆炸，但在高溫時，碳與水蒸氣反應成CO和氫，這是相當危險的情況，因為氫只需要少量的氧（2～4%體積百分比）即可爆炸。

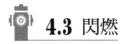

4.3 閃燃

　　英國愛丁堡大學教授D. D. Drysdale在其名著《火災動力學》對閃燃前後的火災情境有深入的探討。他認為閃燃可定義為：

　　「在屋內隔間（compartment）內，火勢由局部性的燃燒轉變成全面性、突發性的激烈燃燒，使屋內所有可燃物同時起燃。」（Drysdale, 1985）

　　上述閃燃定義中所謂的屋內隔間，係指建築物內的房間或類似被分隔的居

80

室。閃燃通常發生在建築物內火災被侷限的隔間,不會發生在空氣充足流通,室外空曠的場所。因此閃燃是一種「隔間火災」(compartment fire)。但是,隔間的大小仍然會影響閃燃的發生,如果隔間太長或太大,可燃物分布零散,不易同時陷入火海,閃燃不易發生。

就室內隔間整個火災發生的過程而言,閃燃之前是為火災的成長期(growth period),閃燃之後,火災進入全盛期(fully developed period),最後是衰減期(decay period)(圖4-1)。

可燃物在自燃溫度之上,開始燃燒,此時,氧氣尚十分充足,其燃燒形態一如前述之可燃物(燃料)控制之火。起初,燃燒範圍僅限於起火點附近的可燃物,室內平均溫度不高,較高溫則侷限於燃燒區域而已。唯隨著時間增長,火舌向上延伸,有可能觸及天花板。這時要看天花板的易燃或不易燃而定。若天花板易燃,則火焰沿天花板向外蔓延,並使地板上的可燃物接收大量輻射熱;若天花板不易燃,則熱氣流沿天花板向屋內四周流動,把熱帶到室內各個角落,自然,室內可燃物亦接收燃燒區的輻射熱。

如果可燃物不多,且可燃物與其他可燃物相距較遠,則可能之燃燒情況是可燃物燒完後,火災戛然而止;另有一種情況是通風極為不良,可燃物缺氧後停止燃燒,或以極低的燃燒速率悶燒。這些燃燒情況不利於閃燃的形成。

閃燃之前的室內上層溫度(即天花板下的溫度)至少達400～600°C

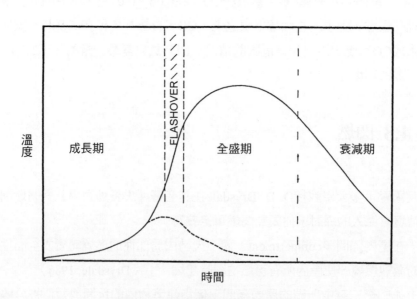

圖4-1 屋內隔間火災成長過程

（750～1100°F）（一般皆認為600°C，見Hagglund等人的實驗），地板處的熱通量（heat flux）約為20kw/m²，燃燒速率（rate of burning）至少在40g/s之上（Waterman, 1968）。Waterman認為大部分的熱通量來自居室上方受熱的表面，而非直接來自燃燒中物料產生的火焰。

在通風受到限制的情況下，室內隔間的木架（wood crib）之燃燒速率可以下式計算：

$$\dot{m} = KA_w\sqrt{H}$$

式中，$\dot{m}$＝燃燒速率（kg/s）

　　　　K＝常數（約為0.09kg/m$^{5/2}$·s）

　　　　A_w＝通風口的面積（m²）

　　　　H＝通風口的高度（m）

當接近天花板的溫度達到600°C，地板層的熱通量超過20kw/m²，此時室內各處熱烘烘的，火焰本身的熱通量，再加上各種輻射熱，使得室內可燃物瀕臨閃燃臨界點，但因氧氣經過一段時間的消耗，室內氧氣不足，形成蟄伏性的悶燒。一旦消防隊員破門而入或有人敲破門窗逃生，則氧氣灌入，閃燃剎那間發生，屋內可燃物全部陷入火海，火焰衝出門窗。閃燃維持的時間不到1分鐘，之後進入全盛期。

因在火災的全盛期，隔間內的可燃物全部燒起來，人幾無容身之地，故必須在閃燃之前尋求自救或被救。逃生避難必須儘快進行，一旦過了閃燃階段，可說生機渺茫。因此消防學者對閃燃之前，影響火災成長期的一些因素至為重視，並於1960年代晚期，分別於八個國家（日本、荷蘭、澳洲、英國、德國、加拿大、瑞典、美國）的九個實驗室進行研究，並由位於英國的火災研究所（Fire Research Station）統籌協調實驗計畫以及資料收集、分析工作。這個國際合作計畫中研究下列八個影響火災成長期的因素（Heselden and Melinek, 1975）：

1.隔間居室形狀：長寬高之中，長較長或寬較長？

2.發火源的位置：在角落或在中央？

3.可燃物堆積的高度。

4.通風口的寬度：全開或半開？

5.可燃物的密度：可燃物之間的間隔寬度如何？

6.可燃物的相連性：一大塊木材或多片小木材相連接？

7.牆及天花板的裝潢材料：例如牆上再裝釘合板？

8.發火源的面積：16或144平方公分？

對於閃燃發生之前的成長期之長短，根據這些實驗室研究的結果，得到下列三點結論：

1.隔間形狀影響甚微。

2.通風口的大小寬度與可燃物的相連性僅略有影響。

3.就影響程度之大小，依序排列為：發火源的位置及面積、可燃物的堆積高度與其密度，以及裝潢材料的性質等。

由第三點結論，可知要延長火災成長期之時間，唯有從控制發火源、可燃物及裝潢材料之是否易燃等方面著手。欲控制發火源及可燃物，在火災發生之後，端賴及時啟動的自動滅火系統，或先以警報系統警告室內住戶，並進行手動滅火工作（即使用滅火器）。至於天花板或牆壁上的裝潢材料，盡量以不燃或難燃性材料為主。

4.4 擴散燃燒與預混合燃燒

在此，我想先定義這兩個名詞，然後再說明。

擴散燃燒（diffusion burning），如圖4-2(a)：氣態可燃物在引燃（ignition）之前，與氧化劑（通常是空氣中的氧）是分開的。一旦氣態可燃物擴散之後，氧化劑接近，兩者形成可燃性的混合氣體，被引燃後的燃燒現象。此時，在兩者的介面之間，一面擴散混合，一面燃燒。其火焰稱為擴散火焰（diffusion flame）。

預（先）混合燃燒（premixed burning），如圖4-2(b)：氣態可燃物在引燃之前，即已與氧化劑密切混合的燃燒現象。其火焰稱為預混合火焰（premixed flame）。

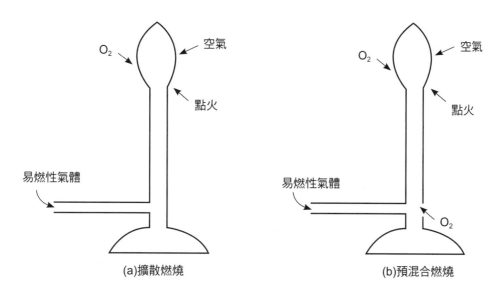

圖4-2　擴散燃燒與預混合燃燒

　　上述定義中所謂的氣態可燃物，就氣體而言，如氫、甲烷、丙烷、乙烯、乙炔等可燃物；就固體與液體而言，如木材、紙、蠟燭、油漆、酒精、各種油料等。這些可燃物在與氧進行化學反應之時，至少必須是呈現分子狀態。就氣體而言，是其天然的物理狀態，故如氫可與氧快速、充分混合，一旦起燃，即進行快速氧化反應，火焰快速蔓延（每秒1公尺以上），燃燒速率高，呈現藍色的火焰，這種燃燒通常屬於預混合燃燒，例如使用氧氣乙炔的焊接，會產生短且高溫的預混合火焰。這種燃燒，耗氧較多，燃燒較完全，甚少出現濃煙，較易發生爆炸。

　　相反地，固體與液體物質在燃燒之前，必須先加熱分解或汽化，變成可燃性的蒸氣（因burning是一種蒸氣相的現象），呈現分子狀態，才能與氧進行化學反應。當其燃燒時，裂解燃料的速度不足，或燃料與氧的混合慢、不充分，易發生燃燒不完全的情況，因而產生濃煙，火焰呈不規則狀，溫度亦較低。一般木材、蠟燭的火焰，即是擴散火焰，是一種長且很明亮的黃色火焰。這種燃燒常見於一些火災現場，除非特殊情況，否則很少演發爆炸。

4.5 發焰燃燒與無焰表面燃燒

可燃性物質燃燒有兩種模式（modes）：

第一種是發焰燃燒（flaming combustion）：燃燒時產生火焰，如煤炭、木材、植物、塑膠，以及液體和氣體可燃物的燃燒。

第二種是無焰表面燃燒（flameless surface combustion）：燃燒時沒有火焰，僅在可燃物的表面發出熾熱的光輝（surface glow），如純碳、可燃性金屬（鎂、鋁、鋅、鈉、鉀等）或非金屬（硫、磷等）的燃燒（**圖4-3**）。亦有人稱之為無焰（nonflaming）燃燒。

我們常在日常生活中看到這兩種燃燒模式。一般而言，發焰燃燒的燃燒速

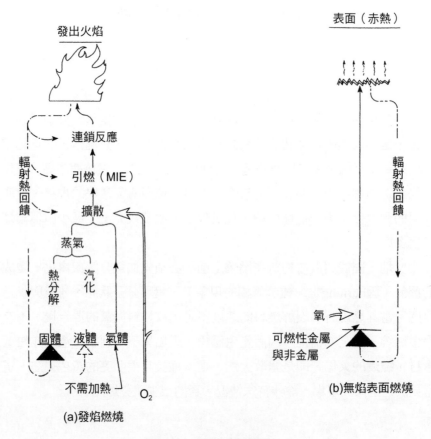

圖4-3　兩種燃燒模式

資料來源：Haessler, NFPA (1986).

率較高。如**圖**4-3(a)所示，煤炭、糖、澱粉、木材、稻草、植物、塑膠等固體可燃物需先經加熱分解（熱分解溫度約在250～450°C），產生可與氧反應的分子。液體可燃物亦需經汽化過程，形成易燃性蒸氣，再與氧反應。而氣體可燃物則不需任何能量，即可與氧反應。這些物質在燃燒時，必然會發生火焰，但各類物質之間亦略有差異：

1. 液體和氣體可燃物僅有發焰燃燒，不會發生表面燃燒。
2. 固體可燃物在起燃後，一開始是發焰燃燒，當到達燃燒的全盛期，則發焰燃燒與表面燃燒並行，至最後衰減期，就只有表面，沒有火焰的燃燒而已。

從**圖**4-3(b)可以看出，鎂、鋁、鋅、鈉、鉀等可燃性金屬與硫、磷、純碳（或焦碳、固形碳）只有無焰表面燃燒，不會發生火焰。這些金屬燃燒時的溫度甚高，可達2,760～3,315°C（5,000～6,000°F），而一般碳氫化合物在層流（laminar）擴散火焰溫度約1,600°C左右，在亂流（turbulent）擴散火焰約2,000°C左右。

 ## 4.6 分解燃燒與蒸發燃燒

在4.5單元中討論發焰燃燒時，其實已論及固體可燃物的分解燃燒與液體可燃物的蒸發燃燒。

固體可燃物如木材、紙、蠟燭、棉花、植物、塑膠等，都含有碳，是碳的化合物。在燃燒之前，必須先經過氣化的過程（gasification process），因為火焰是一種氣態的（gaseous）氧化反應。在氧化的過程中，普通可燃物先進行吸熱，以利於分子的形成，這種熱引起的化學性分解，即是熱分解（pyrolysis）。熱分解（或稱裂解）所需的熱是為物質的氣化熱（heat of gasification），以KJ/g表示（**表**4-1），這是固體可燃物易燃性的重要指標。

引燃固體可燃物的最低條件是加熱其表面達某一溫度，使得熱分解所生的氣態可燃物產生的速度超過燃燒（爆炸）下限。此條件常需一定的氣化率（gasification rate，g/m^2/s）。固體表面的熱分解反應速率隨著溫度迅速增加。對大多數有機固態可燃物而言，熱分解的溫度約在270～400°C之間。

表4-1　一些固體可燃物的氣化熱

可燃物	氣化熱（KJ/g）	測試數目
紙板	3.23	1
松樹	2.21	1
尼龍	1.82	1
酚塑膠	1.64	1
有玻璃纖維的聚酯	1.39～1.75	2
聚乙烯	1.75～2.32	2
聚甲基丙烯酸、甲酯	1.63	1
聚苯乙烯（粒狀）	1.7	1
聚苯乙烯（泡狀）	1.31～1.94	5
聚胺酯（泡狀）	1.19～2.05	7
聚氯乙烯	2.47	1

　　然而，此時固體表面的氣態可燃物的濃度雖已達到燃燒下限，若沒有發火源，仍然不會燒起來。除非固體表面被加熱到自燃溫度，才不需要發火源而自發性燃燒。例如木材表面必須被加熱到600°C以上，才會引發自發性燃燒。

　　固體可燃物一旦燃燒之後，發火源被移開，能否繼續燃燒，則要看產生的熱是否回饋到固體表面，以及固體表面是否喪失熱（heat loss）。固體表面損失的熱有二：(1)表面的熱經由傳導把熱帶到固體內部（除非固體甚薄，或已全部內外被加熱）；(2)表面的熱經由輻射到達較冷的四周。

　　一般而言，可燃物燃燒後釋出的熱能有三分一是以輻射的方式回饋回去，以維持可燃物之持續燃燒，此輻射熱通量（radiant heat flux）至少需達10～40kw/m^2，依固體可燃物的性質而定，包括：(1)化學組成；(2)表面反射率（reflectivity）；(3)大小；(4)方向（orientation）。

　　今以木材的熱分解過程為例，說明固體可燃物的分解燃燒。

　　木材在受熱之後，其內所含的水分（在結構上木材是多孔性的纖維質材料，能吸收大量的濕氣）會逐漸蒸發，約在100°C以後，水分消失殆盡。若持續加熱，所含的物質會漸漸分解，釋出數百種揮發性的氣體或蒸氣，主要是一氧化碳、水蒸氣、二氧化碳。此外尚有氫、甲醇、甲醛、乙醛、丙烯醛、甲烷、乙烯等等，依受熱情況與木材種類而異。

　　木材的化學成分依種類不同而異，主要包括：

1. 40～50%的纖維素。
2. 18～35%的木質素。

3. 10～30%的半纖維素。

4. 5～20%的「萃取物」（油、焦油、樹膠、樹脂等）。

5. 0.2～1%的礦物質。

每一分子的纖維素所含的葡萄糖超過2萬個單位（units）。木質素把纖維素黏接在一起，增加其強度，受熱時，約在250°C開始分解，在370°C大部分完成分解。半纖維素是葡萄糖及其他糖類的聚合物，其分子量小於纖維素，每一分子的半纖維素含有數百個糖分子，在熱分解時，是最先被分解的成分。

這些化學成分幾乎都含有碳。燃燒之後，釋出刺激性或毒性的揮發性氣體和蒸氣之後，殘留下來的是小量的焦碳（char）。

以上討論固體可燃物的分解燃燒。至於易燃性液體的燃燒則是蒸發燃燒。易燃性液體本身是燒不起來的，除非液體受熱到某一溫度，液體的表面產生蒸氣，其蒸氣壓夠高，蒸氣濃度高於燃燒（爆炸）下限，才有可能燃燒。這種液體表面上蒸氣的燃燒稱之為蒸發燃燒。萘（$C_{10}H_8$，白色晶體，熔點80°C）受熱後昇華為氣態可燃物的燃燒亦屬蒸發燃燒。

在此值得注意的是易燃性液體的蒸氣壓與燃燒下限有密切的關係。今以甲醇為例，在0°C時，甲醇的蒸氣壓是29.7mmHg（**表4-2**），而周圍大氣壓力是760mmHg，所以在甲醇液面上蒸氣在0°C時在空氣中的體積百分比是29.7除以760等於0.039，亦即3.9%。已知甲醇的燃燒下限（實驗值）是7.3%，故知在0°C時，甲醇的蒸氣濃度不足以被發火源點燃。

如果以打火機的火焰靠近甲醇（盛在開口杯內），甲醇受熱後，釋出蒸氣，其蒸氣壓隨著溫度增加而遞增。甲醇蒸氣與氧混合而成可燃性的混合氣體。當加熱溫度達到11°C時（打火機的火焰在開口杯的下面），以火柴的火焰去點燃液面的蒸氣，會發現液面一道閃火，把液面上甲醇蒸氣消耗殆盡，移開火柴火焰液面不再燃燒。這閃火的溫度（11°C）即是甲醇的閃火點，在此溫度之蒸氣壓約為55.5mmHg。以55.5/760＝7.3%，即為甲醇的燃燒（爆炸）下限。

如果再以打火機繼續加熱，再試著以火柴火焰點燃甲醇蒸氣，則在超過20°C以上時，甲醇的蒸氣燃燒起來，雖然蒸氣一直被燒掉，但其蒸氣壓大到足

表4-2　甲醇的蒸氣壓

溫度（°C）	0	10	20	30	40	50	60	70
蒸氣壓（mmHg）	29.7	53.8	93.8	158	256	404	620	930

以維持繼續燃燒達數秒鐘以上，此時的溫度即是著火點（fire point）。著火點高於閃火點約5～20°C。

4.7 油池火災

油池火災（pool fire）是一種由容器或製程或運輸設備洩流出去的易（可）燃性液體，或低熔點的固體，在地面上或水面上形成一潭油池（pool）而被引燃的火災。油池也許被某物體包圍起來〔例如易燃性液體由儲槽流到護牆（dike）內，或開放式（open-top）儲槽本身〕，也許沒有被包圍（如直接流到地面上或水面上）。油池一般皆以圓形視之。若是其他形狀（如方形、長方形或其他不規則形），為便於計算其大小及火焰高度，常假設其為圓形。以下略述與油池火災有關的計算。

4.7.1 燃燒速率

形成的油池一旦被點燃，其燃燒速率穩定（steady），常以線性燃燒速率（linear burning rate）表示，約在0.7～1.0cm/min範圍。一般而言，油池直徑增加時，其線性燃燒速率亦增加，但直徑超過1.5m之後，燃燒速率增加有限，幾乎呈穩定不變狀態。燃燒速率與易（可）燃性液體的汽化潛熱呈反比，與燃燒熱呈正比（Burgess et al., 1962），可由下兩式看出：

$$V = V_\infty \left[1 - \exp \left(-Kd \right) \right]$$

$$V_\infty = 1.27 \times 10^{-6} \longrightarrow \frac{\triangle Hc}{\triangle Hv}$$

式中，V＝有限（finite）直徑油池的燃燒速率（cm/min）

V_∞＝無限（infinite）直徑油池的燃燒速率（cm/min）

K＝常數（如H_2＝0.07，見**表4-3**）

d＝油池直徑（cm）——淨值

$\triangle Hc$＝燃燒熱（KJ/mol）

$\triangle Hv$＝汽化熱（KJ/mol）

表4-3　一些物質油池的燃燒速率之參數

物質名稱	V_∞	K（cm^{-1}）
氬	1.4	0.07
丁烷	0.79	0.027
己烷	0.73	0.019
苯	0.60	0.026
甲醇	0.17	0.046
LNG	0.66	0.03

4.7.2 直徑與高度

　　由各種設備洩流出來的油池的直徑大小不一，依洩流的方式、洩流量、洩流率（spill rate, release rate）和燃燒速率而定。例如由儲槽或油罐車流出的易（可）燃性液體會漫布地面，假設其燃燒速率不變，且液體的沸點高於周圍溫度，則油池直徑可依下式計算：

$$D = 2\left(\frac{V_L}{\pi V}\right)^{\frac{1}{2}}$$

式中，D＝油池直徑（m）

　　　　V_L＝液體洩流率（m^3/s）

　　　　V＝液體燃燒速率（m/s）

　　油池所生火焰的高度常假設是其直徑的兩倍。較常用的計算公式是（Thomas, 1963）：

$$\frac{H}{D} = 42\left(\frac{M}{\rho_a\sqrt{gD}}\right)^{0.61}$$

式中，H＝火焰在油池上的高度（m）

　　　　D＝油池直徑（m）

　　　　M＝每單位油池面積的質量燃燒率（kg/m^2s）

　　　　ρ_a＝周圍空氣密度（＝$1.2kg/m^3$）

　　　　g＝重力加速度（＝$9.81m/s^2$）

4.7.3 熱輻射

計算由油池表面輻射出去的熱通量有多種方法。若計算大型火災（如5公噸LNG fire），可使用下式（Brown et al., 1975）：

$$Q = Q_\infty \left[1 - \exp\left(-Kd \right) \right]$$

式中，Q＝來自油池火焰的輻射熱通量（kw/m^2）

Q_∞＝大型火災表面的輻射的熱通量（kw/m^2）（**表4-4**）

K＝常數（m^{-1}）

d＝油池直徑（m）

表4-4是大型LNG火災輻射出來的熱通量。其值有高達200kw/m^2以上者，比其他易燃性碳氫化合物（如LPG、煤油）產生的熱通量高些。這是因為LNG燃燒時，不會產生濃煙遮蔽其火焰，而LPG或煤油等碳氫化合物則不然，彼等產生大量黑煙。直徑越大的火，煙越多，故其熱通量常低於170kw/m^2。

油池火災燃燒的熱能只有一部分以輻射的方式傳熱，通常不超過50%，例如H_2＝0.25，丁烷＝0.27，苯＝0.36，甲醇＝0.17，LNG＝0.23。

表4-4　LNG大火表面輻射熱

油池直徑（m）	（寬角度）表面輻射熱（kw/m^2）
6.1	143
9～15	210
20	153
30	203

註：火焰輻射面投射到受熱面的角度有寬、有窄，稱為兩平面之間的幾何視係數（geometrical view factor），或簡稱視係數。最簡單的視係數是使用點源模式（point source model）。這是兩種基本熱輻射模式中的一種。此模式假設：1.火焰可以一小點的熱源代表之；2.燃燒釋出的熱能有一部分以輻射傳熱；3.熱輻射強度與距離的平方成反比。這部分將在火災爆炸危害分析與風險評估（第九章）中討論。

4.8 閃火

　　大量且易揮發的、比空氣重的易燃性物質迅速洩漏到室外大氣之中，此時會形成蒸氣雲（vapor cloud），或易燃性液體的蒸氣與空氣的混合氣體。一旦被發火源點燃，若此蒸氣雲的質量不足，或發火源的能量不高，則會閃火，火焰以低於音速，燒過蒸氣雲或蒸氣與空氣的混合氣體，其上有空氣，其下是濃度較高、貼近地面的混合氣體。閃火焰鋒前後沒有顯著超壓存在。閃火的燃燒常維持不到數十秒即告結束。

　　閃火常是一種大規模燃燒現象。但如果在廠房內有個開放式容器，儲存沸點低的溶劑，其蒸氣四處飄散，被距離儲存容器數公尺之遙的電氣火花點燃，蒸氣與空氣的混合氣體突然作長條狀的燃燒，也算是閃失。

　　閃火主要危害來自熱輻射所生的熱效應，且其熱效應低於油池火災，因此之故，有關閃火熱輻射的研究不多，僅有幾個公式可供參考。

4.8.1 擴散閃火（diffusion flash fire）

　　這是蒸氣雲與空氣一面相互擴散，一面燃燒的火焰，其熱通量（Q_T）為：

$Q_T = FQ_s$
式中，Q_T ＝受熱物體（人或物）接收的熱通量（kw/m^2）
　　　F ＝幾何視係數（若$Q_T = 8.5kw/m^2$，則$F = 0.05$）
　　　Q_s ＝蒸氣雲的熱通量（kw/m^2）（＝$170kw/m^2$）

　　$Q_T = 8.5kw/m^2$，可使人在暴露此熱通量15秒之後，皮膚起泡。
　　若半徑r（設蒸氣雲的高度與直徑之比為1比5）的蒸氣雲擴散、閃失，其危害範圍可達3r。

4.8.2 預混合閃火（premixed flash fire）

　　蒸氣雲已與空氣充分混合之後才被點燃，其燃燒火勢較猛，火焰蔓延速度

可達每秒數十公尺，比擴散閃火既快且烈。因其火焰迅速通過蒸氣雲，故燃燒期間甚短。蒸氣雲的危害範圍可達2r。

閃火的預估模式至今尚未充分發展，Eisenberg等人（1975）與Raj和Emmons（1975）曾嘗試之。首先，Eisenberg等人以下式計算有效熱輻射：

$$Q = \sigma \left(T_g^4 - T_a^4 \right)$$
式中，Q＝閃火熱輻射強度（w/m^2）

　　　　σ＝Stefan-Boltzmann常數（＝5.67×10^{-8}）（w/m^2k^4）

　　　　T_g＝熱氣絕對溫度（$^\circ K$）

　　　　T_a＝環境絕對溫度（$^\circ K$）

Raj和Emmons計算物體接收熱輻射的公式是：

$$Q = EF\Upsilon_a$$
式中，Q＝受熱物體接收的熱輻射（kw/m^2）

　　　　E＝火焰輻射出來的熱通量（kw/m^2）

　　　　F＝幾何視係數

　　　　Υ_a＝大氣傳輸衰減係數

4.9 製程設備常見的火災

除了前述的油池火災、閃火之外，尚有一些製程設備因洩漏、機件損壞、操作失誤致溢流（over filling，如發生在tank）而發生火災，較常見者為：泵浦（pump）火災、法蘭火災、熱絕緣填充物（lagging）火災及儲槽火災。

4.9.1 泵浦火災

泵浦常會在蓋子（gland）或軸封（seal）處發生洩漏而可能引發火災。只要洩漏的時間夠久（如超過20分鐘以上），洩漏量夠多（數公噸），又恰好有發火源存在，則發生火災的機率相當高。**表4-5**是T. A. Kletz根據一些專家估計

各種泵浦的操作情況而整理出來的火災發生機率（Kletz, 1971）。

表4-5 泵浦火災估計機率

泵浦內的危險物	火災估計機率 （每具pump每年發生火災次數）
LPG在周圍溫度之下	$> 10^{-3}$
超過自燃溫度的物質	$> 10^{-3}$
周圍溫度以上的易燃物（如70℃之汽油）	$< 10^{-3}$
在周圍溫度的LPG	$< 0.33 \times 10^{-3}$
接近周圍溫度的汽油	$< 10^{-4}$
低於閃火點的煤氣油	$< 10^{-5}$

資料來源：Kletz (1971).

　　泵浦一旦嚴重洩漏，必須以遙控緊急隔絕（isolation）閥停止液體的輸送。最好使用雙層seal，以降低seal故障頻率，增加泵浦的可靠度。泵浦宜安裝在水泥地板上，可減少火災的損毀。安裝在室外，通風良好的地方，勿安裝在管線、電氣儀表纜線之下，降低泵浦火災造成的危害。

4.9.2 法蘭火災

　　管路上法蘭突緣常會洩漏，主要是因高低溫上下變化，產生應力，使得突緣組件屈服（yield）所致。

　　圖4-4之(a)是新的墊圈接頭；(b)是在高溫流體通過管線，管線內部溫度高於外部，形成不同的膨脹幅度，造成螺栓和法蘭屈服；(c)流體溫度下降後，間隙擴大而洩漏。因此，有關法蘭接頭的設計，有必要改良以防止因溫度變化而洩漏。

4.9.3 熱絕緣填充物火災

　　製程設備如泵浦、法蘭接頭、採樣點、排水處的一些管路會使用套墊作為隔熱、保暖之用。因常浸漬在不飽和、不易揮發的油類中，若與空氣接觸，甚易氧化，產生氧化熱。通常這些套墊材料都具有相當低的熱傳導性，故傳熱不易，熱很容易積蓄在多孔性的材料內部，而引發自行加熱的現象，終致引發套

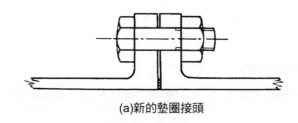

(a)新的墊圈接頭

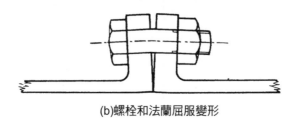

(b)螺栓和法蘭屈服變形

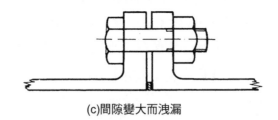

(c)間隙變大而洩漏

圖4-4 管路接頭變形

資料來源：AIChE, Lees (1986).

墊火災。曾有一座煉油廠在四年之間，平均每年引發14～21次的這類火災。

其實熱絕緣填充物火災與第三章討論的發火源，即破油布引發的火災相同。這類火災最主要的因素在於：

1.油料本身若是不飽和、不易揮發者，愈易發生。

2.熱絕緣填充物若具低密度多孔性結構，熱傳導性低者，愈易發生。

3.漏油。

因此，防範這類火災之方法在於：

1.避免漏油，亦即注意操作與維護保養。

2.在法蘭接頭不宜使用熱絕緣填充物。

3.在填充物上使用防護材料（如瀝青塗料或鋁箔等），以防空氣滲入，引

發自行加熱現象。

4.9.4 儲槽火災

(一)發生原因

儲槽發生火災的原因不少，主要有下列數端：

1. 進料過滿溢出。因操作程序有瑕疵或未確實執行、儀器設備故障（如進料閥或跳脫裝置等）或操作員失誤等所引起。
2. 附屬設備故障，如泵浦、管路、閥損壞，發生洩漏。
3. 儲槽的支撐鋼架崩塌，儲槽內容物流洩出來。
4. 閃電擊中儲槽。
5. 槽內爆炸引發的火災。
6. 槽頂沉降（roof sinking），引發儲槽液面火災。
7. 其他。

(二)防範之注意事項

防範儲槽火災宜注意（OIA, 1974）：

1. 儲槽之間或儲槽與製程區之間保持適當的安全距離。
2. 大型儲槽需各有其護牆或護油堤。
3. 護牆內盡可能減少管線、閥、法蘭、接頭。管路以埋設型較佳。
4. 泵浦以安置在護牆外為佳。
5. 從燃燒中的儲槽抽送熱油到另一儲槽需特別小心，以防未起火的儲槽內的物質受熱產生蒸氣。
6. 浮頂式油槽的蒸氣空間需定期測定蒸氣濃度。
7. 大型儲槽的建造與熱絕緣，需避免使用塑膠材料。
8. 儲槽必須安裝高液位警報裝置與液位跳脫（trip）裝置，隨時監視進料灌裝作業。
9. 嚴格執行儲槽附近的熱作業，建立工作許可制度。
10. 必須安裝自動滅火系統，如灑水或噴霧系統，或泡沫滅火系統，以及消防泵浦、消防栓等。

11. 大型固定式槽頂儲槽最好使用液面下輸入泡沫系統。

12. 現場緊急用的泡沫必須足夠。

13. 易燃性液體儲槽附近道路宜低於護牆、管路；備有排水溝和集液池以滙集溢流液體。

 4.10 油槽火災發生的特殊現象——沸騰溢出

在煉油廠曾經發生過油槽沸騰後溢出（boilover）的現象，特別是原油（crude oil）的油槽在起火燃燒一段時間，已燒掉一些原油，熱油突然噴出四濺，火焰奔飛至附近其他油槽，傷及消防隊員及鄰近的員工，損毀消防設備。

這種突發狀況常發生在槽頂開放（open-topped）的儲槽，槽內儲存蒸餾溫度範圍（distillation range）大的易燃液體（如原油），且槽底必有水或油內有水的混合物存在。原油是高揮發性與低揮發性成分混合而成的可燃物。當油槽表面的油燃燒後，高揮發性成分自液面最上層蒸餾而出，燒掉消散。上層溫度升高，熱經由液體傳至下一層，造成該層揮發成分的氣化，並形成泡泡。泡泡會加速上面較熱層與下面較冷層之間的混合。這種泡泡引起的混合，會使得「熱波」（heat wave）（NFPA Fire Code 30, 1984）傳到儲槽底部的水，水因而受熱激烈沸騰，產生大量的水蒸氣，演發類似氣爆現象（按：這是物理性爆炸的一種，常見於水與高溫冶煉金屬熔渣接觸所生的爆炸），爆炸威力衝及油槽頂層，槽內可燃物溢流而出（overflow），這就是boilover。

對於油槽火災的滅火工作，實不宜以水柱（water stream）直接噴射熱油表面，如果油本身有黏性，且其燃燒時的溫度大於水的沸點，則會發生「濺溢」（slopover）情況。因slopover僅限於槽上層表面的油，不良影響程度遠不及boilover（整個儲槽激烈沸騰翻滾），但滅火人員仍宜小心避免。消防水柱可用以冷卻儲槽外壁，以降低槽體溫度，並減少輻射熱。消防人員可直接以泡沫噴灑在油面上，以隔離可燃性蒸氣與空氣中的氧而達到滅火的目的。

油槽火災若儲油不多，可在四周警戒，以水冷卻槽壁，任油燃燒，或者把油抽送到空的油槽即可，未必要滅火不可。

另有一種情況看似與boilover相似，實則不同，是為「起泡溢流」（frothover）。兩者差別在於boilover是在火災中發生，而frothover則不在火災

時發生。frothover也是槽內有水，當熱且黏的油被倒入槽內，水受熱而滾沸，使得熱油溢流而出。例如將高熱瀝青倒入含水的槽內，可能發生frothover。

史上最慘烈的boilover發生在委內瑞拉濱海村莊Tacoa，1982年12月19日。一開始，油槽燃燒時，旁邊兩名工人被燒死。經過6小時猛烈燃燒，油料發生boilover，總共造成160人死亡，數百人受傷，死亡者其中50名是消防隊員。

此外，有一種發生於液化天然氣（LNG）儲槽的特殊現象，稱為滾騰（rollover）。發生rollover的原因有二：

1.由於進料的LNG密度不同而引起液體的層化。
2.因LNG中N_2之率先揮發蒸散而自動層化。

不同密度的LNG會在儲槽中保持未混合狀態，各自形成獨立層。進料方法導致層化有兩種情況：

1.新加入的LNG較早先留在儲槽內的LNG密度大，且從槽底進料。
2.原先留在儲槽內的LNG較新加入的LNG密度大，且從上方填充進料。

一旦形成層化，該層會相當穩定，如**圖**4-5一樣，建立兩個獨立的循環層。

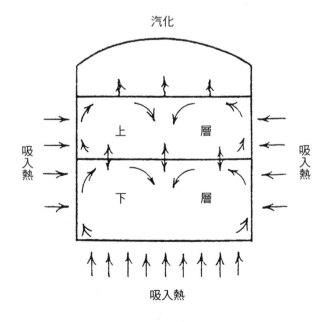

圖4-5　LNG槽內形成的上下兩層

此兩層LNG隨時間而改變其密度與溫度。下層因吸入熱比散失熱大，溫度提高，密度降低。上層因吸入熱而產生滾沸的蒸氣，密度增加。當兩層的密度相當接近時，其間的界面消失了，兩層迅速混合，蒸發急劇進行，內壓升高，稱為rollover。這種來自成分不同，進料導致的rollover很難避免，因為密度差只需$1kg/m^3$即可層化。且LNG經儲存一段時間，其密度與溫度將和新的進液不同，亦造成層化。

另有一種自行層化的情況是由N_2所引起的。其層化原因如下：槽內未層化的LNG自側牆得到熱，LNG上升到液面而蒸發，若N_2含量多於1%，N_2先行蒸發的結果，將使蒸發過的LNG密度下降（因N_2的分子量大）而累積停留在液面。仍未蒸發的LNG因密度較高，故留在下層。一旦上層形成了，底層不再散失熱，則其溫度開始升高，最後其行為與填料導致的層化和rollover一樣。但仍有一點不同，是在rollover之後，LNG中仍含N_2，而會一而再，再而三地發生自行層化與rollover。

rollover自1970年被發現（Bellus and Gineste, 1970）之後，迄1979年共發生重大事件7次。又根據一研究單位的調查，在1970～1982年之間，曾在22廠中發生41次事件（Acton, 1986）。大部分的事故是因成分不同而引起的，4件是因N_2之先行散失而引起。就發生過最嚴重的情況中，尚無對儲槽或其他設備設施造成損毀的情形。有14件過量的蒸氣被送到廢氣燃燒塔燒掉，或排入大氣之中。這14件中共有7件出現蒸氣雲，但所幸未被引燃產生火災或爆炸。在大多數的事故中，儲槽皆有足夠的釋壓能力。雖然rollover的蒸發率達到正常蒸發率的10倍以上，甚至20倍以上，但只要有boil-off gas（BOG）輸送系統、緊急排放系統和釋壓閥，即可釋出過多的蒸氣，而不致危及槽體結構。

參考文獻

1. Law, M., Heat Radiation from Fires and Building Separation, Fire Research Technical Paper 5. Ministy of Technology and Joint Fire Research Organization, London, 1963.

2. Drysdale, D., *An Introduction to Fire Dynamics*, p. 282. John Wiley and Sons, 1982.

3. Hagglurd, B., Jansson, R., and Onnermark, B., Fire Development in Residential Rooms after Ignition from Nuclear Explosions, FOA Report C 20016-D6, Stockholm, 1974.

4. Waterman , T. E., Room Flashover-Criteria and Synthesis, *Fire Technology, 4*, 25-31, 1968.

5. Heselden, A. J. M., and Melinek, S. J., The Early Stages of Fire Growth in a Compartment, CIB, First Phase. *Fire Research Note*, No. 1029, 1975.

6. Burgess, D. S., and Zabetakis, M. G., U. S. Bureau of Mines Report, RI 6099, 1962.

7. Thomas, P. H., The Size of Flames from Natural Fires, *9 th Int. Combustion Symposium*, pp. 844-859, 1963.

8. Brown, L. E., Wesson, H. R., and Welker, J. R., Predicting LNG Fire Radiation, *Fire Prevention Sci. Technol. II*, 26, 1975.

9. Eisenberg, N. A. et al., Vulnerability Model, NTIS, AD-A015-245, Springfield, Va., 1975.

10. Raj, P. P. K., and Emmons, H. W., On the Burning of a Large Flammable Vapor Cloud. Paper presented at the Combustion Institute, TX, 1975.

11. Kletz, T. A., Hazard Analysis-A Quantitative Approach to Safety. In *Major Loss Prevention*, p. 75, 1971.

12. Oil Insurance Association, Loss Information Bulletin No. 400-1, Tank Fires, IRI, Hartford, Connecticut, 1974.

13. NFPA Fire Code 30, 1984.

14. Bellus, F., and Gineste, J., Studied and Tests of LNG Boil-off during Transfer and Storage in Large Tanks, *LNG 2, Vol. 2*, paper 2, 1970.

15. Acton, A., Rollover in LNG Storage-An Industry View, *LNG 8, Vol. 2*, paper 12, 1986.

Chapter 5 各種爆炸現象

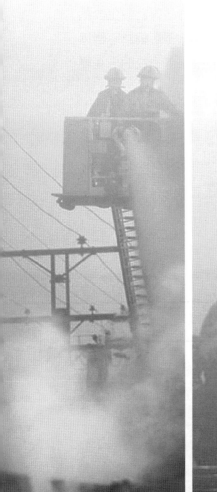

　　本書第二章一開始即定義爆炸，詳細討論爆炸的基本內涵，並區分爆炸三大種類：化學性爆炸、物理性爆炸與核子爆炸，其中核子爆炸通常不在工（職）業安全討論之列。本章將探討各種爆炸的基本特性、形成因素，以及各種物質與設備的爆炸現象。

　　爆炸是能量的急劇釋放（sudden, rapid or violent release）、產生潛在危害性的壓力波。爆炸的威力是依能量釋放速率而定。釋出能量的快慢、多寡決定壓力波的強度。各種爆炸的威力可由最大壓力（maximum pressure or peak pressure, P_{max}）和最大壓力上升率（maximum rate of pressure rise, $(dp/dt)_{max}$）得知（圖5-1）。

 ## 5.1 爆燃與爆轟

　　化學性爆炸依其爆炸威力可分兩種：爆炸威力較低者是爆燃（deflagration），而較高者是爆轟（detonation）。這兩個名詞既屬於化學性爆炸，因此發生於壓力容器或鍋爐爐胴（本體）的氣壓過大引發容器爆裂的爆炸，不可稱為容器爆轟。這類容器的爆炸不涉及化學反應，純因超壓（overpressure）造成的，是屬

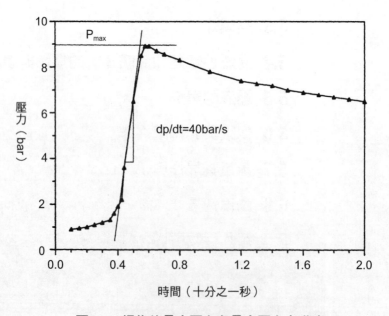

圖5-1　爆炸的最大壓力與最大壓力上升率

於物理性爆炸的一種,皆不可稱deflagration或detonation。但,鍋爐燃燒室(或furnace)內因有可燃物作為燃料,可能發生失控的化學反應,而發生deflagration或detonation,即可說鍋爐爆燃或爆轟。以上所論兩者間之差異,在用詞上應予以分辨清楚。

依P. E. Schwab(1981)的定義:

「Deflagration是一放熱反應,藉著傳導、對流與輻射,從燃燒的氣體擴展到未反應的物料之上。在此過程中,燃料區通過此物料的速率低於音速。」

在此定義中,談到燃燒的氣體。事實上,氣體不僅產生deflagration,也會發生detonation,這需看其發生的場所與發火源的能量等因素而定。例如在空曠的室外,易燃性氣體或蒸氣雲,通常僅有deflagration;如果發生在密閉容器,有可能產生detonation。此外,在狹長封閉的管路中,易燃性氣體被點燃之後,一開始,燃燒速度甚慢,火焰蔓延的速度約每秒1公尺而已,因處絕熱狀態,產生的化學能不易消散,熱能逐漸增加,亂流及反應速率隨之增加,出現壓縮效應,終至變成極具破壞力的detonation。

deflagration常發生於可燃性的氣體、蒸氣或粉塵之中。爆炸性粉塵通常不會發生detonation,但也有例外,例如在狹長的且密閉的煤礦坑道中。

deflagrationg是一種迅速的燃燒,其焰鋒(flame front,指火焰的前端)由一弱小的震波(即壓力波)前導,火焰與震波不並行,火焰以低於音速(常在低於100m/s或甚至更低的速度)蔓延過尚未燃燒的易燃性混合物質之中(圖5-2)。

爆轟是一種放熱反應,可燃性物質中出現震波是其特徵。由於震波壓縮使得易燃性的氣體、蒸氣等物質溫度升高,而維持其化學反應的進行。在未反應(亦即尚未被燃燒)的混合物中,以高於音速行進。

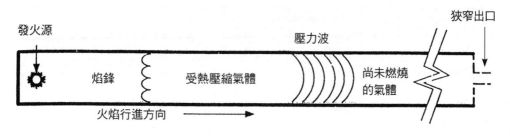

圖5-2　爆燃

爆轟是極快速燃燒，其焰鋒與震（波）鋒並行（**圖5-3**）。其行進速度依不同物質或不同燃燒情況而異，至少1,000m/s。例如碳氫化合物的爆轟速度約2,000～3,000m/s；疊氮化鉛約5,300m/s；TNT約6,800m/s；硝化甘油約7,700m/s；硝酸銨約8,625m/s；旋風炸藥（RDX）約8,750m/s。

detonation產生的壓力與破壞力都較deflagration劇烈（**表5-1**）。碳氫化合物和空氣的混合氣體在密閉容器內爆燃，產生的最大壓力可達8bar，而在同一情況下，detonation可達20bar的最大壓力。

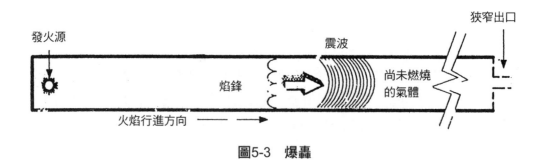

圖5-3　爆轟

表5-1　Deflagration與Detonation之異同

比較項目	Deflagration	Detonation
爆炸種類	化學性	化學性
壓力波速度	＜330m/sec＜（音速）	＞330m/sec 常是1,000m/s～8,000m/s
壓力波強度	Detonation之測壓力（side-on pressure）是Deflagration測壓力的兩倍 Detonation反射（彈）壓力也是Deflagration的兩倍	
燃燒速度	快速	極快速
Flame速度	Flame與壓力波不並行	Flame與壓力波並行
兩者間的變化	在長管路中Deflagration會變為Detonation	
破壞力	1.危害範圍僅限於蒸氣雲涵蓋範圍	危害範圍大大超出蒸氣雲涵蓋範圍
	2.Detonation造成的傷亡人數和結構物損毀是Deflagration的兩倍	
吸熱或放熱	放熱反應	放熱反應

5.2 均一性的與擴展性的反應

化學性爆炸有兩種化學反應方式：(1)均一性的反應（uniform reaction）；(2)擴展性的反應（propagating reaction）。本節所論的deflagration與detonation是屬於propagating反應（**圖5-4**）。uniform reaction是全部反應物質都發生化學變化；而若化學反應僅限於反應區，反應區之後是反應生成物，反應區之前是尚未反應（unreacted）的可（易）燃性物質，則稱propagating反應。

5.2.1 均一性反應

均一性的反應速率依溫度與反應物的濃度而定，且反應物之反應速率皆一致。

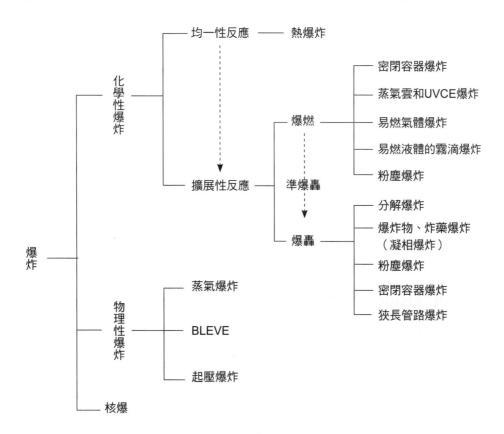

圖5-4 爆炸主要分類

一旦溫度升高，能量釋放的反應快速進行，終致於發生顯著的自行加熱，反應產生的熱大於散失於周圍（如容器槽壁）的熱。容器中心位置散失的熱比外在表面散失的熱少且慢，中心部分溫度增加，反應速率愈快，形成自行加熱現象。

固體、液體、氣體都會發生均一性反應。氣體藉由對流與擴散（diffusion）將熱由中心位置傳到四周；液體藉由對流與擴散，以較慢於氣體熱傳的速度，將熱由中心位置傳到四周；固體藉由傳導的熱傳方式由中心向外面四周傳熱。

通常均一性反應產生的氣體太慢，不致於在未封閉的空間產生高壓。在封閉的構造物（如壓力容器）內，因產生氣態反應物，或反應物的蒸發作用，或氣體溫度之增加，使反應發生高壓，若無安全裝置洩壓，構造物終會爆裂。

大多數均一性反應，若未及早被控制，會轉變成擴展性反應。

5.2.2 擴展性反應

如果易燃性物質，如氣體、液體、蒸氣、霧滴（mist）和粉塵與空氣的混合物遇到發火源，或者均一性反應系統的中心位置有高溫蓄積，氧化反應在反應區開始，產生火焰，然後向外擴展，點燃尚未反應的可燃物（unreacted material）。擴展的速度與能量釋出率有關，亦與可燃物的組成、周圍的溫度、壓力、現場密閉程度（degree of confinement）等有關。擴展速度低於音速者，謂之deflagration；而高於音速者，是為detonation。

deflagration與detonation可在氣體、液體、固體、純化合物、單相及多相（multiphase）混合物中擴展。除非氧化反應產生的能量消散太快，無法累積而自行加熱，否則擴展性反應大多僅發生在封閉空間。

5.3 熱爆炸

熱爆炸係指由於自行加熱，侷限之不穩定之物質整體質量進行放熱分解。因溫度增加，不穩定物質之分解率增加，物質熱膨脹或產生氣體，或兩者兼具，終使密閉容器爆裂。

一般而言，形成熱爆炸所需的時間較長，而發生爆燃與爆轟的時間較短。

因為在發生熱爆炸之前，不穩定物質分解產生的熱必須大於消散的熱，熱的蓄積需要一段時間。待達到某一溫度，不穩定物質才會加速分解，進而釋出大量氣態分解物。這種物質在分解過程中的熱膨脹，終使儲存容器爆開。失控反應常在此情況下發生。

易於發生熱爆炸或失控反應的物質甚多，**表5-2**僅具代表性者。這些化合物所含的功能基（functional groups）皆不安定。

表5-2未列出者，如高性能和低性能的爆炸物、爆劑、硝化纖維、硝酸銨等，皆可能發生熱爆炸或失控反應。熱爆炸與易燃性氣體、粉塵爆炸相異之處在於：

1. 在凝相系統中，每單位體積所出現的物料量較多，且在反應質量中之總熱量數倍於空氣中之分布量（指gas或dust）。
2. 較高的溫度反應機制產生較高的壓力，常在有限的蒸氣空間內產生大量的氣態生成物。

表5-2　容易發生熱爆炸或失控反應的功能基及其化合物

功能基	化合物
$-C\equiv C-$金屬	CuC_2　Cu_2C_2
$\diagdown C N_2 \diagup$	CH_2N_2　重氮甲烷
$\diagdown$ $-C-NO_2$ $\diagup$	CH_3NO_2　硝基甲烷
$-N=C=O$	$CH_3-N=C=O$　異氰酸甲酯
$-C-C-$ 　$\diagdown$ $\diagup$ 　　O	$H_2COCHCH_2CH_3$　1,2-環氧丁烷
$C=N-O-$金屬	$HgC_2N_2O_2$　雷汞
$-N=N-$	$C_6H_5N_2C_6H_5$　偶氮苯
$-O-O-$	K_2O_2
$-O-O-O-$	CH_3COOOH　過醋酸
$-N\equiv N\equiv N$	$P_b(N_3)_2$
$-NO_2$	$C_6H_5NO_2$　硝基苯
$-ONO_2$	$C_3H_5(ONO_2)_3$　硝化甘油
$-ClO_3$，$-ClO_4$	NH_4ClO_4

資料來源：Yoshida (1987).

3.反應物膨脹，由凝相之熱膨脹而形成氣泡。有時僅熱膨脹即可使容器爆裂，產生BLEVE效應。

4.容器爆開或沸騰溢出，皆使大量內容物噴洩到周圍環境。這些化學品在空氣中常會燃燒，引發第二次爆炸。

5.4 易燃性氣體和液體蒸氣的爆燃與爆轟

易燃性氣體和液體的蒸氣除了易發生火災之外，也易發生爆燃。雖說曾經發生意外的爆炸大多數是爆燃，爆轟也會發生，特別是在下列情況之下：

1.發火源特別強大（例如jet flame）。

2.狹長形的構造物，越長越易發生。例如長比寬大10倍以上。一般在無任何障礙物和亂流情況下，要變成爆轟，管路長是其直徑的100倍以上。

3.高度亂流。

4.儲存容器較大或管路直徑較大者，較易發生。

在5.1節曾言及可（易）燃性氣體、蒸氣或粉塵在狹長形（或長柱形）的構造物中，被點燃後，起初僅是爆燃，火焰傳播速度不快，達每秒數公尺而已，然因溫度升高，散熱不易，反應加速進行，最後演變成爆轟，這種現象被稱為爆燃—爆轟轉移（deflagration-to-detonation transition, DDT），而由爆燃轉移至爆轟的距離，則是DDT距離，與上列四項因素有關。此外，下列因素亦會影響DDT距離：

1.混合氣態可燃物的反應性：反應性越大者，DDT距離越短。

2.管路或容器內部表面越粗糙，或有障礙物存在者，DDT距離越短。

3.初壓或初溫（initial temperature）越高者，DDT距離越短。

在密閉容器或類似的構造物之中，易燃性氣態混合物的濃度在燃燒（爆炸）範圍之內，若遇到發火源或被加熱到自燃溫度（AIT）之上，爆燃的現象就可能發生。假設點火之初的壓力是P_1，當達到最大壓力（P_{max}）時，兩壓力差可達約8倍，這是發生在碳氫化合物和空氣混合物的情況；如果是發生在碳氫化合物和純氧的混合物時，兩壓力差可達約16～20倍之多。亦即：

$$\frac{P_{max}}{P_1} \simeq 8（碳氫化合物－空氣混合物）$$

$$\frac{P_{max}}{P_1} \simeq 16 \sim 20（碳氫化合物－氧混合物）$$

這種倍數一般都發生在僅數立方公尺的小容器之內，其初壓約在1bar（相當於一大氣壓力），初溫在300℃以內。

如果密閉容器發生爆轟，則最大壓力與初壓比約是20倍，即：

$$\frac{P_{max}}{P_1} \simeq 20$$

比較deflagration與detonation所生的壓力，detonation側壓力（side-on pressure，亦即爆轟波打擊到建築物或構造物的壓力）是deflagration最大壓力的2倍，detonation反射（彈）壓力是deflagration最大壓力的2倍。

氣體爆轟所生的最大壓力若與固體及液體爆炸物（explosives）的爆轟壓力比較，仍是小巫見大巫，可是氣體爆轟的破壞力仍然非常強大，若想用洩爆板（blowout panels）或破裂盤（rupture discs），恐怕無法安全釋放爆壓。

傳統設計的壓力容器之爆裂壓力（bursting pressure, P_b）約為初壓的4～5倍，因此，若欲有效避免爆轟壓力所造成的容器損毀，必須將容器的強度提高到8～9bar以上，並且安裝快速動作的各種釋壓裝置。

表5-3是CH_4和H_2在與空氣或氧混合後的最大爆炸壓力，K_G值的比較。K_G表示氣體爆炸立方根定律（cubic root law）的爆炸指數（index）。**表5-4**是密閉容器內氣體爆炸威力。

$$\left(\frac{dp}{dt}\right)_{max} \quad V^{\frac{1}{3}} = K_G$$

式中，p＝壓力（bar）

　　　t＝時間（秒）（s）

　　　V＝容器容積（m^3）

　　　K＝爆炸指數

　　　G＝gas

表5-3　CH₄和H₂與空氣或氧混合物爆炸威力值

	CH₄		H₂	
	P_{max}（bar）	K_G（bar·m·s⁻¹）	P_{max}（bar）	K_G（bar·m·s⁻¹）
air	7.4	55	7.1	550
O₂	16	2,700	8.5	2,900

資料來源：Bartknecht (1981).

表5-4　密閉容器內氣體或蒸氣爆炸威力

氣體或蒸氣	最大壓力（bar）	燃燒速度（cm/s）	K_G（bar·m/s）
丁烷	8.0	45	92
乙烷	7.8	47	106
乙基苯	6.6	—	94
乙烯	8.0	80	150
氫	6.9	312	660
甲烷	7.05	40	64
戊烷	7.65	46	104
丙烷	7.9	46	96

 5.5 霧滴的爆燃

易燃性液體以兩種方式在空氣中形成非常細小的滴狀（droplet）懸浮物：

1. 易燃性液體從儲存容器、管路等流洩出來而汽化成蒸氣，在空氣中冷凝，成為極細小的霧滴，其粒徑約小於0.01mm。
2. 自設備（如管路）的裂口以大壓力噴出的易燃性液體，在噴霧（spray）作用之後一部分較輕的粒子霧化（atomization），停留在空氣中，其粒徑約在0.1mm之上。

粒徑小於0.01mm的霧滴，其燃燒爆炸機轉和易燃性氣體或蒸氣雷同，其爆炸（燃燒）下限（LEL或LFL）幾乎相近（**表5-5**）（Lees, 1986: 590）。

而粒徑大於0.01mm的霧滴，其粒徑增加，LEL（LFL）下降，此由於較大的霧滴沉降速度增加。

表5-5　霧滴與蒸氣的LEL或LFL

	溫度（℉）	mist濃度（oz/ft^3）	溫度（℉）	vapor濃度（oz/ft^3）
石油	75	0.044	140	0.043
四氫萘（有機溶劑）	84	0.0409	212	0.0416
喹啉（C_9H_7N）	97	0.0662	230	0.064

資料來源：Haber and Wolff (1923).

如果冷凝的霧滴是由高沸點的碳氫化合物（液體）飽和蒸氣所形成，與發火源長時間接觸，會有分裂的產物，如H_2或C_2H_2形成。這些分子的LEL會下降，而增加燃燒速度（burning velocity），若欲使用惰性氣體（如氮）壓制其易燃性，則需要更多的量才有效。

5.6 侷限與非侷限爆炸

發生於密閉容器、管路、建築物等封閉空間內的爆炸，可稱為侷限爆炸（confined explosions）；而發生於室外開放空間的爆炸是為非侷限爆炸（unconfined explosions），如蒸氣雲爆炸或未侷限蒸氣雲爆炸（unconfined vapor cloud explosion, UVCE）。這兩種爆炸分類及火災發生的頻率，依照T. A. Kletz的統計如下（Lees, 1986）：

因空氣進入設備之內而在設備內爆炸	11%
因失控反應或爆炸物分解而在設備內爆炸	23%
在設備外而在建築物內爆炸	24%
在室外空曠的地方爆炸	3%
容器爆裂（因腐蝕、過熱、超壓而起）	7%
火災	32%
全部	100%

W. H. Doyle亦有類似的統計。**表5-6**僅顯示引發爆炸的類型及爆炸所占的百分比，其餘未在表上陳列者尚有火災（占30%）和其他（占2%）。由這項統計可知造成化工業重大損失的災變中，爆炸居三分之二以上，而火災居三分之一。

表5-6　化工業重大損失：爆炸種類

爆炸種類	次數	百分比（%）
1.燃燒		
(1)在設備內	13	10.5
(2)在建築物內的設備之外	8	24.4
(3)在室外空曠地方	1	3.3
2.反應		
(1)液態和固態爆炸物	12	16.8
(2)失控反應	4	6.5
3.金屬失效（failure）		
(1)腐蝕	1	1.4
(2)過熱	3	4.1
(3)意外發生的超壓	2	1.0
全部	44	68

資料來源：Doyle (1969).

　　本章5.4節中氣體和蒸氣的爆燃與爆轟已談到密閉空間的爆炸壓力和一些爆炸現象，茲不再贅述。

　　發生於室外開放空間的非侷限爆炸，不論是易燃性氣體、蒸氣、粉塵在大氣中爆炸或者爆炸物（如TNT）爆炸，其爆炸壓力自爆炸起源點（即爆炸中心）向外擴張，膨脹，形成震波或爆風波（blast wave）。一開始，其爆炸壓力急劇上升至最大或尖峰超壓（peak overpressure）。距爆炸中心某些距離，震波的正壓（positive pressure or overpressure）的後面是負壓（negative pressure or underpressure）。負壓區的壓力常小於4psi。**圖5-5**是爆風波向外擴張與收縮的壓力脈衝（impulse）。

　　當爆風波撞擊到鄰近的構造物（如儲槽或建築物等）表面，反射的壓力（peak reflected overpressure）甚大，至少是撞擊前最大壓力的2倍，有時可達8倍。爆壓對人或設備、建築物的影響，本書在第九章詳論。

　　易燃性氣態混合物的爆炸有時發生於地表或貼近地表之處，有時則距地面數公尺或空中，其爆炸與爆炸物的爆炸略有差異：

1.氣態混合物的體積較龐大。
2.爆炸時所生的超壓較低〔爆炸物（如TNT）的爆壓大得甚多〕。
3.兩者之爆風波的形狀不同。

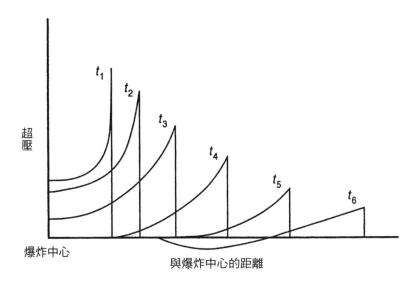

圖5-5 爆風波隨著距離而衰減

4.氣態混合物的爆風波歷時較久。

　　理論上，TNT爆炸壓力可達數十bar，而氣態可燃物只有8～10bar而已。事實上，氣態可燃物的中心壓力可能低於8bar甚多。

5.7 蒸氣雲爆炸與UVCE

5.7.1 蒸氣雲爆炸

　　蒸氣雲爆炸（vapor cloud explosion, VCE）是發生於室外的爆炸，由於自儲槽、製程或輸送容器、管線等設備與設施，洩出大量的易燃氣體或液體的蒸氣、霧滴於大氣之中，散布（dispersion）成雲狀，經過一段時間（數十分鐘以內），蒸氣雲被點燃，火焰行進速度加快，終產生爆風及破壞性的超壓。

　　會洩出面積龐大的蒸氣雲的設備，絕非小小的管子或容器，通常是儲存大量易燃物的儲槽或製程用容器（如塔槽或反應器），或巨大且長的輸送幹管。

　　儲量超過10～20公噸的液化氣體的加壓儲槽，可能因overfilling、boilover、rollover或因聚合反應致失控，或因槽體破裂（rupture），使得易燃性蒸氣大量

逸出。高溫高壓的製程設備（如環己烷反應器），聚乙烯、氨、甲醇、乙醇的廠房之中有不少高壓充氣的設備，皆可能成為禍源。

內儲易燃液體的製程容器，包括進料和緩衝槽、反應器、分離槽、萃取槽、蒸餾槽等，當其破裂之際，液體噴洩而出。我們估計有多少液體洩出，是假設槽內的液體容量是在其正常操作的最大使用量。

至於大型輸送幹管方面，主要是以液態輸送的易燃氣體和管內壓力超過35bar的天然氣或乙烯為主。

較容易發生蒸氣雲爆炸（VCE）的易燃性氣體包括：

1. 在高於35bar g.的壓力下為氣體。其臨界溫度低於20℃，例如H_2、CO、CH_4、C_2H_4等。
2. 冷凍液化的氣體，涵蓋各種易燃氣體，自氫至丁烷、環氧乙烷等。
3. 高壓液化的氣體。其臨界溫度高於20℃且沸點低於20℃，例如含3個或4個碳的碳氫化合物、氨、環氧乙烷、氯乙烯、氯乙烷等。

較容易發生VCE的易燃性液體包括：汽油、萘、原油至少含一個苯環的芳香族、環己烷等。

逸洩而出的氣體或液體在被點燃之前，必先散布於空氣中，積聚成容積相當大的蒸氣雲。如果逸洩而出的氣體或液體很快被點燃，則會產生大火、jet flame或火球，不致於產生強大的爆風損毀效應。若成形的蒸氣雲在製程區內或附近飄浮數分鐘（1～5分鐘被認為最可能發生蒸氣雲爆炸）之後再被點燃，則造成的災害必然相當劇烈。不少造成重大災害的VCE在被點燃之前，蒸氣雲維持的時間有短至數秒而長至30分鐘以上者。

當然，蒸氣雲要爆炸，其濃度必須在燃燒（爆炸）範圍之內。通常在洩漏處濃度最高，但氧氣較不足；而在蒸氣雲的邊緣濃度較不足；其他區域的濃度就在燃燒（爆炸）範圍之內。

蒸氣雲被點燃後，有些因素影響其火焰加速行進，進而影響其壓力波的強度，以及爆風損毀效應。這些因素包括：

1. 蒸氣雲所在的場所有不少障礙物，如高架管線、儲槽、製程用塔槽、各種高高低低的製程構造物。
2. 急洩型的逸散，造成高度空氣亂流。
3. 以上兩者兼具。

原則上，蒸氣雲飄得越遠（距洩漏源），越多的易燃性氣體或蒸氣被空氣稀釋，其濃度降至LEL（LFL）之下，越不易引發VCE。

蒸氣雲的爆炸常是detlagration，不太可能發生detonation，除非點燃蒸氣雲的能量達一百萬焦耳。然而，在一般製程工廠，不可能有如此高的發火能量，因此，我們可以說VCE的defonation幾乎不可能發生。**圖5-6**是易燃性氣體或液體外洩後可能發生的情況。

有關蒸氣雲的風險評估，亦即評估蒸氣雲被點燃的機率，或者爆炸機率，以及估計蒸氣雲產生的超壓及其潛在的爆風危害效應，本書將在第九章詳論，在此僅略述一二而已。

根據英國安全衛生署（Health and Safety Executive, HSE）1981年的報告，蒸氣雲較常在氣雲的邊緣被點燃。**表5-7**說明蒸氣雲的位置及其點燃機率。

蒸氣雲爆炸的機率依其質量大小，估計為（HSE, 1981）：

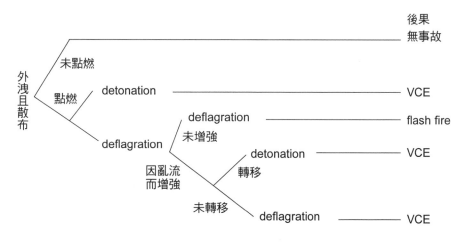

圖5-6　易燃性氣體或液體外洩後的可能情況

表5-7　蒸氣雲點燃的情況與機率

點燃的情況	點燃的機率
蒸氣雲邊緣接近人口區的邊緣	0.7
蒸氣雲在人口區的上空	0.2
不被點燃	0.1

資料來源：HSE (1981).

蒸氣雲＜10公噸	0
蒸氣雲10～100公噸	0.01～0.1（LNG＝0.01）
蒸氣雲100～1,000公噸	0.1～0.9
蒸氣雲＞1,000公噸	1.0

然而，這只是專家的判斷值，缺乏客觀的實證。較客觀的機率，可能需要更多實際發生的事故資料所推論的統計值。事實上，曾有30kg的氫氣發生VCE現象者。

蒸氣雲在風險評估的估計爆風效應模式不少，比較簡便的方法是使用TNT等量模式（equivalent charge weight of TNT），其計算方式如下：

$$W_{TNT} = \alpha e \frac{W_f H_f}{H_{TNT}}$$

式中，W_{TNT}＝TNT等量（kg）

　　　αe＝爆炸效率（explosion efficiency，或稱equivalency factor、

　　　　　　efficiency factor、yield factor）

　　　W_f＝外洩可燃物的重量（kg）

　　　H_f＝外洩可燃物的燃燒熱（KJ/kg）

　　　H_{TNT}＝TNT燃燒熱（KJ/kg）（TNT在沒有空氣時之爆炸能量實

　　　　　　驗值是4,437～4,765 KJ/kg）

（註：此式與第九章公式9-30相同，但符號不同）

另有一種簡單的方法可估計蒸氣雲的TNT等量。其方法是將下列三個值相乘即得：

1.估計外洩物質的重量。

2.能量比＝每單位外洩物質重量的能量／每單位TNT重量的能量（**表5-8**）。

3.爆炸效率（係數）（**表5-8**）。

例如100公噸的液態丙烷自故障的儲槽外洩而出，其中因噴射而只有64公噸的丙烷形成蒸氣雲。則64公噸×10×0.042≒27公噸TNT等量。可以看出TNT

表5-8　TNT等量建議值

物質	TNT等量係數	爆炸效率係數	能量比
乙烯	0.6	0.06	─
其他碳氫化合物	0.4	0.04	10
環氧乙烷	0.6	0.1	6
環氧丙烷	0.4	0.06	─
氯乙烯	0.2	0.04	4.2
氯化甲烷	0.1	0.04	─
氧化乙炔	0.4	0.06	6.9

資料來源：IChemE (1989).

等量約等於蒸氣雲重量的一半。這種方法對廠內爆炸後果而言，是一保守的估計，而在室外未密閉蒸氣雲（UVCE）飄到廠外時才爆炸之情況，TNT等量應較低，可能在1～50％之間。

　　據估計，蒸氣雲體積只有15％會落在燃燒（爆炸）範圍之內，且只有此15％會形成超壓和造成爆風波的損毀。從現場實驗以及已發生的事故中，蒸氣雲所產生的超壓很少超過1.5bar（15psig）（HSE, 1979）。

5.7.2 未侷限蒸氣雲爆炸

　　雖說有人認為使用未侷限蒸氣雲爆炸（unconfined vapor cloud explosion, UVCE）中的「unconfined」是個錯誤的名詞（misnomer），只稱呼vapor cloud explosion即已正確描述這類型的爆炸，然而，如果成形的蒸氣雲附近沒有任何障礙物，包括建築物、塔槽、高架連通的管路等，且遭遇強發火源（表5-9），

表5-9　發火源的等級及其引燃機率

分類等級	例如	引燃機率
強大	大型火焰（廢棄燃燒塔的火焰）	1.0
強	電動機 熱作業的火焰或熱源	＞0.5
中等	車輛引擎熱或排氣管 電線走火	0.5～0.05
弱	機械火花	＜0.05
可忽略	本質安全的電氣設備	甚微

則可能發生爆炸，稱之UVCE亦無不可。一般而言，蒸氣雲若被間距小的建築物、施工架或製程設備、矮樹圍住（enclosed），可稱為「confined」之蒸氣雲。若蒸氣雲飄離這些建築物或製程設備，而只飛落在疏疏散散的一些高的障礙物之中，則是一種「partially confined」（部分侷限）的情況，是不容易爆炸的。

根據Davenport（1977）的統計，在43次UVCE之中，32次在工廠內發生，8次發生於運輸途中，其餘3次在其他地方發生。而在工廠發生的32次之中，有8次發生於煉油廠，24次在石油化學工廠。

在工廠內，洩漏的物質來自於下列設備：

製程設備	24次
儲槽	4次
廠內運輸車輛	3次
其他（未知）	1次

廠內洩漏事件與下列設備的故障有關：

容器故障	13次
管路、閥、接合處故障	26次
自洩放（venting）設備釋出	3次
其他（不明原因）	1次

而廠內設備故障，引發UVCE的機率如**表5-10**。

直至今日，世人對UVCE的瞭解仍有所欠缺。雖說歷來研究人員迭有一些發現，而尚待研究之處仍多。有些問題是可經由觀察或實驗得知，例如：

1.洩漏（release）頻率。
2.洩漏量與火災、爆炸的關係。原則上，洩漏量越大，爆炸的機率越高。較小的蒸氣雲（例如小於10公噸），爆炸機率約僅0.01～0.001，而火災的機率相對較高。
3.物質汽化的百分比。

表5-10　UVCE的估計機率

設備故障或洩漏	機率（爆炸次數／年）
1.故障所致	
壓力容器	10^{-5}
管線──特別管線	$10^{-5}\sim10^{-4}$
普通管線	$10^{-4}\sim10^{-3}$
泵浦──普通泵浦	10^{-2}
severe duty pump	10^{-1}
往復式壓縮機	10^{-1}
2.洩漏所致	
批式反應器	$10^{-2}\sim10^{-1}$
油罐車灌裝用軟管	$10^{-2}\sim10^{-1}$

資料來源：Kletz (1977).

4.蒸氣雲被點燃的機率。這問題與發火源的能量及蒸氣雲的量有關。洩漏量超過10公噸者，被點燃的機率大於0.1～0.5。

5.點燃之前，蒸氣雲飛行距離。這可能依現場情境而定，很多蒸氣雲飛行不遠，飛行100公尺者的機率是0.1～0.2；飛行500～800公尺遠才遇發火源而爆炸者亦有，但極為少見；大部分在飛行30公尺左右即遇發火源。絕大多數的蒸氣雲在距洩漏源100公尺之內會碰上發火源而被引燃。

6.洩漏後至被點燃的時間（time delay before ignition）。比較常見者是45秒，短者有30～90秒，長者15分鐘。

7.爆炸效率。考量UVCE的爆炸威力之時，需估其爆炸效率，以 η 表示。UVCE爆風波的能量只占全部燃料（蒸氣雲）燃燒能量的一小部分而已。UVCE真正釋出的能量與理論上有的能量（即蒸氣雲全部燃燒的能量）之比，是為爆炸效率。不少人認為其值在0.01～0.1之間。美國礦務局（Bureau of Mines）認為爆炸效率等於0.1，但也有人認為可達0.2，甚至是0.4，真正的值仍不確知。

　　UVCE的爆炸模式已有不少人研究，其中上一小節所言的VCE之TNT等量模式是比較傳統且頗為簡便的方法。本書將在爆炸的危害風險評估章節中討論。

5.8 物理性爆炸

以上單元所論者，除了固態可燃物或粉塵爆炸尚未討論之外，皆屬化學性爆炸。而物理性爆炸有下列三種爆炸情況。

5.8.1 超壓爆炸

密閉容器如鍋爐，內裝氣體的鋼瓶以及其他高壓容器由於受到其自身內的氣體、液體的蒸氣，或來自其他容器灌入的高壓氣體等之機械壓縮。在釋壓安全裝置（如易熔塞、釋壓閥、破裂盤）未能有效釋出部分壓力的情況下，強大壓力在容器最弱部位宣洩而出。這種使得容器爆裂（bursting）的壓力約在正常操作壓力4倍以上。爆開四散的零組件或碎片有如子彈或砲彈，極具破壞力或殺傷力。一般而言，這種高壓氣體或蒸氣產生的超壓爆炸，不涉及易燃易爆物質的化學反應，是屬於物理性爆炸的一種。

安全裝置或釋壓裝置的缺失或故障、容器的缺陷、局部加熱過當，皆易引發這類超壓爆炸。

5.8.2 蒸氣爆炸或過熱液體爆炸

兩種溫度差甚大的液體突然接觸，或極高溫液態物（如熾熱熔化的金屬、礦物或鹽）與溫差甚大的液體接觸，較低溫的液體從高溫物體的表面吸收的熱，其溫度大大超過低溫物的沸點，立即汽化，急速膨脹，產生高壓氣體。若兩者的接觸面夠大，可生壓力波，飛向四面八方。這種爆炸現象無發火源介入，更無化學反應發生，純粹是液體接觸高溫物體而產生大量蒸氣所致，故稱為蒸氣爆炸（steam or vapor explosions）或無焰（flameless）蒸氣爆炸，或稱過熱液體爆炸（superheated liquid explosion）。

比較常見的案例是發生在鑄造冶金工廠、玻璃工廠，有時也發生於化工廠或煉油廠。嚴重者會發生7人死亡，多人受傷的慘劇，肇因於冷卻水與熔熱的鋼鐵接觸。

極低溫液化氣體（如液化天然氣、液態氮）若傾瀉於水中，因其溫度甚低（約零下160°C以下），接觸水之後，沸騰產生蒸氣，過熱能量爆炸性的洩出。

突然將水送入高溫鍋爐管、熱交換器、儲槽等,亦會發生蒸氣爆炸。

煉油廠的蒸餾槽(特別是真空槽)啟動之時,也曾發生蒸氣爆炸。這是因為熱油與槽內底部(或其相關管路)的水接觸而引發的。因此槽底之最低處必須有排水閥,以防啟動時仍留有水在槽內。

儲槽或容器內具有兩層不相溶解的水及碳氫化合物在尚未充分攪拌混合後加熱,也會發生蒸氣爆炸。

赤熱火山岩漿和水(海水或淡水)接觸,也會引發蒸氣爆炸,但它不是工業安全的範疇。

在此特別強調熔熱的(molten)金屬與水之間的溫度差必須夠高,才會引發蒸氣爆炸。如果溫差僅數十度(如60°C),則不生氣爆。假設T_{con}是兩液體接觸的溫度,T_{sn}是較低溫液體蒸氣汽泡剛出現時的溫度(spontaneous nucleation temperature)。T_{con}遠大於T_{sn},則T_{con}為:

$$T_{con} = \frac{T_H + T_c\sqrt{(k\rho c)_c/(k\rho c)_H}}{1+\sqrt{(k\rho c)_c/(k\rho c)_H}}$$

式中,T_H=較高溫液體的溫度

T_c=較低溫液體的溫度

K＝比熱

ρ＝密度

C＝熱傳導度

例如1,400°C熔化的銅與20°C的水接觸,兩者接觸面的溫度是1,341°C。此T_{con}超過水的T_{sn}甚多。1,330°C的熔化的氧化亞銅沉浸到20°C水中,兩界面間接觸溫度(T_{con})是954°C。蒸氣爆炸產生的最大壓力可達30～1,000psi。

5.8.3 BLEVE

BLEVE是滾沸液體膨脹蒸氣爆炸的縮寫,純粹是一種壓力釋放的爆炸(pressure release explosion),其爆炸能量完全來自於容器內液體的氣壓,因此其能量的釋放純然是物理性的,與化學反應無關,故BLEVE是物理性的爆炸〔按:國內有一些管理員(師)教材或著作稱BLEVE是物理化學爆炸是錯誤的,這種錯

誤也僅見於國內，筆者從未在國外著作中見有人言BLEVE是物理性又是化學性的爆炸。不要以為因為有些BLEVE發生易燃性氣體或液體的火球，即說它是化學性爆炸。火球只是次要事件而已，BLEVE未必形成火球。詳下文可知〕。

BLEVE發生在裝液化氣體或液體的容器，因容器破裂而發生的釋壓爆炸。容器破裂的原因不同，可能是下列之一：

1.容器外面的火災或火焰。
2.容器內部壓力過大。
3.腐蝕。
4.機械性衝擊。
5.其他（如金屬冶金上的一些問題）。

BLEVE較常發生於容器外面著火，火焰直接燒向容器（圖5-7）。容器內的蒸氣大量快速形成，蒸氣壓力急劇升高。當容器內壓力達到釋壓閥設定的壓力，釋壓閥開啟（圖5-8）。然而釋壓閥不能把壓力降至大氣壓力，僅能把壓力降至其開啟前略低一點的壓力而已。一般而言，設計良好、作用（功能）正常的釋壓閥或安全閥，並不能避免BLEVE的發生。

若外面的火焰仍不停地侵向容器，將產生更多的蒸氣（圖5-9）。此時，液面逐漸下降至火焰接觸容器以下的地方。若溫度持續升高，容器的金屬外殼因不再有液體來移開熱，將承受不了而延展變薄（按：碳鋼強度在溫度超過200°C之後逐漸減小）。最後，容器內部壓力集中於細小的裂縫。由於圓柱形容器的圓周應力是長邊（軸）應力的2倍，因此容器常在圓周接縫處爆裂。容器外殼裂成兩半或更多片（圖5-10），藉著蒸氣壓力，金屬碎片能飛到數百公尺，甚至

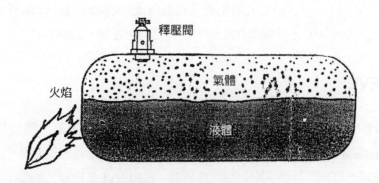

圖5-7　火焰燃及容器外殼

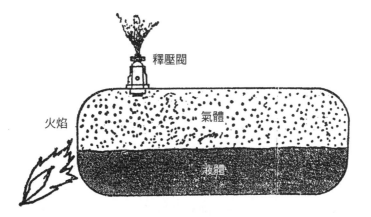

圖5-8 釋壓閥開始作用

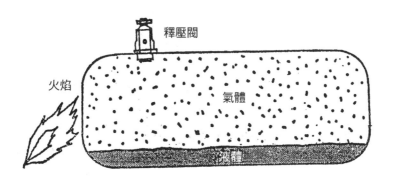

圖5-9 火焰產生更多的蒸氣

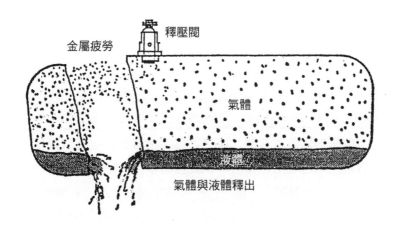

圖5-10 BLEVE發生

一公里以外的地方，可能造成嚴重的傷亡或損毀。

容器破裂有時是內壓過大所致，通常爆裂壓力數倍於容器的設計壓力。如果容器破裂是因為腐蝕或外力衝撞（例如鐵路或公路的槽車發生脫軌事故或交通事故），則儲存容器的爆裂壓力會低於設計壓力。

容器爆裂之後，可能發生下列情況：

第一種，容器內是易燃性液化氣體或液體，且容器爆裂是因外面的火焰侵襲引致。在爆裂瞬間，壓力驟降，液體迅速大量汽化、膨脹，產生動能，接著藉由浮力引起亂流而與空氣混合。混合氣體若被引燃（常立即被引燃），由於熱膨脹而增加其浮力，略成球形的火體乃猛然垂直上衝，被捲入的空氣加劇，火球更形膨脹擴大，直到可燃物燒盡為止。這類事故最有名的當屬1984年11月19日發生在墨西哥市郊的San Juanico。爆炸現場是省政府經營的液化石油氣（LPG）儲存和分配場所。LPG由400公里外的煉油廠以一支12吋和兩支4吋地下油管輸送過來。19日清晨，12吋油管裂開，產生蒸氣雲，其後蒸氣雲被引燃，造成廠內外設施之爆炸損毀。隨後，儲槽發生BLEVE。其中一座或兩座1,590立方公尺的球形槽又發生BLEVE，其火球直徑為300公尺，造成附近130公尺外的民房起火爆炸。所幸隨後趕到的消防隊控制部分火勢，使得兩座最大的2,384立方公尺儲槽未發生爆炸，但已嚴重受創。總計在爆炸的4座1,590立方公尺球形槽和48座臥式水平槽共發生BLEVE 15次。

第二種，容器破裂不是外面的火焰所引起的，且容器內易燃性液化氣體或液體在容器爆裂後隨即飄浮成蒸氣雲，之後蒸氣雲的邊緣被發火源點燃，引發蒸氣雲爆炸（VCE）。

第三種，容器破裂不是外面的火焰所引起的，且容器內易燃性液化氣體或液體在容器爆裂之後未形成蒸氣雲，而洩流地面，其濃度經過一段時間的稀釋，遇發火源，發生flash fire。

第四種，容器內是非易燃性液化氣體或液體，不論容器如何爆裂，都不會發生火球，VCE或flash fire。其危害效應僅限於爆風波和金屬碎片，與化學性爆炸常見的輻射熱效應無關。當然容器的內容物有些具有毒性（如氯、丙烯醛），或會發生聚合反應的單體，或比空氣重而易使人窒息的物質，或高熱蒸氣（如鍋爐爆炸）噴射使人燙傷，……這些情況都會造成其他的不良效應。

上述四種火災、爆炸情況，以第一種會出現火球的BLEVE最常發生，且危害效應最大最廣。如果容器受到外面的火焰侵襲，最重要的防災措施是使用

大量的水冷卻容器外殼。若是固定的、非槽車型的容器，必須具備自動灑水系統；若是鐵公路上的槽車容器，唯有仰賴消防滅火單位的救援了。

有關BLEVE爆風波產生的能量、火球的最大直徑、維持的時間、火球中心高度及輻射熱強度，將在第九章〈火災、爆炸的危害分析與風險評估〉討論，在此略過不表。

5.9 爆炸性物質與物品的爆炸

5.9.1 政府的分類系統

何謂「爆炸性物質」（explosive materials or substances）？考諸世界各國對此名詞的定義，可說莫衷一是。各國依其分類系統，各有不同的定義。本節分別列舉日、英、美、聯合國與台灣的分類方法，供讀者參考。

(一)日本的分類

◆火藥與炸藥

火藥係指爆發比較緩慢，以燃燒作用為主，並無顯著爆炸破壞作用的物品。其中以硝酸鹽為主要成分者，爆炸時產生大量煙氣，是為有煙火藥；而以硝化纖維為主要成分者，是為無煙火藥。此外尚有以硝化纖維和硝化甘油加入丙酮（作為溶劑）或加入二苯胺而成的無煙火藥。

炸藥係指爆發非常迅速，立即發生強烈爆炸、破壞作用的物品。主要包括：

1. 作為起爆藥的雷汞（$HgC_2N_2O_2$）、疊氮化鉛（$P_b(N_3)_2$）、重氮二硝基酚（$C_6H_2ON=N(NO_2)_2$）、史蒂芬酸鉛（$C_6H(NO_2)_3O_2P_b \cdot H_2O$）等。
2. 硝化甘油（$C_3H_5(ONO_2)_3$）、硝化乙二醇（$C_2H_4(ONO_2)_2$）、硝化纖維等硝酸酯類炸藥。
3. 硝基化合物的炸藥，如三硝基苯酚（苦味酸）、三硝基甲苯（TNT）等。
4. 硝酸鹽類炸藥。
5. 過氯酸鹽類及氯酸鹽類之混合炸藥。

6.其他炸藥（如液氧炸藥）。

◆火工品

日本人所稱的「火工品」，係指將金屬、紙、布加入火藥或炸藥，藉其燃燒或爆炸以誘發其他火藥類燃燒爆炸的加工處理製成品。主要包括：

1.雷管類：一般工程用雷管（detonator）和電雷管（electric detonator）。
2.導火索。
3.導爆索。
4.其他（如鎗用雷管、信號煙管、推進劑等）。

(二)英國的分類

英國對爆炸物（explosives）的定義是：一物質在火焰的影響之下會爆炸者，或者其對衝擊或摩擦比二硝基甲苯（DNT）更敏感者。依據Explosive Act，亦即爆炸物法的分類，爆炸性物質包含下列五類：

◆Class 1：gunpowder class

主要係指硝石（天然硝酸鉀）（65～75%）、硫黃（10～20%）與木炭（10～15%）混合而成的有煙火藥。過去用途甚廣，今日以作為煙火、安全熔絲等為主。

◆Class 2：nitrate-mixture class（硝酸鹽混合物類）

主要是硝酸鹽與任何形態的碳或非爆炸性的含碳物質混合而成的混合物，不論是否加入硫黃。常用的是硝酸銨與燃料油的混合物。此類爆炸物主要作為爆劑之用。

◆Class 3：nitro-compounds class（硝基化合物類）

又分以下兩種：

1.Division 1：係指由硝化甘油或其他液體硝基化合物為主要成分的化合物或混合物。
2.Division 2：係指Division 1以外的任何硝基化合物，例如硝化纖維、TNT、苦味酸，以及大多數含三個硝基——芳香族（有苯環）的化合物。

◆Class 4：chlorate mixture class（氯酸鹽混合物類）

任何含有氯酸鹽的爆炸物皆屬之。

◆Class 5：fulminate class（雷酸鹽類）

雷酸鹽一詞在此毋需囿於其嚴格的化學意義，而係指任何化合物或混合物，不論是否已包括在上列四個類別之中，適用於作起爆藥者。這類爆炸物極為敏感，甚不安定。

(三)美國、聯合國與台灣的分類

美國對於爆炸物的分類大抵隨著聯合國的建議規則——United Nations Recommendations on the Transportation of Dangerous Goods而修正。而台灣在「危險物及有害物通識規則」亦依循聯合國的分類，然而在「實業用爆炸物管理辦法」的分類則較接近日本的分類方式。

美國在1991年1月1日生效前的爆炸物分類仿聯合國的分類方法，將爆炸性物質分為三級：

1.A級：為具爆炸性或其他最大危害性者，包括黑火藥、炸藥、雷管裝填裝置、爆破用雷管、硝化甘油、疊氮化鉛、雷汞。

2.B級：這類爆炸物作用時，常迅速燃燒，較少爆炸，包括特殊的煙火、照相用閃光粉、火箭用的液體推進劑爆炸物、小型武器用的無煙火藥。

3.C級：係指含A級或B級爆炸物，或是A級、B級爆炸物組成的製造物，但其含量有限。包括小型武器的彈藥、安全熔絲、玩具紙製雷管、普通煙火。

4.blasting agents（爆劑）：這類物質或混合物不敏感，意外被引爆或由爆燃轉變成爆轟的機率低。

美國運輸部（Department of Transportation）在1991年修正後的分類與聯合國對危險物品的分類完全相同，爆炸性物質屬於Class 1，再分六個division（**表5-10**為新舊分類法的比較）：

1.Division 1.1：具有整體爆炸（mass explosion）危險性的爆炸物。在此所謂mass explosion係指幾乎全部的爆炸物瞬間爆炸之意。

2.Division 1.2：具有發射（projection）的危險性的爆炸物，但不具mass

表5-10　美國爆炸性物質新舊分類比較

新分類	舊分類（1991/1/1 以前）
Division 1.1	Class A explosives
Division 1.2	Class A or B explosives
Division 1.3	Class B explosives
Division 1.4	Class C explosives
Division 1.5	blasting agents （爆劑）
Division 1.6	（不適用）

explosion危險性者（在此所謂projection係指爆炸後所生的碎片，非指火焰）。

3. Division1.3：具有火災的危險性且有輕微的爆炸和（或）發射的危險性，但不具mass explosion危險性的爆炸物。

4. Divison 1.4：不具有輕微爆炸危險性的爆炸物。此類危險物品於運送途中被引燃或引發時，危險性甚小。其爆炸效應大部分侷限於包裝物件內，不會在大範圍內造成碎片的四射（projection）。外部火焰不致引發包裝物件所有內裝物品的瞬間爆炸。

5. Division 1.5：係指相當不敏感的爆炸物。這類物質在正常運送條件下，雖具有mass explosion危險性，然因相當不敏感，被引爆或由燃燒轉變成爆炸的機率甚低。

6. Division 1.6：係指極不敏感的物品（articles），不具mass explosion危險性。這類物品僅包含極不敏感的爆炸物，被意外引爆或向四周擴展（propagation）的機率微乎其微（negligible）。

5.9.2 一般爆炸性物質與物品的種類

以上爆炸性物質和物品（products）的分類都屬政府的分類系統，一般在工商企業界或國防軍事單位為使用上的方便或易於分辨，另外使用一些名詞，以下是常見的區分方式。

(一)一級高性能爆炸物或起爆藥（primary high explosives or initiating explosives）

這類爆炸物相當敏感。火焰、火花、撞擊、摩擦或其他發火源達一定程度的能量，即能使之引爆，頗適合做起爆藥，例如雷汞、疊氮化鉛、史蒂芬酸鉛（lead styphnate）、重氮二硝基酚（DDNP）等。起爆藥都裝填在雷管內，以引爆比其較不敏感的炸藥。

雷汞常以汞溶解於硝酸中，再加入酒精化合而成。在低溫（如100°C以下）和水中較為穩定。常作為雷管、槍砲彈藥的起爆劑（initiating agent）。爆速（detonation rate）為4,000m/sec。

疊氮化鉛在水中也會爆炸，不溶於水，敏感度略小於雷汞，爆速為5,300m/sec。

史蒂芬酸鉛、$C_6H_3N_3O_8P_b$對火焰和靜電甚為敏感。乾燥時，可由人體放出的靜電引爆。它不會與金屬發生反應。微溶於水和甲醇。儲存安定。對衝擊和摩擦的敏感度低於雷汞和疊氮化鉛。

重氮二硝基酚不溶於水，可溶於丙酮、乙酸和大多數溶劑。用氫氧化鈉溶液可破壞之。浸於水中可降低其敏感性。對衝擊的敏感度低於雷汞和疊氮化鉛，但比兩者更威猛。對摩擦的敏感度低於雷汞，而與疊氮化鉛相當。DDNP常與其他物質形成混合炸藥。

(二)二級高性能爆炸物（secondary high explosives）

這類爆炸物的敏感度比起爆藥低，常藉由起爆藥的先行爆炸作用產生的爆轟波使其引爆。一旦被引爆之後，其爆炸威力極大，適用於軍事用途與工商業之爆破作業。常用的爆炸物包括：TNT、硝化甘油、季戊四醇四硝酸酯（簡稱PETN，$C(CH_2ONO_2)_4$）、環三亞甲基三硝胺（簡稱RDX，美國人又稱旋風炸藥，德國人稱Hexogen，$(CH_2-N-NO_2)_3$）等。PETN的爆炸威力與RDX相當。RDX在軍事上甚為重要。硝化甘油因其敏感性，常不單獨使用。

(三)低性能爆炸物或推進劑（low explosives or propellants）

這類爆炸物主要作為推進之用。常以爆燃而非爆轟方式作用，但若被密封，亦有可能爆轟，黑火藥、無煙火藥、固態火箭燃料皆屬於這一類。在搬運、使用上最大的危害是火災。

(四)爆劑

爆劑為用於爆炸（破）的物質或混合物。爆劑不甚敏感，引爆的機率低，亦不易從爆燃演變成爆轟。最常用於燃料氧化劑系統，主要成分是硝酸銨和一種燃料。爆劑需置於封閉的裝置內以雷管引爆。常包括兩類：(1)硝油爆劑類（ANFO）；(2)漿狀或乳狀爆劑類（slurry or emulsion blasting agents）。

參考文獻

1.Schwab, P. E., Explosion, *Fire Protection Handbook*, 15 ed., pp. 3-15, NFPA.

2.Yoshida, T. and Masamitsu,T., *Safety of Reactive Chemicals*. Elsevier, 1987.

3.Bartknecht, W., *Explosion*, p. 24, Springer-Verlag, Berlin, 1981.

4.Lees, Frank P., *Loss Prevention in the Process Industries*. Butterworths, 1986.

5.Doyle, W. H., Industrial Explosion and Insurance. In *Loss Prevention*. 1969.

6.HSE, Canvey Report 2. 1981.

7.IChemE, Overpressure Monograph. 1989.

8.HSE, *Advisory Committee on Major Hazards*, Second report, 1979.

9.Davenport, J. A., A Survey of Vapor Cloud Incidents, *Chem. Engng. Prog.* 1977.

10.Kletz, T. A., Unconfined Vapor Cloud Explosion, *11th Loss Prevention Symp.* 1977.

Chapter
6
粉塵爆炸

　　談到粉塵爆炸，不禁令人想起台灣煤礦史上最悲慘的一年——1984年。台灣最慘烈的煤礦災變同時發生於1984的下半年。首先是在6月20日，台北土城海山煤礦兩輛台車的插梢未插好，台車滑落，撞擊高壓電線，發出火花，點燃煤粉而爆炸。此災變因爆炸和中毒死亡者共74人。二十天後，即7月10日，瑞芳煤山煤礦壓風機房坑壁頂磐崩落，擊毀220伏特電動機電源線，引發短路，火花點燃絕緣油，發生燃燒爆炸，103人死亡。同年12月5日，三峽的海山一坑煤礦又發生大爆炸，93人死亡。這一連串驚天動地的災難接踵而來，立即衝擊到政府的煤礦政策，也預告台灣煤礦開採終於要走進歷史。

　　煤礦坑內的煤粉僅是會發生粉塵爆炸的其中一種粉塵（dust）而已。會發生爆炸的粉塵有數百種，茲把這些粉塵分類如**圖6-1**。

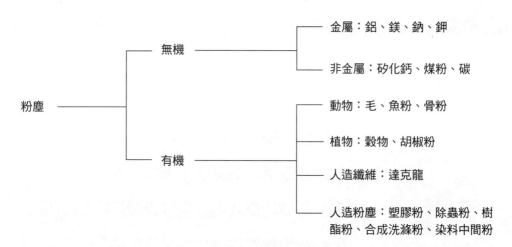

圖6-1　粉塵分類

　　粉塵爆炸有文獻可循，最早一次的爆炸紀錄可能是發生於1785年12月14日在義大利托倫鎮（Turin）的小麥粉塵爆炸。此後至今兩百多年來，大小災變不斷，大者數十人死亡，小者三、四人命喪黃泉。

　　發生過災變的粉塵隨著工業製造業的腳步亦步亦趨。早期多發生於與食品有關的製造業中，如生產製造玉米粉、澱粉、麥芽粉、大麥粉、麵粉、花生粉、動物飼料粉、糖粉等。然後巧克力、木材造紙、軟木塞相關的製造出現。一次大戰後，塑膠、金屬冶金、化學、藥品等工業快速發展，各種無機和有機粉塵種類日益繁多，近年來有奈米科技，粉塵之細微度增加，越有利於粉塵爆炸的肆虐。

6.1 粉塵爆炸的統計資料

在二十世紀之前，少有系統的粉塵爆炸資料統計。文獻上的記載多斷簡殘篇，隨機出現。1900年之後，逐漸有一些政府和民間機構或個人統計較重大的災變。當然這些統計資料不太可能呈現真正災變的全貌。有人說被記錄下來的粉塵爆炸案例僅占實際發生案件的15%而已；或說全世界真正發生粉塵爆炸的總數是現有統計案件的6倍（Eckhoff, 1991; Jeske and Beck, 1989）。

表6-1是Eckhoff根據NFPA收集1900年至1956年發生在美國共1,123件粉塵爆炸的資料而來。粉塵爆炸涵蓋的行業包括木材加工、食品飼料、金屬冶金、塑膠、造紙等。值得注意的是金屬粉塵爆炸僅占爆炸總數的7.1%，其死亡率卻占全部死亡人數的16%；食品飼料粉塵爆炸案件居冠（51.4%），所造成的傷亡財產損失也是最鉅。

表6-2是英國政府的統計（HMSO, 1975）。爆炸性的粉塵包含四類：金屬和硫、食品和飼料、橡膠和塑膠原料、木材加工和煤。處理粉塵的相關設備甚多，主要涉及混合、粉碎、輸送、集塵、篩選分級、儲存等作業。這些作業利於粉塵堆積、飄浮、與空氣（氧）混合，形成粉塵雲，且發火源可能存在於操作動作之間，如機械火花、悶燒、靜電、自燃、熱表面等。

表6-1　美國的粉塵爆炸（1900～1956）

粉塵種類	爆炸 次數	爆炸 %	死亡 人數	死亡 %	每次爆炸死亡人數	傷害 人數	傷害 %	每次爆炸傷害人數	財產損失 百萬美金	每次爆炸損失百萬美金
木材加工	162	14.5	38	5.6	0.23	160	9	0.99	11.4	0.07
食品飼料	577	51.4	409	60.5	0.71	1,061	60	1.84	75.8	0.131
金屬	80	7.1	108	16	1.35	198	11.2	2.48	3.2	0.04
塑膠	61	5.4	44	6.5	0.72	121	6.8	1.98	3.7	0.061
煤（不包括礦場）	63	5.6	30	4.4	0.48	37	2.1	0.59	1.6	0.025
造紙	9	0.8	0	0	0	0	0	0	0.5	0.056
其他	171	15.2	47	7	0.27	193	10.9	1.13	4.3	0.025
總數	1,123	100	676	100		1,770	100		100.5	

資料來源：NFPA (1957); Eckhoff (1991).

表6-2　可燃性粉塵及相關處理設備

粉塵	設備
鋁 硬脂酸鋁 鎂 硫 錳化鐵	旋風分離器、濾袋、帶式輸送機、集塵機、銑牀、氣動乾燥機、混合機、圓筒倉、篩選機
玉米 澱粉 麥芽 大麥 麵粉 花生 動物飼料 魚飼料 糖	迴轉乾燥機、穀倉、斗升機、旋風分離器、銑牀、粉碎機、濾袋、氣動乾燥機、研磨機、篩選機、靜電集塵器
聚苯乙酸 橡膠 酚醛樹脂 賽璐珞 乙酸纖維素 尿素樹脂	擠壓機、氣動乾燥機、旋風分離器、濾袋、儲倉、銑牀、集塵機、篩選機、混合機、鑄模機、噴霧式乾燥機、研磨機
軟木 木粉 煤粉 杉脂 木屑	銑床、旋風分離器、濾袋、篩選機、儲倉、乾燥機、斗升機

資料來源：HMSO (1975).

從**表6-2**可知粉塵之所以產生和下列作業有關：

1.粉碎、壓碎、研磨。

2.裝填、儲存。

3.混合。

4.篩選分級、分離、過濾。

5.集塵。

6.乾燥或加熱。

7.輸送——手工或機械。

8.洗滌。

這八種作業（operations）通常存在於下列工廠或製造場所：

1.金屬的製造或儲存場所。

2.穀倉作業場所。

3.麵粉工廠。

4.食品工廠（特別是糖果、可可亞等的製造和儲存）。

5.化學工廠。

6.塑膠工廠。

7.藥品製造工廠。

8.木材加工廠。

9.煤的處理場所。

這些場所是易於發生粉塵爆炸的危險場所。

作業場所中所產生的粉塵若與空氣混合，在相當侷限的空間中，達到最低爆炸濃度（minimum explosible concentration, MEC），此時萬一有發火源出現，其能量足以傳播火焰，則發生粉塵爆炸。到底有哪些發火源會在粉塵存在的場所？上述引用的Jeske和Beck統計德國於1965～1985年間發生的粉塵爆炸，得到**表6-3**這樣的結果，他們認為機械衝擊產生的火花居所有發火源之首，占四分之一以上，其次是悶燒的熱，第三位是機械摩擦產生的熱。第四位是靜電。而不明原因者常居大宗，因為爆炸不似火災，可能在短時間內燒毀殆盡，連證據都燒掉了，何處去尋物證，而人證恐也因身亡而石沉大海。拙著《工業安全（工程）》曾述及穀倉爆炸的發火源，原因不明者約占50%，居全部發火源之冠。

因各種作業場所產生的粉塵不同，且每一種粉塵的化學成分各異（例如金屬粉塵和植物粉塵不同），彼此的最低爆炸濃度自有差別（例如鋁是30g/m³，玉米是60g/m³），最低著火溫度亦迥異（例如鋁是610°C，玉米是440°C），當然這些數據仍需考量影響粉塵爆炸威力的因素（見6.3）。相對地，各種發火源產生的溫度，能量亦差別甚大（例如電氣設備產生的電弧光大大超出靜電火花），故發火源所占的百分比得視所收集的資料而定。一般而言，粉塵爆炸的發火源不外是：

1.機械衝擊火花和摩擦。

表6-3　德國的粉塵爆炸（1965～1985）：發火源所占的百分比

發火源	426次爆炸	圓筒倉	集塵器分離器	輸送機	乾燥機	混合機	研磨機	篩分
機械火花	26	16.3	41.1	25.6	0	15	89.5	16.7
悶燒	11.3	27.9	11	2.3	29.4	0	0	8.3
機械摩擦	9	3.5	6.8	25.6	2.9	25	5.3	0
靜電	8.7	2.3	9.6	18.6	5.9	45	0	16.7
火災	7.8	4.7	4.1	0	0	5	0	16.7
自然發火	4.9	2.3	2.7	4.7	14.7	0	0	8.3
熱表面	4.9	11.6	0	2.3	23.5	0	0	0
焊接切割	4.9	5.8	2	4.7	2.9	5.9	0	0
電氣設備	2.8	2.3	2	0	0	0	0	0
不明	19.5	23.3	20.7	16.2	20.7	4.1	5.2	33.3

資料來源：Jeske and Beck (1989).

2.焊接與切割。

3.靜電火花。

4.自然發火。

5.電氣火花。

6.熱表面。

7.明火（open flame）。

此外，其他可燃物的燃燒物質或閃點或外在因素（如有人燃放爆竹、煙火）亦可能成為發火源。

粉塵的最小著火能（MIE）約在10～100mJ之間（當然亦有例外，較敏感的粉塵可能在1～10mJ），比易燃性氣體之MIE（約在0.01～10mJ）大100～1,000倍左右。電氣設備產生的火花能量，遠高於10mJ。靜電火花產生的能量可視爆炸現場情況計算出來。不少國家統計的粉塵爆炸發火源常列出靜電。日本在1952～1990年間發生的粉塵爆炸，有25%是靜電火花造成的（Matsuda, 1993）。但靜電火花能否引燃粉塵仍受一些因素的影響，例如粉塵的粒徑、含水量等。

一般而言，常見的發火源通常都比粉塵的MIE高出甚多。

6.2 粉塵爆炸的基本原理與特性

粉塵爆炸定義如下：

飄浮在空氣中的細微粉塵粒子與足夠比例的氧接觸，形成可燃性的混合物，經適當能量的發火源點燃，通常發生於相當狹窄侷限的空間之內，火焰迅速傳播，燃燒的氣體向外膨脹而爆炸。

在此定義中，實已說明粉塵爆炸的基本原理或機制。任何燃燒或化學性爆炸，必須有：(1)可燃物；(2)與可燃物適當比例的氧；(3)足夠的發火源能量，這是所謂的火災三角理論。但是若只有這三個燃燒三要素，恐怕僅止於火災的燃燒反應而已。燃燒的粉塵未必有爆炸現象。要從火災演變成爆炸，最好再加上一個環境因素——某種程度的侷限性（some degree of confinement），這是形成爆炸最有利的因素或條件之一。當然在爆炸或燃燒之前，任何可燃物（如氣態易燃物的氫或液態易燃物的乙醇），包括粉塵，都必須與氧作適當比例的混合才易於進行燃燒反應，因此有人提出粉塵爆炸「五邊形」（pentagon）的看法（Kauffiman, 1982）。事實上，這種說法實無特殊新鮮之處，本書在討論各種爆炸現象那一章已比較過火災與爆炸的異同之處。然而要使粉塵爆炸，確有其殊異之處，詳言之，必須滿足下列情況：

1. 粉塵必須具可燃性（有些相當安定的氧化物不燃，如矽酸鹽，像水泥、石灰）。
2. 粉塵必須能飄浮在空氣中。
3. 粉塵粒徑分布必須能傳播火焰。
4. 懸浮的粉塵濃度必須在最低爆炸濃度（MEC）之上。
5. 發火源的能量必須在粉塵的最小著火能（MIE）之上。
6. 粉塵粒子必須與氧以適當比例混合。
7. 粉塵所處的空間必須有相當的侷限性，不論是全部或局部封閉。

粉塵的粒子、細微者如粒徑小於$5\mu m$（微米），飄浮在空中有如易燃性氣體，其比表面積（specific surface area，即總表面積除以單位體積或單位重量）甚大，與氧接觸甚易，氧化作用極為迅速，點燃所需的能量較低，約$1\sim10mJ$（圖6-2），但產生的最大壓力上升率非常高，如圖6-3中矽粉（silicon dust）

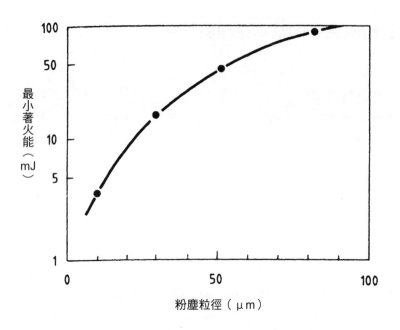

圖6-2　粉塵粒徑和最小著火能的關係

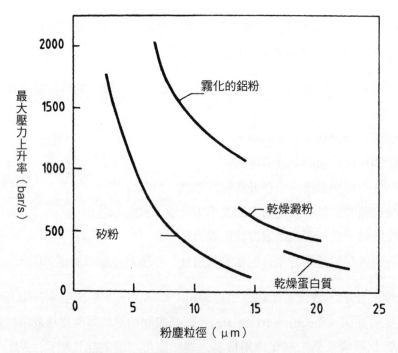

圖6-3　粉塵粒徑影響最大壓力上升率

資料來源：Eckhoff et al. (1986).

和鋁粉。雖然說這種粉塵爆炸類似易燃性氣體之爆炸，但氣體爆炸純粹是同相（homogeneous）燃燒反應，而這種粉塵爆炸卻是同相與多相（heterogeneous，或稱非均勻）併行的燃燒反應。一旦發火源接觸粒子表面，表面的部分熱分解，揮發物與氧混合而燃燒，其餘仍然固態的部分在固體與氧的界面間燃燒，換言之，同相的氣相與多相的固─氣相一併進行。有些金屬粒子粒徑小於5～10μm者，如鋁粉，經熱分解後汽化而以氣相（亦即同相）燃燒，然而其他粉塵之燃燒反應全取決於氧對於粉塵表面接觸的情況，亦即是多相反應。

　　事實上，這就是粉塵爆炸與易燃性氣體爆炸似同實異之處。氣體以分子狀態和氧進行同相反應，而粉塵的粒子較為混雜，有個別的粒子，也有凝聚成一團的現象，因此，有部分是同相的，有部分是多相的、非均勻的燃燒反應。一旦有亂流出現，影響粉塵的物理狀態（如大小、凝聚情況）較氣體為大，這也影響火焰傳播的能力。換言之，亂流影響粉塵粒子在空氣中的分布，也影響氧化反應。

　　由於粉塵與常見的易燃性氣體（如甲烷、液化石油氣）在本質上的差異，使粉塵爆炸的最小著火能（MIE）就比氣體大。粉塵的燃燒速度與爆炸壓力，壓力上升率亦不及氣體。但粉塵爆炸之後產生的能量則是氣體爆炸的數倍，對設備或人造成的傷害更形強烈，特別是金屬粉塵的溶解物和氧化物會黏附人身，造成極為嚴重的灼燒，而且有些粉塵的燃燒不完全，造成空間內布滿CO，很可能發生CO中毒。在封閉空間內的氧氣又因劇烈燃燒而耗竭，亦使人缺氧而死。

　　比較常見的篩網200目的粉塵粒子（平均粒徑74μm）在空氣中浮游，與周圍的氧接觸氧化生熱分解、揮發，其揮發成分與氧混合成易燃的混合氣體，遇發火源點燃之後產生氣相燃燒。這類粉塵所需的著火能約在10～100mJ。而比這類粉塵更粗的粒子可能因重力而堆積在結構體較水平的表面，這種粗粒粉塵未來可能成為第二次爆炸（secondary explosion），甚至是第三次爆炸的可燃物。其所需的著火能可達100～1,000mJ。

　　上述之第二次爆炸實肇因於第一次（primary）爆炸。粉塵爆炸很少發生在製程裝備之外，這與氣體的爆炸頗為不同。粉塵常懸浮在製程裝備之內，一旦有發火源點燃，即在這些設備（如斗升機、旋風分離器、混合機等）內爆炸，這就是主爆炸（或稱第一次爆炸）。主爆炸產生的爆風波引發turbulence，促使累積在附近結構體水平表面上的粉塵飛揚起來形成粉塵雲，主爆炸本身的發火

源或其燃燒生成物都可能點燃粉塵雲而發生第二次爆炸。通常第二次爆炸威力都比第一次爆炸更強。

一個濃度500kg/m³，厚度1mm的粉塵，一旦飛揚起來，可形成一個濃度100g/m³，縱深度5m的粉塵雲（見〔例一〕）。

第二次爆炸未必僅發生於離第一次爆炸不遠之處。若是粉塵輸送系統，第一次爆炸之震波或火焰可能經由管路延伸至較遠的另一個製程設備。在這種情況下，本來可能只是爆燃的爆炸會變成爆轟的大爆炸。

【例一】

今有一家煙火工廠的廠房爆炸，其爆風波使堆積已1mm高，密度達500kg/m³之鎂粉飛揚起來，平均分布在7m高的廠房中，試問鎂粉飄散後的密度為何？已知鎂粉粒徑28 μ m之最低爆炸濃度（MEC）是30g/m³，試問此密度是否足以引發第二次爆炸？

〔解〕

以下式計算：

$$C = \rho \frac{h}{H}$$

C＝飄散後的密度
ρ＝原先堆積粉塵的密度
h＝原先堆積的高度
H＝粉塵雲的縱深，即此廠房的高度
則

$$C = 500kg/m^3 \times \frac{1mm}{7m}$$

$$= \frac{500g/m^3}{7}$$

$$= 71g/m^3$$

C大於MEC，只要發火源能量大於最小著火能（通常第一次爆炸即可產生此能量），即足以引發第二次爆炸。

6.3 影響粉塵燃燒難易性與爆炸威力的因素

粉塵容易或不容易燃燒、爆炸，或者產生的爆炸威力（violence）大小，受到粉塵許多內在、外在因素的影響。內在因素如粉塵本身的化學成分、粒徑、濃度、含水量；外在因素包括氧的濃度、inert gas、發火源的能量、製程設備的容積及形狀、引燃之初有無亂流、附近是否有易燃性氣體或蒸氣存在、溫度、壓力等。以下逐一討論各項影響因素。此處所謂的爆炸威力，可以最大爆炸壓力（P_{max}）和最大壓力上升率$[(\frac{dp}{dt})_{max}]$表示。最大爆炸壓力與粉塵爆炸時釋出的燃燒熱（**表6-4**）有關，是熱力學的範疇；而最大壓力上升率與熱釋出率有關，是動力學的範疇。

6.3.1 化學成分

粉塵的種類繁多，已在6.1言及。固態的粉塵在燃燒反應之前必先熱分解，釋出的分解物才與氧進行反應。有些粉塵較純，如金屬粉塵；有些粉塵成分複雜，如細木粉。兩者的整個燃燒過程相當不同。較純的金屬粉立即和氧反應，變成金屬氧化物；而成分複雜者，先揮發的成分與氧反應，後揮發者再逐次氧化，有可能產生CO、CO_2、H_2O（steam）和一些氧化物，其中CO_2和steam對燃燒有不利的影響。

金屬粉塵氧化時，消耗掉空氣中的氧，空氣中的N_2濃度大為增加，金屬與

表6-4　各種粉塵的燃燒熱

粉塵	氧化物	KJ/mole O_2
Ca	CaO	1,270
Mg	MgO	1,240
Al	Al_2O_3	1,100
Cr	Cr_2O_3	750
Zn	ZnO	700
Cu	CuO	300
蔗糖	CO_2+H_2O	470
澱粉	CO_2+H_2O	470
聚乙烯	CO_2+H_2O	390
煤	CO_2+H_2O	400
硫	SO_2	300

N_2反應,產生大量的燃燒熱,增強爆炸威力。

各種金屬粉塵之間亦有所不同。以K、Na代替分子中的氫,會降低爆炸性,而若以Al、Ca、Zn代替氫,則提高爆炸危害性。

從**表6-4**可知金屬粉塵產生的爆炸威力大於有機粉塵或煤粉、聚乙烯等。但含有特殊原子團的物質,如疊氮化鉛、雷汞、乙炔銅、過氧化物、硝基化合物等,大大增加爆炸的風險,反之,若含有F、Cl、Br的化學成分,則降低爆炸危害。

由此看來,粉塵的易燃性與爆炸的危害性,端賴個別物質的化學組成或成分而論,似無單一適用的通則可循。

6.3.2 粒徑

粉塵的粒徑影響可燃性和爆炸威力甚大。德國一位爆炸專家W. Bartknecht言之有理:

Dust creates finer dust.(粉塵產生更細微的粉塵。)
The finer the dust, the higher the explosion hazard.(粉塵愈細,爆炸危害愈大。)

原本一大塊物料經細分後,其比表面積將大幅增加。例如一塊邊長為X的正方形體物料,其表面積為$6X^2$。將其切分為8小塊相等的正方體,每塊小正方體的表面積為$3/2X^2$,8塊的總面積變成$12X^2$。亦即切分後全部的面積加倍。若再依此方法細分,表面積將呈2^n倍數增長。

粒徑越小的粉塵,比表面積越大,越容易與氧進行燃燒反應。其爆炸威力較大。但粒徑宜在一個適中的範圍,太小或太大都不適合燃燒爆炸。太小的粒徑(如小於$10\mu m$),粉塵粒子聚集在一起形成一團的傾向越大;太大的粒徑(如大於$500\mu m$),有可能不易被點燃。大略言之,比較適合被點燃的粒徑應在$10\mu m$～$500\mu m$之間。當然,這仍視粉塵的種類而定,例如金屬粉塵的可燃粒徑比大多數有機化合物小(如澱粉、不含脂肪的蛋白質)。煤的可燃粒徑約在$50\mu m$。粒徑的大小影響最低爆炸濃度(MEC)和最小著火能(MIE)。粒徑越小,MEC和MIE越低,越易燃(**圖6-4**)。

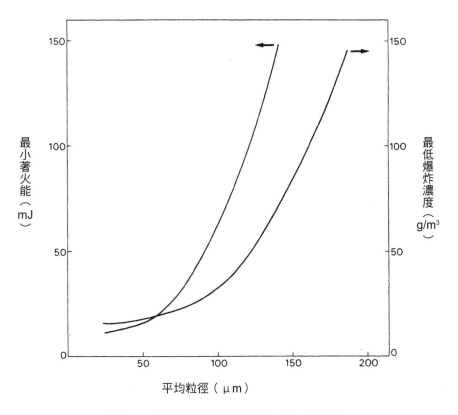

圖6-4　粒徑對聚乙烯MEC和MIE的影響

資料來源：Field (1982).

　　Eckhoff（1991）在其書中提出「有限粒徑」（the limiting partical size）的觀念，意指粉塵有一個粒徑的下限，低於此下限粒徑，則粉塵的燃燒速率或爆炸威力不會增加，MEC也不會下降。前述之適合被點燃的粒徑10μm～500μm也僅是一個通則而已，仍有例外的情況，特別是金屬粉塵，因為金屬粉塵不需像有機染料或天然有機化合物燃燒之前必須先去除揮發成分或裂解，金屬粉塵只是溶解、汽化而燃燒。以鋁為例，其比表面積6.5m^2/g時之粒徑為0.34μm，或極細薄片厚度為0.11μm，像這種形狀的粒子產生最大的爆炸威力。而超過500μm粒徑的粉塵，雖說不易被點燃（除非發火源強大，超過100mJ），仍須小心謹慎，勿輕忽為宜，終究職業災害常發生於我們難以預料的情況。

　　除此之外，粒徑減小亦增加電容量，因固體的電容是表面積的函數，表面積越大，累積的電容越高。平均粒徑降低，產生足夠強度的靜電荷以點燃粉塵的機率增加了。只要大容積的製程設備內含大量粉塵，其絕緣性良好（亦即未

有接地設施），排洩靜電的時間（即所謂relaxation time）長，就有可能累積這樣的靜電火花能量來引爆粉塵雲。

6.3.3 濃度

和氣態或液態易燃物相似，粉塵亦有爆炸上下限。但有點相異之處為：氣態或液態易燃物的UEL和LEL相當明確，粉塵的爆炸上限因粒子分布不均勻，縱使在控制的實驗室環境下量測，亦難以測得，故很少人實施測定。粉塵的LEL都稱為最低爆炸濃度（MEC），是懸浮的粒子能夠被點燃和傳播火焰的最低濃度。低於MEC時，粒子之間的距離較大，單一粒子氧化後釋出的熱不足以將火焰傳播到鄰近的粒子。相對地，在爆炸上限（約在5,000～10,000g/m^3）之上，粒子之間過於密集，氧氣難以靠近，燃燒反應難以進行。

理論上，最嚴重的爆炸效應理應發生在化學計量濃度（C_{stoich}）之時，但與氣態易燃物不同的是，粉塵爆炸燃燒過程中常存留下一些部分消耗掉的物質。火焰蔓延速度最快之時，並非在於C_{stoich}，而在C_{stoich}之上。最嚴重的爆炸危害發生於C_{stoich}數倍的濃度（即**圖6-5**之$C_{worst\ case}$處）。以含水量低的玉米澱粉為例，在常溫、常壓下，其MEC（即**圖6-5**之C_l）約為70g/m^3，$C_{stoich}=235$g/m^3，爆炸威力最大的濃度（$C_{worst\ case}$）是500g/m^3，而爆炸上限（即**圖6-5**之C_u）約在1,500～2,500g/m^{3}之間。

金屬粉塵的MEC常高於有機粉塵和煤粉。例如鋅的MEC約為500g/m^3，故可想見C_{stoich}必更高，產生最大爆炸威力的濃度又高於前兩者。

比較弔詭的問題是：粉塵濃度若超過爆炸上限，就不會爆炸了嗎？對於氣態或液態易燃物而言，常是不會爆炸的。但在作業場所中，有許多變數存在，例如發火源的能量、氧的濃度、有無易燃性氣體共同存在等因素會改變爆炸上限。比較謹慎的做法是勿使粉塵濃度超出爆炸下限值（MEC）（**表6-5**）。

6.3.4 氧的濃度

從各種火災爆炸的理論來看，氧對燃燒的影響自不待言。對懸浮在空氣中的粉塵而言，空氣中的氧含量一旦降低，最大爆炸壓力與最大壓力上升率隨之大降。Wiemann（1984）以內裝煤粉之1m^{3}的密閉容器實驗氧含量對爆炸威力

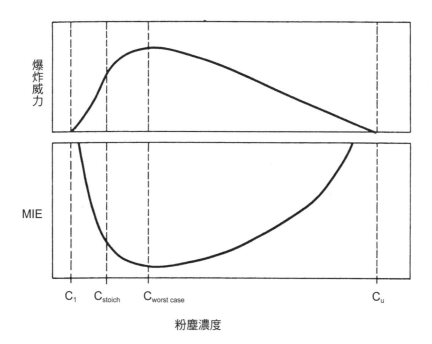

圖6-5　粉塵濃度與MIE、爆炸威力的關係

資料來源：Eckhoff (1991).

表6-5　粉塵的最低爆炸濃度（MEC）

粉塵	MEC（g/m³）
鋁（6μm）	30
乙酸纖維素	35
焦炭	140
煤（25%揮發物）	120
煤（37%揮發物）	55
煤（43%揮發物）	50
環氧樹脂	12
麵粉	50
聚乙烯	10
人造纖維	30
鋅	400

的影響，發現氧含量降低，煤粉的爆炸範圍縮小，特別是爆炸上限下降幅度較大。空氣中的氧從正常降至11.5%時，最大壓力上升率降幅在10倍以上，最大壓力下降不及2倍，顯示氧含量強烈影響燃燒過程的動力學。

如果一方面減少氧含量，另一方面增加粉塵的粒徑，則效果更顯著，例如含高揮發物之煤粉的平均粒徑若自$10\mu m$增加到$50\mu m$，氧降至15.5%，則火焰無法傳播。若再增加粒徑至$100\mu m$以上，煤粉濃度無論如何，都不會爆炸。

反之，空氣中氧含量增加，會降低粉塵的最低著火溫度和最小著火能（MIE）（圖6-6），這將使粉塵更有爆炸危險。

6.3.5 惰性氣體和墮性粉塵

惰性氣體在此係指作為滅火用途的CO_2、N_2或He、Ar等氣體，而非化學元素週期表最右側之稀有氣體。使用最普遍的滅火用inert gases是CO_2，用於滅火器和滅火系統（台灣常稱滅火設備），因其容易液化儲存。N_2亦常用於易燃性氣體和液體的儲槽，以防與O_2產生易燃性的混合氣體（flammable mixture）。He、Ar或可用之，但太貴了，除非是金屬火災，否則甚少使用。有關滅火劑方面，在本書第十一章有詳細討論。對於可燃性粉塵的稀釋，當然亦可使用CO_2

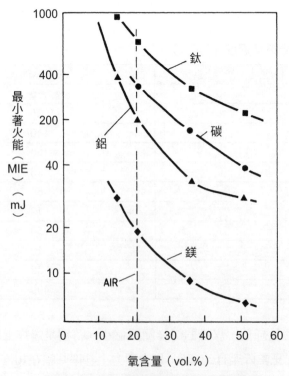

圖6-6　氧含量對MIE（mJ）的影響

和N_2，然需特別注意這兩種滅火劑不可用於金屬粉塵，因高溫的金屬（如Mg、Al）會和CO_2、N_2反應生熱，起火燃燒。作為O_2的稀釋劑，除金屬粉塵之外，CO_2和N_2皆可使用，要使用昂貴的He、Ar亦無不可。

至於使用inert dust以防爆，在煤礦業早已用之。煤礦中使用石灰石（lime stone）粉以稀釋空氣中的O_2，必須添加相當大的重量，例如在煤粉與石灰石粉的混合物中，石灰石粉的重量至少需達70%或80%以上才能防爆，但在實務上不易達成。對於煤礦以外的作業場所，好此道者不多。

在粉塵作業場所中加入inert物質，可減低爆炸壓力上升率，提高MEC。

6.3.6 粉塵粒子中的含水量

粉塵粒子有濕氣（moisture），亦即含有水分子，一旦受熱，立即變為steam，而成為抑制燃燒反應的inert gas。水分子汽化過程中吸熱，有冷卻效果，濕氣也會增加粒子間的凝聚力，粒子易混成一團，這都會對引燃敏感度與爆炸威力有不良影響。

粉塵粒子中的濕氣會提高最小著火溫度，例如，乾的麵粉的最小著火溫度是440°C，若含14%的濕氣，將提高到470°C；乾的澱粉的最小著火溫度是400°C，若含13%的濕氣，將提高到460°C。

從實務言之，增加粒子中的含水量並不能作為有效的防爆措施，因為多數發火源的熱能超過濕氣中水分子汽化所需的熱甚多。

6.3.7 發火源的能量

點燃粉塵的能量與粉塵的種類、濃度、粒徑大小、同相混合或異相混合有關。發火源的能量越大，粉塵與氧的燃燒反應速率增強，這對爆炸壓力和壓力上升率有提升效應。通常粉塵的爆炸多是爆燃而已，但如果在狹長的管路之內爆燃，管路的長度與直徑比達數十倍以上，很可能演變成爆轟。

6.3.8 製程設備的容積

依據「立方根定律」：$(dp/dt)_{max} \cdot V^{1/3} = K_{st}$，最大壓力上升率與製程設備的容積呈反比，亦即對同一粉塵而言，內含粉塵的容器之容積變小時，最大

150

壓力上升率變大；反之，容器的容積變大時，最大壓力上升率變小。而不論容積如何變化，最大爆炸壓力（P_{max}）仍維持不變。**圖6-7**為煤粉爆炸的P_{max}（約7bar）與容器容積之關係。**圖6-8**為煤粉爆炸時（dp/dt）$_{max}$隨容積而變（Bartknecht, 1981）。

6.3.9 製程設備的形狀

　　一般而言，圓柱形或長筒形的製程設備產生的最大壓力上升率和最大爆炸壓力大於球形設備容器所產生者。初壓（initial pressure）越大時，產生的爆炸壓力差異越大。

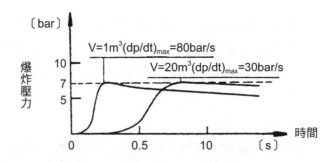

圖6-7　煤粉爆炸壓力與容器容積的關係

資料來源：Bartknecht (1981).

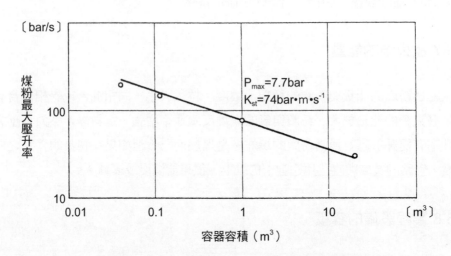

圖6-8　煤粉（dp/dt）$_{max}$與容器容積的關係

資料來源：Bartknecht (1981).

6.3.10 引燃之初有亂流

　　亂流在此意指因空氣異於靜止的狀態，不論藉由製程設備所引起或燃燒氣體向外膨脹擴散所引起，致粉塵雲內外快速不規律擾動的情況。製程設備如混合機、濾袋、氣動輸送設備、斗升機、旋風分離器、空氣噴射研磨機等皆能產生亂流，促使粉塵飛揚，形成粉塵雲。另一方面，爆炸本身因燃燒氣體受熱膨脹，向外擴散，不論在製程設備內激盪或衝出設備外碰到障礙物（如牆、柱或其他設備），皆引發亂流。

　　亂流會使得高溫已燃或正在燃燒的部分與未燃燒部分混合。粉塵雲內外的空氣擾動，粒子表面和氧較有接觸機會，促使氧化反應較易遂行，爆炸威力將會增強。對於亂流與爆炸威力的關係，研創立方根定律的德籍教授Bartknecht（1971）使用儀器測試，發現當亂流使粉塵與空氣混合達到最密切之時再予點火，可獲得最大的爆炸威力（**圖6-9**）。

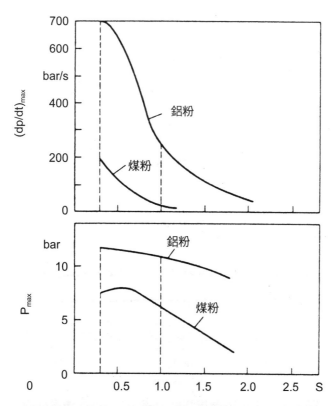

圖6-9　亂流使粉塵分布，隔約0.6秒後再予點火，可得最大爆炸威力

資料來源：Bartknecht (1971).

6.3.11 粉塵與易燃性氣體或蒸氣共同存在

　　眾所周知的煤礦坑爆炸，煤粉是大家立即想到的可燃物，但是另有一種易燃物是我們比較料想不到的，就是甲烷。

　　類似煤礦這種作業場所，除了必須處理的粉塵之外，尚有其他易燃性的氣體或液體的蒸氣出現，也許是意外出現，也可能是設計上之必要。這種情況，似乎越來越多，例如食品飼料工業，處理黃豆時可能出現己烷；塑膠工業，處理聚苯乙烯，可能出現戊烷；或填充粉塵進入內含易燃性溶劑的容器。

　　易燃性氣體或蒸氣的出現，對粉塵的燃燒性質產生的影響程度，依氣體或蒸氣的性質與濃度而定。從不少實驗研究可知：易燃性氣體或蒸氣，大大提升粉塵的易燃性與爆炸威力。最低爆炸濃度（MEC），最低著火溫度，最小著火能（MIE）都降低了，而且最大爆炸壓力上升率升高了。這類研究包括：煤粉與甲烷；PVC粉與甲烷；穀物粉塵與熏蒸劑；聚乙烯、聚丙烯、鐵粉與丙烷等。其中研究報告最多的首推煤粉與甲烷的研究。自**圖6-10**可知PVC粉的K_{st}從

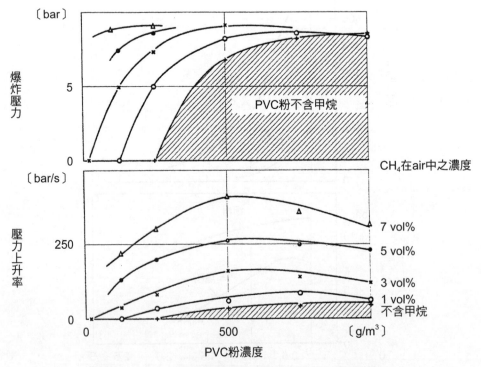

圖6-10　PVC粉塵爆炸威力隨CH_4的不同濃度而變

資料來源：Bartknecht (1981).

0變成1、2、3（隨著甲烷的濃度從0增至1%、3%、5%、7%而變），而P_{max}雖有變化，但差異不大。

由目前已知的研究報告可得下列結論：

1.可燃性粉塵與易燃性氣體、蒸氣和空氣混合發生爆炸，其威力大於只有粉塵和空氣的混合情況。縱使易燃性氣體、蒸氣濃度低於其爆炸下限。這是因為易燃性氣體的燃燒速度增加，造成爆炸壓力和壓力上升率增加。

2.粉塵與易燃性氣體的混合物（hybrid mixture）的著火溫度和能量低於只有粉塵的情況，因易燃性氣體的著火溫度和能量常低於可燃性粉塵。

3.粉塵與易燃性氣體的混合物之最低爆炸濃度（MEC）低於只有粉塵之情況，即使易燃性氣體的濃度低於其MEC亦然。

4.未達爆炸濃度（non-explosible concentration）的可燃性粉塵與未達爆炸濃度的易燃性氣體混合，可變成具有爆炸性的混合物。

5.更令人驚訝的是——粒徑大到無法在空氣中爆炸的粉塵，只要易燃性氣體出現，就可能爆炸，縱使氣體濃度低於其MEC之下亦然。

6.3.12 粉塵雲的初溫

粉塵雲一開始時的溫度（初溫）增加，則其MEC減低。初溫增加則最大爆炸壓力（P_{max}）下降，因在一定的初壓下，每單位體積的粉塵雲的氧濃度，隨著初溫的增加而降低。

6.3.13 粉塵雲的初壓

從Bartknecht、Wiemann等人的研究可知，粉塵雲的初壓之大小與最大爆炸壓力（P_{max}）成正比。促成P_{max}的粉塵濃度也差不多與初壓成正比。這表示粉塵與空氣達到某一比例會產生最有效的燃燒；此一觀點與本書在討論三角理論（第二章）時的看法一致。而且，最大壓力上升率亦隨著初壓的增加而上升（圖6-11）。

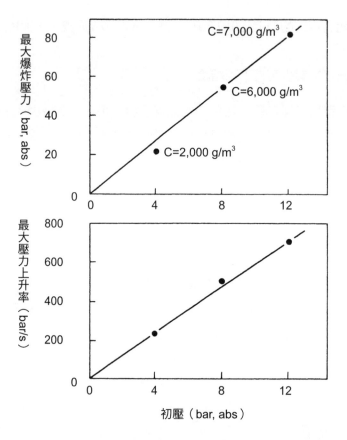

（註）試驗容器：15l，煤粉粒徑：100μm

圖6-11　初壓對P$_{max}$和（dp/dt）$_{max}$之影響

資料來源：Pedersen and Wilkins (1988).

 6.4 粉塵爆炸性測試與爆炸危害等級

　　自二十世紀初已有一些國家評估各種可燃性粉塵的爆炸危害。美國政府礦務局自1910年成立以來，即進行粉塵的易燃性和爆炸性研究。一開始針對煤塵，自1936年之後則擴及農業、工業及其他作業場所的粉塵。測試方法也迭有更新改進。英國也在二十世紀初即進行煤粉的爆炸研究，之後在測試方法和設備裝置都類似美國，但近年來推陳出新，以便研究結果能運用於防爆設備設計實務之上。其他國家如德國、荷蘭、法國、瑞士、紐澳、俄羅斯、挪威，甚至中國，也都有進行類似的測試和研究。

6.4.1 Hartmann管

粉塵爆炸性（explosibility）測試最早採用的裝置是Hartmann立管（vertical tube），可以說1980年以前的一大堆測試數據幾乎全來自於Hartmann立管（圖6-12），此立管是由1.2公升（0.0012m^3）的垂直鋼管、電極（產生電氣火花）或電氣加熱的線圈和下面的粉塵樣本杯，壓縮空氣輸送管所組成。試驗時，粉塵樣本被壓縮空氣吹起，分布於發火源之上。爆炸的強弱由火焰之有無、火焰向上燃燒蔓延的情況以及立管頂端之蓋子向上移動的角度予以判定。例如縱使頂端一邊固定的蓋子未向上移動，只要火焰向上蔓延超過立管長度的一半，即可判定為st1（即K$_{st}$在0～200 bar • m/s）。上述的發火源即為電氣火花（由10kv高伏特變壓器發出）和電熱線圈（亮紅熱，溫度約1,000°C）。

類似Hartmann立管的測試裝置尚有水平（臥式）管和立式的點火器（in-flammator）。以上這三種測試裝置對於粉塵分布和亂流不易提供均勻一致的情況。再者，因鋼管具有冷卻效果，使得燃燒速度和壓力上升速度比真實情況較低；最小著火能有高估的情況；火花點火的時間不易控制。這些都是這類裝置

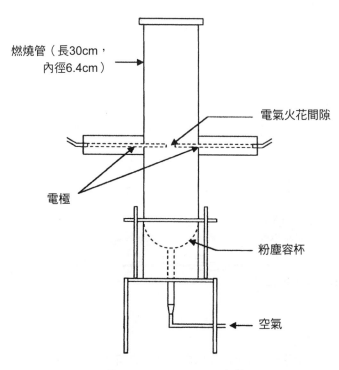

燃燒管（長30cm，
　　內徑6.4cm）

電氣火花間隙

電極

粉塵容杯

空氣

圖6-12　Hartmann立管

需要改進的地方。

6.4.2 1m³和20公升球形槽

　　1970年之後，瑞士在W. Bartknecht領導之下，開創使用容積較大的球形（spherical）測試容器（vessel）。經過廣泛的測試1～60m³球形密閉容器之後，Bartknecht發現較小的測試裝置，如Hartmann裝置，對於最大壓力上升率相當低估，特別是發火源能量弱的時候更形嚴重。Bartknecht建議使用1m³的測試裝置，因其最能反映真正的爆炸情況，所得的數據能運用於作業場所之防爆設計或設備。而能夠符合立方根定律之最小的容器體積是20公升（0.02m³）。因為發火源的能量大小，影響爆炸的嚴重性甚大，故他強調使用化學引爆器（chemical detonator）作為發火源，使用10KJ的能量，如果使用以前常用的電氣火花，則爆炸嚴重性被低估不少。至今此立論已在歐美各國受到肯定，美國NFPA粉塵防爆標準亦以此為基礎；美國測試材料學會（ASTM）亦然。

　　圖6-13為國際標準組織（International Standardization Organization, ISO）設計的1m³球形密閉容器。它使用半圓形，上有小洞口以噴出粉塵的管子。試驗粉

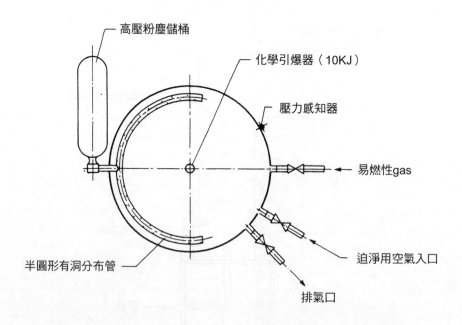

圖6-13　國際標準組織（ISO）設計使用的1m³球形密閉容器

資料來源：ISO (1985).

塵則儲存在以空氣加壓至20bar的5公升儲桶。加壓粉塵經由小洞口噴出後產生亂流，隔約60ms〔此即為標準點燃延遲時間，（standard ignition delay time）〕之後，使得粉塵與空氣均勻混合達適當比例，再使用10KJ的化學引爆器點火，經由石英製壓力感知器（pressure sensor）測得最大壓力與壓力上升率。

圖6-14為20公升球形爆炸測試裝置，為目前容積最小，可用以決定粉塵的爆炸特性數據，並根據這些數據運用立方根定律，直接應用到容積較大的設備上。這種容積20公升（0.02m³）的不鏽鋼外殼，其內環繞一層水，藉以密切控制測試溫度。在將粉塵噴入球形槽之前，槽內壓力是0.4bar（abs），以空氣加壓的粉塵容器內的壓力為21bar（abs）。粉塵噴出分布球形槽之後，隔了60ms（即標準點燃延遲時間），讓亂流得以充分使粉塵與空氣混合達適當比例，再點燃10KJ的化學引爆器。此一延遲時間必須準確掌握，否則K_{st}值就會變更，整個爆炸數據〔即P_{max}、$(dp/dt)_{max}$等〕隨之變更。

不論1m³或20公升測試球形槽所測試的粉塵粒徑都小於$63\mu m$，其濕度含量小於10%。測試所得的最大爆炸壓力（P_{max}）些微被低估。兩種球形槽測試所得

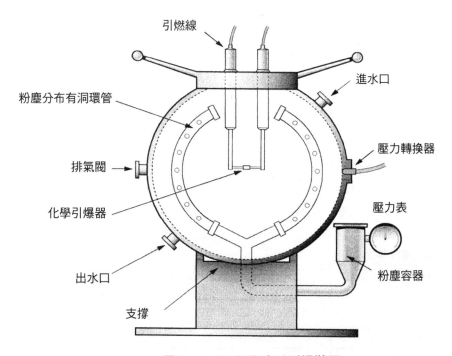

圖6-14　20公升球形測爆裝置

資料來源：HSE (2003).

的K_{st}值相同。依據K_{st}的相對大小,將粉塵爆炸危害等級分成ST 0、1、2、3(**表6-5**)。

直到今日,1m³與20公升球形槽測試裝置已成為主流,而過去早期自Hartmann立管所測得的爆炸數據在業界的實用性雖然仍有,但不多。

值得注意的是,1m³和20公升球形槽所測得的粉塵爆炸危害性數據亦不可盲目使用。它比較適用於類似球形的製程設備,對於設備的長度與直徑比(L/D)大於5者,則不適用,例如圓筒倉或狹長的管路。

6.4.3 英國的爆炸性測試與危害等級

大略言之,英國在1980年之前,大都使用Hartmann裝置實施測試;1980年之後,使用球形槽測試的日漸增加。英國政府安全衛生署(HSE)標準的爆炸性測試採用Hartmann立管。從立管中看到火焰傳播,即判定該粉塵為Group A;而未見火焰傳播者,則屬於Group B粉塵。這種粉塵的爆炸性分類方式,只是定性的評估而已,未顯示粉塵的爆炸性危害等級,如**表6-5**。在此再依英國政府的規章(HSE, 2002)定義其粉塵分類如下:

1.Group A:在立管測試中,被點燃且傳播火焰的粉塵。
2.Group B:在立管測試中,未傳播火焰的粉塵。

6.4.4 美國的爆炸性測試與危害等級

美國內政部礦務局自成立以後,即對可燃性粉塵進行易燃性與爆炸性的測試(Jocobson et al., 1961)。一開始所使用的測試裝置與Hartmann裝置略有不同,但以後逐漸修改,幾乎與Hartmann立管相同。

表6-5 粉塵爆炸等級

粉塵爆炸等級	K_{st}(bar・ms⁻¹)	特性
ST 0	0	不爆炸
ST 1	0～200	weak
ST 2	200～300	strong
ST 3	＞300	very strong

註:此分類等級為NFPA(1978)和德國VDI 3673(1979)所採用。

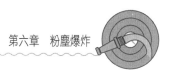
　　礦務局認為粉塵的易燃性與其自燃溫度、最低爆炸濃度和最小著火能有關，而爆炸危害的嚴重程度則與P_{max}和（dp/dt）$_{max}$有關。使用匹茲堡煤粉作為標準，以此來與其他粉塵比較燃燒爆炸特性。其所選用的標準粉塵的燃燒爆炸數據如下：

最小著火溫度（即自燃溫度）：610℃。

最小著火能（MIE）：60mJ。

最低爆炸濃度（MEC）：55g/m^3。

最大爆炸壓力（P_{max}）：5.7bar。

最大壓力上升率（dp/dt）$_{max}$：159bar/s。

　　這種匹茲堡粉塵含有37%的揮發性物質。不論標準粉塵或其他粉塵，兩相比較的濃度都一致，為500g/m^3。**表6-6**為礦務局的爆炸性危害等級計算及分類方式。計算公式如下：

$$爆炸性指數 = 引燃敏感度 \times 爆炸嚴重性$$
$$（index\ of\ explosibility）（ignition\ sensitivity）（explosion\ severity）$$

$$引燃敏感度 = \frac{粉塵的最小著火能（MIE）\times 最低爆炸濃度（MEC）\times 自燃溫度（AIT）}{試料粉塵的MIE \times 最低爆炸濃度（MEC）\times（AIT）}$$

$$爆炸嚴重性 = \frac{試料粉塵最大爆炸壓力 \times 最大壓力上升率}{粉塵最大爆炸壓力（P_{max}）\times 最大壓力上升率}$$

〔說明〕：此式所謂粉塵，係指Pittsberg coal dust，是作為比較標準的粉塵；所謂試料粉塵（sample dust）係指其他各種粉塵，如玉米、大豆、小麥、燕麥等粉塵。

表6-6　粉塵爆炸性危害等級

爆炸性危害等級	引燃敏感度	爆炸嚴重性	爆炸性指數
弱	＜0.2	＜0.5	＜0.1
中	0.2～1.0	0.5～1.0	0.1～1.0
強	1.0～5.0	1.0～2.0	1.0～10
極強	＞5.0	＞2.0	＞10

美國這種評估粉塵危害程度的方法與德國、瑞士所採用的K_{st}方式比較起來，似乎有點過時，顯然有些缺點：

1.所評估的粉塵濃度皆限定為500g/m³。然而不少粉塵的最大爆炸壓力和壓力上升率卻都不一定在500g/m³。因此無法呈現其他粉塵的最大危害值，換言之，爆炸危害的嚴重性被低估。

2.無法提供業界在防爆設計和設施之參考，例如洩爆裝置。因此NFPA未採用之。

6.5 粉塵爆炸的預防

有關於火災、爆炸的危害分析、風險評估、預防措施與控制設備、設計，本書將在第九、十章詳細討論。至於相當重要的發火源方面，已在第三章詳述。在此僅簡略說明，提到一些綱要以及闡述本書較不涉及的安全管理或安全工程可資防範粉塵爆炸的方法或策略。

6.5.1 危害分析與風險評估

預防粉塵火災爆炸，首重作業場所、作業活動和危害原因（來源）之詳細分析。這類危害分析可參考作業性質相似且曾發生災變的事故紀錄資料。特別注意哪些製程設備會發生事故，哪一類作業方式較易發生，發火源是哪一種，這都可由統計資料得知。

有可能產生粉塵的作業場所應依其危害程度分級，再配合安全管理和工程技術進行預防性的管理措施和控制。例如將粉塵作業場所分成三級，依其危害性由高而低分類：

1.空氣中布滿粉塵，形成粉塵雲的情形不斷或常常發生，或長時間發生。
2.在正常操作情況中偶爾有發生粉塵雲形成。
3.在正常操作情況中不太可能發生粉塵雲形成。萬一發生，也維持不久。

如果是屬於上列第一級的作業場所，自應予以嚴密監控，例如實施較密集的粉塵堆積檢查，工人亦需自動檢查，整理整頓、嚴格禁煙，實施動火許可審

查，研討可能存在的發生源。然後進一步評估：萬一發生火災爆炸，人、機器設備、作業環境或物料會遭受哪些傷害及損毀？其嚴重性如何？已實施的預防與控制措施有哪些？是否足以防範事故發生？仍需再實施哪些措施？

6.5.2 粉塵爆炸的預防措施

經過這樣的危害分析與風險評估之後，管理階層應設法降低風險而採取下列預防措施。

(一)消除發火源

1. 任何人不得在粉塵作業場所吸菸，嚴守安全工作守則。
2. 發火源原本就來自於製程設備者，如熱表面、自行發熱、悶燒處、放熱反應、機械火花、靜電等，應定期加強清理整頓（housekeeping），檢查異常噪音。
3. 使用適當的電器設備和線路，例如符合NFPA Class II規範，專用於防粉塵引燃（dust ignition-proof）與粉塵不能自電氣設備外洩（dust-tight）者。
4. 嚴格實施動火許可制度（hot work permit system）。
5. 控制靜電發生，例如接地、連結、使用靜電消除器等。
6. 控制機械摩擦和火花，必要時進行停機檢查。
7. 使用分離裝置以清除能夠點燃粉塵的異物。例如使用永久磁鐵分離器。
8. 熱表面和加熱設備上不可有粉塵。
9. 使用適當的工業用貨卡車。
10. 使用適當的工具。
11. 對於機器設備實施預防性維護保養。

(二)防範粉塵雲的形成

除非積極有效的防範粉塵雲的形成，否則在一般撙節成本的操作環境，粉塵的濃度常高於最低爆炸濃度（MEC）。

1. 為防範更激烈的二次爆炸，任何可能堆積粉塵的水平表面必須設法避免。例如橫樑、管路、窗台上的粉塵必須常常清理。建築物結構上可不必用水平表面者，增加其斜度。德國VDI規範窗台斜度為60°。天花板和

牆必須光滑，粉塵不易附著，且易於清理。

2.使用合乎規格的真空吸塵器，其馬達不可接觸粉塵。勿使用掃帚或壓縮空氣，以免粉塵飛揚。

3.NFPA 654建議粉塵堆積厚度不宜超過0.8mm，覆蓋範圍不可超過建築物地板面積的5%。

4.不易靠近清理之處需予封閉並安裝集塵系統，並妥善設計、操作和維護，例如濾袋。

5.防止粉塵逸出擴散、分布最有效的方法之一是使用完全密閉的製程設備。

6.訂定完善的清理整頓計畫並嚴格執行（可參考NFPA 654或專業機構準則）。

7.採用的製程設備在處理、運送粉塵時，能使粉塵濃度低於最低爆炸濃度（MEC）。選用適當的乾燥機、混合機可達成此一目標。

(三)惰氣化

在密閉的粉塵製程設備（如乾燥機、研磨機、穀倉）之內，有時會加入 CO_2、N_2、水蒸氣或稀有氣體（如He、Ar），或煙氣（flue gas），使氧含量下降至無法傳播火焰的濃度，此即惰氣化（inerting）。這是相當有效也較貴的防火防爆方法。在易燃性氣體或液體的儲槽中加入N_2已行之有年。而在粉塵製程設備中選用哪一種inert gas，需考量其反應性和降低氧濃度的能力。就降低氧濃度的能力而言，以CO_2最佳、水蒸氣次之、N_2再次之，稀有氣體最差。然而在金屬粉塵的環境，卻不可使用CO_2和N_2。CO_2會和金屬激烈反應，有些金屬會在N_2中燃燒。比較CO_2和N_2的使用效果，CO_2降低的O_2含量比N_2多2%。

美國的經驗法則是：

$$O_n = 1.3O_c - 6.3$$

式中O_n和O_c分別代表N_2和CO_2防止燃燒爆炸的最高氧濃度（體積百分比）

一般而言，防止大多數粉塵燃燒爆炸的氧濃度，使用CO_2時是8～15%；而使用N_2時則為6～13%。換言之，使用CO_2 inerting時，製程設備內的氧濃度多了約2%（與使用N_2相比）。**表6-7**是使用CO_2 inerting時，最大容許氧濃度（maximum permissible oxygen concentration）。如果使用**表6-7**所列的最大容許氧濃度來防止引燃，則必須保留2%的安全空間，例如若採用的最大容許氧濃度是12%，則製程設備的氧濃度必須維持在10%之下。設備內氧濃度必須不斷監控，一旦氧濃度升高，必須立即輸入inert gas降低氧濃度。這一套inerting系統必須維持高可靠度，否則所費不貲且可能意外洩漏，致人窒息而死。而此系統的可靠度繫於：電子控制系統的可靠度、感知器（sensor）的校正、inert gas供給無虞等等因素。

亦有使用其他非可燃性粉塵作為稀釋劑者，例如使用碳酸鈣或岩石粉（rock dust），但多用於礦業而少用於一般事業單位。

(四)修改或變更製程設備

粉塵爆炸源自製程設備或作業場所累積的粉塵超過最低爆炸濃度（MEC）。若製造生產過程中會產生大量粉塵，潛藏的危險就在其中，必須設法修改部分的製造程序或完全變更替換。此時可能需考量可行性、生產成本、事故成本等現實問題。若能解決這些問題，則「本質較安全的設計」（inherently safer design）觀念可應用來防範粉塵爆炸。這個觀念有四大基石：

表6-7　以CO_2作為稀釋劑防止引燃時，最大容許氧濃度

粉塵	最大容許氧濃度（vol.%）
玉米	11
澱粉	12
蔗糖	14
甲硫胺酸	15
硫氮雜蒽（殺蟲劑）	17
柳酸	17
焦碳	17
壬二酸	14
木質素	17
酚	16
硬橡膠	15
縮醛樹脂	11
乙酸纖維素	11
環氧樹脂	12

資料來源：摘取自NFPA 69。

1.intensification（強化或減量）：使用、處理、儲存較少量的危險物，如果此危險物無法避免。

2.attenuation（弱化）：在較不危險的情況下（如較低的溫度、壓力、較弱的發火源等）使用、處理、儲存危險物，或將危險物變成較安全的狀況。

3.substitution（取代）：以低危害物質、製程或程序代替高危害物質、製程或程序。

4.simplification（簡化）：製程與設備越簡單，越可靠、失誤越少、越省事、成本越低。

應用這四種方法的例子：

1.如果可行，將粉塵打濕，做成糊狀、膏狀、小丸狀，則爆炸風險可完全消除。

2.以N_2取代air作為輸送氣體。

3.使用cyclone填充穀倉，勿使用輸送帶倒入頂部開放的製程設備，或將袋裝物大量倒進製程儲桶之內。

4.輸送粉塵以較低的流動速度進行使較少粉塵飛揚。

5.濕式集塵機較乾式為佳。

6.以托盤（tray）式乾燥機取代流體床（fluid bed）式乾燥機。

6.6 粉塵爆炸的防護

萬一發生粉塵爆炸，若無任何內建的protection設計或設備，傷亡財損將更為慘烈。本書將在第十章就此方面詳細討論，在此僅簡略說明一些綱要。

6.6.1 圍堵（containment）

設計結構堅強的製程設備，萬一發生爆炸，能夠抵擋強大的爆炸壓力，特別是對抗最大壓力上升率的暴衝。一般粉塵爆炸的最大壓力約在7～10bar。就成本考量而言，大型的設備比較不適合做這種抗壓（pressure resistance）結構強

度。圍堵設計適用於：

1. 小型設備，如研磨機。
2. 處理的物品相當珍貴。
3. 處理的物品毒性較高。
4. 發生粉塵爆炸的機率較低。

這類結構形狀最好是球形或圓形，避免正方形或長方形。特別注意進出料處和接合處，可能形成弱點。

6.6.2 爆炸阻隔設備（explosion barrier equipment）

為了防止爆炸壓力和火焰沿著設備或設備與設備之間的管路蔓延，造成第二次爆炸，不少這類阻隔設計應運而生。

(一)旋轉閥（rotary valves）或阻塞裝置（choke devices）

旋轉閥（圖6-15）常用來控制粉塵的輸送。如果要作為防爆用途，以防堵壓力波的傳送，其翼片（blade）必須堅固，且不致變形。其與外殼的間隙越小越好，滅火效果越佳。金屬製的翼片在爆炸後停止轉動。

螺旋輸送機（screw conveyor）的擋板（baffle plate）（圖6-16）可防止火焰蔓延，是一種阻塞裝置。

(二)快速動作閥（rapid action valve）

快速動作閥有多種閥的型式，圖6-17是其中一種滑動（slide）式的閥。其閉合時間甚快，約25ms，常安裝在5～10m長的管路之內。有個爆炸偵測器安裝在可能成為發火源的地方，一旦發生火災爆炸，偵測到壓力波或光波而啟動壓縮氣體鋼瓶，以氣體推動將閥關閉，可防堵火焰和壓力波。

(三)快速動作阻隔閥（rapid action barrier valve）

快速動作阻隔閥（圖6-18）的閥體是個浮球，平時是水平的。一旦發生火災爆炸，壓力或感光偵測器偵測到壓力或火焰之後，立即打開高壓N_2鋼瓶，以N_2將水平的浮球打成關閉狀態。

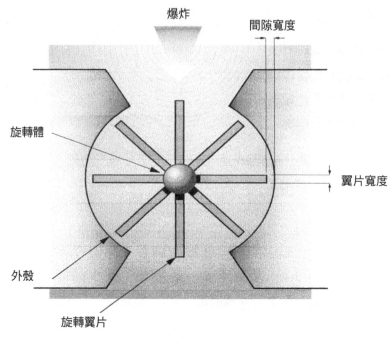

圖6-15　旋轉閥

資料來源：HSE (2003).

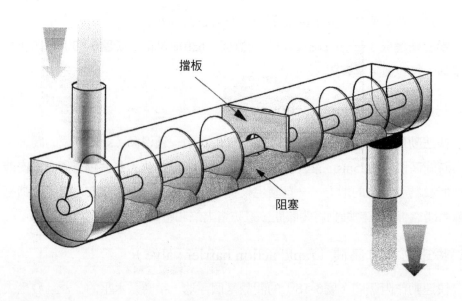

圖6-16　螺旋輸送機上的防爆擋板

資料來源：HSE (2003).

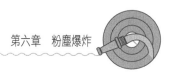
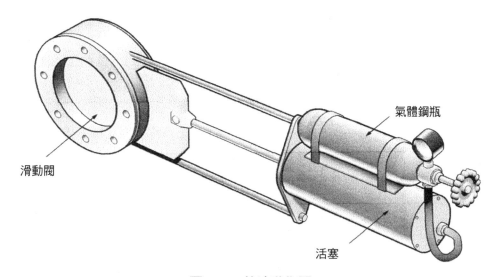

圖6-17 快速動作閥

資料來源：HSE (2003).

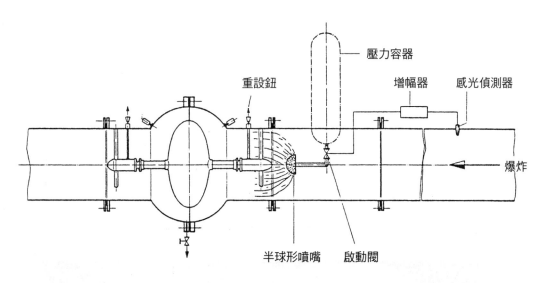

圖6-18 快速動作阻隔閥

資料來源：Bartknecht (1981).

(四)抑制劑阻隔器（suppressant barrier）

上述四種阻隔裝置可防止火焰蔓延，杜絕連鎖效應，但未消滅火焰。抑制劑阻隔器（**圖**6-19）則使用滅火劑（即抑制劑）在爆炸之初消滅火焰。通常裝設在管徑小於或等於2,500mm，5～10m長的管路中。所需抑制劑的量依其種類與管路斷面積而定，一般而言，斷面積每平方公尺約需20～100kg抑制劑。**圖**6-19中所謂之焰鋒為一團火焰的前端之意。一旦火焰自發火源蔓延，偵測器立即開啟抑制劑滅火。抑制劑可使用各種適合的滅火劑，依粉塵種類而定。

6.6.3 爆炸抑制系統（explosion suppression system）

這種抑制爆炸系統（**圖**6-20）在燃燒爆炸初期，利用火焰蔓延速度遠低於壓力波前進速度這一顯著的特性，藉由壓力偵測器，開啟抑制劑（即滅火劑）鋼瓶予以滅火。此滅火系統所保護的製程設備在爆炸壓力達0.1bar，甚至低至0.05bar之時，即可設定為啟動壓力，這是設備所能容忍的壓力。

抑制劑可使用各種滅火劑，但需審慎評估使用哪一種滅火劑對付某一類粉塵。抑制劑鋼瓶有5、20、45公升裝三種，其內以N_2加壓至60bar或120bar兩種高

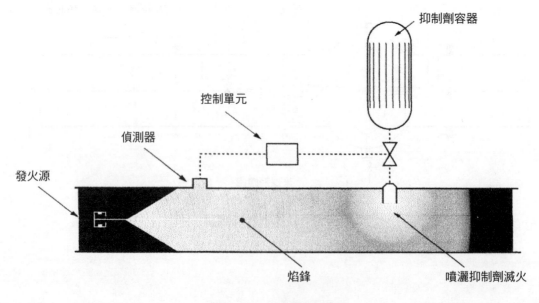

圖6-19　抑制劑阻隔器

資料來源：HSE (2003).

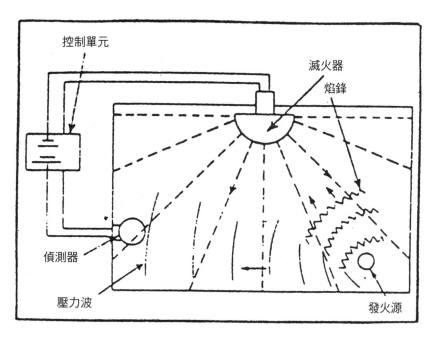

控制單元

滅火器

焰鋒

偵測器

壓力波

發火源

圖6-20　爆炸抑制系統

壓。60bar的高壓滅火器使用3吋連接閥，而120bar的滅火器使用3/4吋閥。這種高壓必須維持，若低於此壓力，則滅火劑噴出時間延後（即開啟時間延後），將使製程設備內的壓力（即所謂的reduced explosion pressure，簡稱P_{red}）增加而危及所要保護設備的安全。常用的滅火器鋼瓶較小者為半球形，較大者為球形和高速排放儲桶（high rate discharge bottle）。本書在第十章有較詳細的討論。

6.6.4 洩爆設計與裝置（explosion venting）

降低粉塵爆炸後不良後果的防護裝置之中，最常用、最方便與最便宜經濟的方法就是在製程設備或建築物安裝洩爆裝置。爆炸後的不良後果，除了火災燃燒所引起之外，即為超壓所造成的破壞。若能將爆炸壓力控制在製程設備的設計強度之下，則傷亡、損毀以及可能發生的第二次爆炸將得以減免。此為洩爆設計與裝置值得採用的立足點。

(一)計算洩爆面積

談到洩爆裝置，常會考量其洩爆面積（vent area）的大小，以便及時將爆炸

壓力和迅速燃燒、膨脹的可燃物（不具毒性）儘速排出於製程設備之外。目前有多種方法可計算洩爆面積，一類為實證（empirical）方法（**表6-8**），例如德國W. Bartknecht所研發，NFPA 68所採用的計算圖（nomograph）（**圖6-21**）或NFPA計算低強度構造物（如建築物）的公式；另一類為理論方法，例如Rust、Heinrich等人的方法（IChemE, 1984）。眾說紛紜，為最大爭論所在。

考量洩爆面積的大小需先瞭解影響粉塵爆炸威力的因素（即6.3所述者，如粉塵濃度、初溫、初壓、亂流、發火源的強弱、有無易燃性氣體存在等）；製程設備的設計強度、大小和形狀；洩爆口的封蓋（vent closure）；設備的內在阻礙；洩爆管（vent duct）的形狀和長度等。原則上，洩爆面積寧可大一些，製程設備與其強一些總比較符合安全需求。

表6-8　計算洩爆面積的方法

實證方法	1.計算圖（符合立方根定律） 2.vent ratio法，$f = \dfrac{A_v}{V}$　式中 f＝vent ratio，A_v＝vent area，V＝容器容積 3.K factor法，$K = \dfrac{A_c}{A_v}$，$A_c = L_1 L_2$，K＝vent係數，A_c＝設備最小的斷面積， L_1、L_2為設備最小的兩邊 4.NFPA公式 (1)適用於低強度構造物，如建築物 $\quad A_v = \dfrac{CA_s}{P_{red}^{0.5}}$，$C$＝係數，$A_s$＝建築物內部總面積 (2)適用於高強度構造物，如壓力容器 $\quad A_v = aV^{2/3}K_{st}^{\,b}P_{red}^{\,c}$ $\quad a = 0.000571\exp(2P_{stat})$，$b = 0.978\exp(-0.105P_{stat})$， $\quad c = -0.678\exp(0.226P_{stat})$ 5.Runes方法 $\quad A_v = \dfrac{CA_c}{(\Delta P)^{1/2}}$，$C$＝Runes常數，$\Delta P$＝爆炸超壓
理論方法	1.Heinrich方法 $A_v = \dfrac{V^{2/3}V_L^{\,1/3}(dP_{ex}/dt)\,P_{red}V_L}{C_d(2RT/M)^{1/2}P_{red}^{\,1/2}(P_{red}-P_a)^{1/2}}$，$V_L$＝測試容器的容積，$P_{ex}$＝爆炸所生的壓力 C_d＝排放（discharge）係數，M＝gas的分子量 T＝燃燒氣體的絕對溫度，P_a＝大氣壓力 2.Rust方法 $A_v = \dfrac{KF(P_{max}V)^{2/3}K_D^{\,1/3}}{P_{red}^{\,1/2}}$ K＝常數（＝8.35×10^{-5}），F＝非球形容器的形狀係數 K_D＝測試時壓力上升所得的爆炸參數

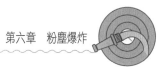

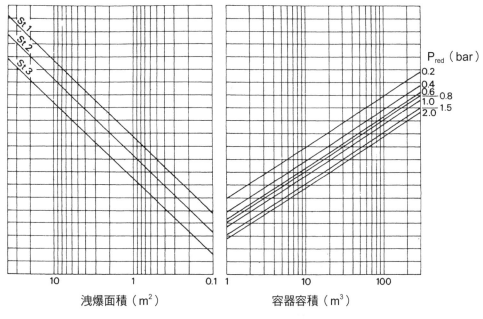

圖6-21（A）洩爆面積計算圖

註：1.P_{red}：洩爆裝置打開後，設備內可達到的最大容許壓力。

2.vent release (opening) pressure：打開洩爆裝置的壓力：0.1bar。

3.發火源：弱。

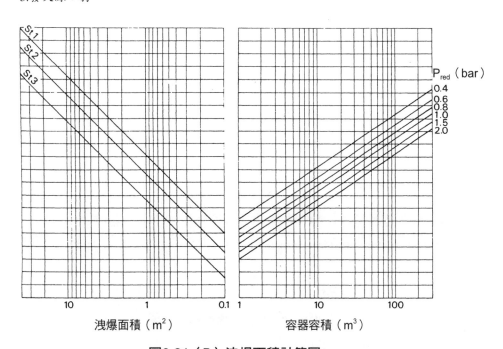

圖6-21（B）洩爆面積計算圖

註：1.vent opening pressure: 0.2bar。

2.發火源：弱。

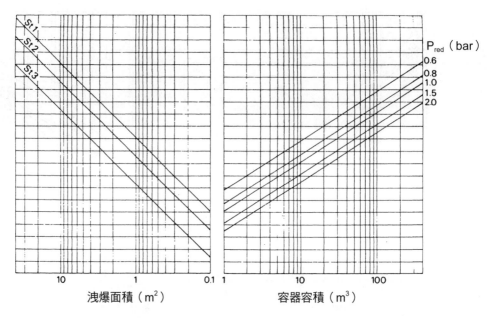

洩爆面積（m²）　　　　　　　容器容積（m³）

圖6-21（C）洩爆面積計算圖

註：1.vent opening pressure: 0.5bar。

2.發火源：弱。

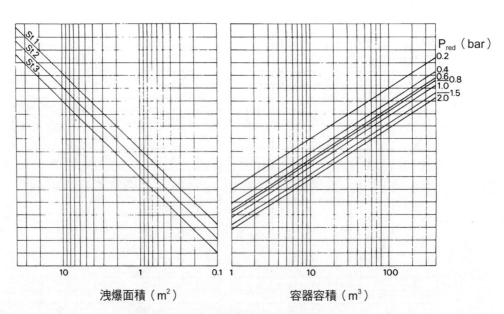

洩爆面積（m²）　　　　　　　容器容積（m³）

圖6-21（D）洩爆面積計算圖

註：1.vent opening pressure: 0.1bar。

2.發火源：強。

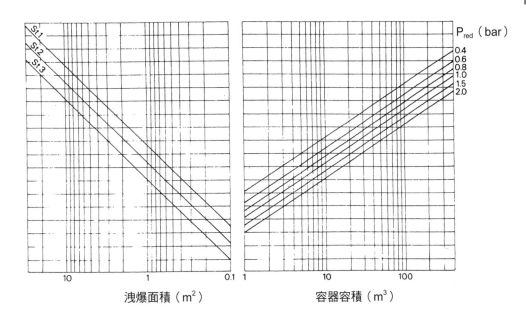

圖6-21（E）洩爆面積計算圖

註：1.vent opening pressure: 0.2bar。

　　2.發火源：強。

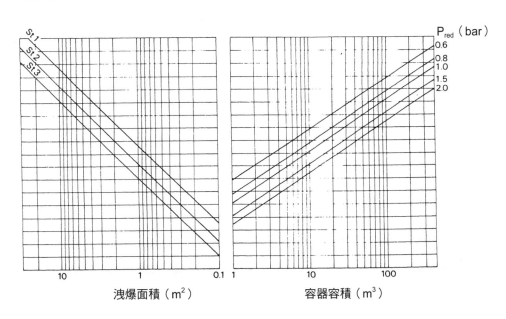

圖6-21（F）洩爆面積計算圖

註：1.vent opening pressure: 0.5bar。

　　2.發火源：強。

【例二】

設某台噴霧式乾燥機長6m，直徑2m，為預防爆炸所造成的傷亡損失乃裝設洩爆用的破裂盤（bursting disk），以防爆炸壓力超過0.2barg。則洩爆面積至少多大才安全？

〔解〕

使用K factor方法

$$K = 0.8 + 4\,P_{red}$$
$$= 0.8 + 4\,(0.2)$$
$$= 1.6$$

$$K = \frac{A_c}{A_v}$$

$$1.6 = \frac{(3.1416)\,(1m)^2}{A_v}$$

$$A_v = 1.96m^2 \simeq 2m^2$$

【例三】

某製程設備長6m，寬2m，高4m，為預防爆炸之不良後果乃裝設洩爆裝置（未接裝洩爆管），以防爆炸壓力超過0.1barg。vent ratio使用$1/6m^{-1}$。求洩爆面積。

〔解〕

$$vent\ ratio = \frac{A_v}{V}$$

$$1/6m^{-1} = \frac{A_v}{(6 \times 2 \times 4)m^3}$$

$$A_v = 8m^2$$

【例四】

設處理鎂粉的製程設備為高強度構造物：

1.若發生爆炸，其爆炸危害等級為St3

2.其容積＝30m³

3.初壓＝1atm≃1bar

4.發火源能量：強

5.vent opening pressure（即P_{stat}，打開洩爆裝置的壓力）=0.1bar

利用計算圖求洩爆面積以防設備內的壓力超過0.4bar。

〔解〕

使用圖6-21（D），從圖右下邊30m³處往上直畫至P_{red}0.4bar之處相交，再往左邊水平畫至St3相交，最後往下直畫至左下vent area處，得洩爆面積4.5m²。

【例五】

設上題（第四例）中的爆炸危害等級K_{st}達430bar/sec・m，求該設備的洩爆面積。

〔解〕

$A_v = aV^{2/3}K_{st}{}^bP_{red}{}^c$

$a = 0.000571e^{(2P_{stat})}$

$b = 0.978e^{(-0.105P_{stat})}$

$c = -0.678e^{(0.226P_{stat})}$

則$a = 0.000571e^{(2\times0.1)} = 0.000571\times1.22 = 6.9662\times10^{-4}$

$b = 0.978e^{(-0.105\times0.1)} = 0.978\times0.9896 = 0.9678$

$c = -0.678e^{(0.226\times0.1)} = -0.678\times1.0229 = -0.694$

$A_v = 6.9662\times10^{-4}（30）^{2/3}（430）^{0.9678}（0.4）^{-0.694}$

$= 4.5m^2$

這一例題的K_{st}若改成320bar/sec・m，亦即同是St3等級，則A_v約為3.4m²，差異頗大。

根據多人的研究（Lees, 1996; Lunn, 1984），有幾項值得在此摘記如下：

1.vent ratio法對爆炸壓力有高估之嫌，而K factor法則相反，有低估之嫌。

2.計算圖法原本就用於德國、瑞士。對於德、瑞兩國的高強度設備結構較

適合，對於其他國家使用低強度結構的設備較不適合。其低發火源的計算圖預測較準確，但低估爆炸壓力。Eckhoff認為在大多數工業製程，粉塵爆炸產生的爆炸壓力低於計算圖所應用的爆炸壓力，其所算出的A_v大了一些，恰好可作為安全係數之用。

3.K_{st}方法算出的A_v比實驗測得的值大3倍以上。

(二)洩爆管

洩爆裝置最好不要裝設洩爆管，除非有其必要，例如把燃燒中的物質排到安全的地方，不致傷害人畜或鄰近設備引發第二次爆炸。為何最好勿裝設洩爆管？因為洩爆管會導致設備內的壓力大增，特別是導管越長，爆炸壓力增加越快，恐危及設備的安全。下列為安裝洩爆管的原則：

1.導管越短越好，不宜超過3公尺。

2.宜用直管，不宜彎曲。

3.非不得使用彎管，彎曲角度越小越好。

4.導管的斷面積宜與洩爆板相同。

5.圓形的管狀最佳，有助於氣體流動，並降低阻力。

6.導管的形狀需一致，勿有變化。

7.其強度應足以抵抗洩爆時的壓力。

(三)洩爆口的封蓋

計算洩爆面積時除了考量有無洩爆管之外，亦需衡量洩爆裝置的封蓋。前面計算圖談到打開洩爆裝置的壓力（vent opening or release pressure）所指的即是打開封口蓋所需的壓力，也就是計算公式所謂的P_{stat}。

當然，最有效的洩爆裝置是開放性的（open），沒有任何阻礙，但會造成爆燃的作業很少在開放性的作業場所為之。而為了防止風灌入、動物進入、灰塵、髒物（如樹葉、雜草等）或濕氣吹入等造成的汙染，仍需設置封蓋。

洩爆口的封蓋宜：

1.能在越低壓開啟越好。

2.沒有配重、構造宜輕、慣性（inertia）宜低。

3.在設定開啟壓力下迅速開啟，排除粉塵與燃燒生成物。

4.強度足以抵抗正常操作壓力和正常之壓力波動。

5.能抵抗正常操作溫度和其他狀況。

6.安全，不可變成危險的拋射物。

　　封蓋之選擇依設備容器的種類、操作狀況、限制條件和成本而定。封蓋的種類繁多，各有其優劣及適用情況。

◆破裂盤（bursting or rupture discs）或爆破片（diaphragm）

　　洩爆用的圓形盤（disc）或方形板（panel），或有細裂縫（slot）的金屬薄膜（membrane）都屬於這一類。其構造材料有牛皮紙、蠟紙、塑膠紙、塑膠布、橡膠纖維、鋁箔、PVC、聚苯乙烯、石墨、不鏽鋼等。各種破裂盤或洩爆板（explosion vent panel）的性質、強度、適用的壓力、成本等各不相同。選用時宜與專業廠商研討。

　　破裂盤有多種，主要是向前動作（forward acting）型（**圖6-22**）、逆向動作（reverse acting）型（**圖6-23**）和石墨（**圖6-24**）破裂盤。

　　洩爆板有多種固定方式（**圖6-25**），如夾墊（clamping gasket）、鎖鏈、彈簧夾（spring clip）和閂（latch）、永久磁鐵以及防洩爆板成危險射出物設計的籠狀（cage）防護物。

　　近年來不少廠商生產高品質的金屬薄膜。其上有對角線刀切條紋，一旦爆炸壓力向外衝擊，薄膜就向外伸展擴張而被撕裂。複合細縫（composite-slot-ted）式薄膜常以不鏽鋼材料製造，操作溫度會影響其爆破壓力。

◆洩爆門（explosion door）

　　常以鉸鏈、彈簧、電磁固定的防爆門（**圖6-26**）最好能旋轉90°。固定的力量最好是門重（≦10kg/m²）的數十倍（例如70倍），如此才能維繫且不致於倒塌傷人。一旦燃燒的氣體冷卻，只要關閉洩爆用的門即可防止空氣進入製程設備之內，以免引發再次的燃燒、爆炸。

◆維護注意事項

　　1.操作進行中勿實施檢查或維護。

　　2.定期檢查其堪用情況，有破損者需予以更新。

　　3.檢查彈簧夾、閂、鎖鏈、墊子等，清理或潤滑。

　　4.檢查洩爆裝置粉塵堆積情況並清除之。

圖6-22　向前動作破裂盤

圖6-23　逆向動作破裂盤

圖6-24　石墨破裂盤

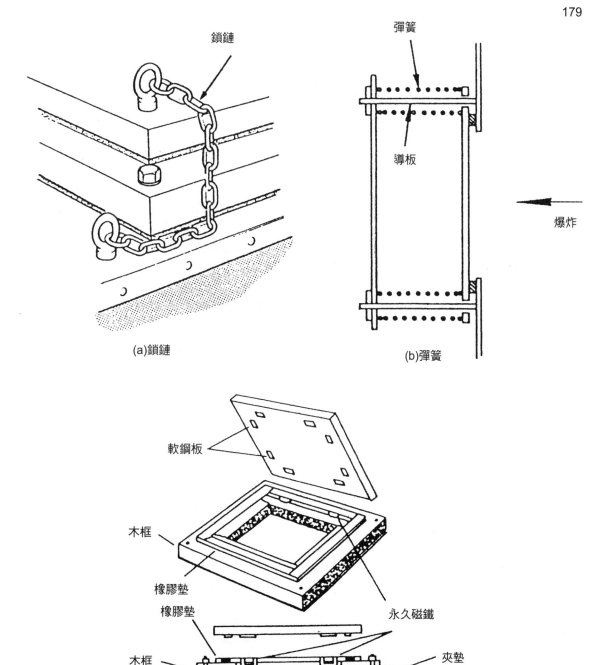

(a)鎖鏈

鎖鏈

彈簧

導板

爆炸

(b)彈簧

軟鋼板

木框

橡膠墊

橡膠墊

木框

永久磁鐵

夾墊

(c)永久磁鐵

圖6-25　洩爆板固定器

圖6-26　洩爆門

資料來源：Mikropul Ducon Ltd.

(四)洩爆口的位置

　　洩爆裝置的排放位置需仔細選擇比較安全衛生的地點。急洩而出之燃燒中的高熱物質與爆風波對人或物都可能造成重大傷亡或財產損失，或引發更嚴重的第二次爆炸。洩出的火焰長度最多可達15m或製程設備容積立方根之10倍距離〔即（$V^{1/3}$）×10〕。故洩爆口與鄰近建築物、設備、設施的安全距離需納入考量。

參考文獻

1. 台灣礦坑災變——Yahoo！奇摩部落格

2. Eckhoff, R. K., *Dust Explosion in the Process Industry*. Butterworth-Heinemann, 1991.

3. Jeske, A. and Beck, H., Evaluation of Dust Exploion in the F. R. of Germany, *EuropEx Newsletter*, 1989.

4. HMSO, Dust Explosion in Factories, *Health and Safety at Work Booklet No. 22*. 1975.

5. Matsuda, T., Dust Explosion Incidents in Japan, Proceedings of the Second IUPAC Workshop on Safety in Chemical Production. Yokohama, p. 256, 1993.

6. Eckhoff et al., Ignitability and Explosibility of Silicon Dust clouds, *J. Electrochem. Soc.* 133, 1986.

7. Kauffiman, C. W., *Agricultural Dust Explosion in Grain Handling Facilities in Fuel-Air Explosion*. University of Waterloo Press, Canada, 1982.

8. Field, P., *Dust Explosion*. Elsevier Oxford, 1982.

9. Ballal, D. R., Ignition and Flame Quenching of Quiescent Dust Clouds of Solid Fuels, In *Proc. Roy. Soc*. London, July. 1979.

10. Bartknecht, W., *Explosion*. Berlin, 1981.

11. Pedersen, G. H. and Wilkins, B. A., Explosibility of Coal Dust and Coal Dust/Limestone Mixtures at Elevated Initial Pressures. Report No. 88/02101, Bergen, Norway, 1988.

12. HSE, *The Dangerous Substances and Explosive Atmosphere Regulations*. 2002.

13. Jocobson, M. et al., Explosibility of Agricultural Dust, US Bureari of Mines, R1 5753 Washington, 1961.

14. NFPA 69. 1985.

15. HSE, *Safe Handling of Combustible Dust: Precautions Against Explosions*. 2003.

16. IChemE, *Guide to Dust Explosion Prevention and Protectin*, Part-1 Venting, 1984.

17. Lees, F. P., *Lee's Loss Prevention in the Process Industries, Vol. 2*. London, 1996.

18. Lunn, G. A., *Venting Gas and Dust Explosions-A Review*. IChemE, 1984.

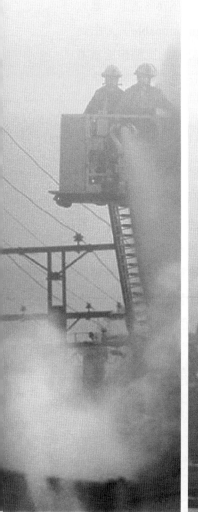

7.1 易燃性界限

　　易燃的氣體、液體的蒸氣或粉塵與空氣的混合氣體（可簡稱為flammable fuel-air mixture）之燃燒只有在被發火源點著，且混合氣體的組成落在某一濃度範圍，才會發生。此一濃度範圍可稱為易燃範圍（flammable range）或稱爆炸範圍（explosive range）。此範圍之下限稱之為易燃性（或「爆炸」）下限〔lower flammable（or explosive）limit〕，簡寫為LFL或LEL；此範圍之上限稱之為易燃性（或「爆炸」）上限〔upper flammable（or explosive）limit〕，簡寫為UFL或UEL。這上下之界限值是為易燃性界限（limits of flammability）或爆炸界限（limits of explosion）。然而，粉塵的爆炸上下限有其特殊性，其爆炸下限常稱為最低爆炸濃度（MEC）。氣體和液體的爆炸界限常以體積百分比表示，而粉塵則以mg/l或g/m³表示。例如氫的爆炸界限是4～76%，而煤粉（含37%揮發物）的MEC是55g/m³。從氫的爆炸上下限可知氫在4%之下和76%之上的濃度不易燃燒（爆炸）。在4%之下，氫的濃度太稀薄（too lean）；在76%之上，氫太多了（too rich），同時空氣中的氧不足，才導致不燃（nonflammable）。由此可見，就混合氣體（mixture）而言，可燃物（fuel）與空氣之間的比例需恰當才易燃。一般而言，在上下限之間的最中央處最易燃，例如氫的濃度在40%時，最易燃，亦即（4＋76）÷2＝40%。

7.2 爆炸範圍的測定

　　上一小節所言的氫之爆炸範圍4～76%是實驗室的測定值。不同的測定裝置或方法，可能產生不同的爆炸範圍。迄今有多種不同的測定方法，然而目前最可靠的爆炸範圍數值可能來自美國礦務局所做的測定。雖然有人批評其測定裝置不太方便，有一些缺點，但其測定結果仍是備受肯定與採用（**表7-1**）。

　　美國礦務局所使用的測定裝置如**圖7-1**所示，主要有一個硬質玻璃製垂直圓筒（tube），長1.5公尺，內徑5公分。圓筒的底部下端緊貼著蓋板（cover plate）。在筒內先後導入所要測定的易燃性氣體或液體的蒸氣和空氣，使筒內的氣壓達一大氣壓力，再藉由循環泵浦（circulation pump）充分攪拌易燃性的

表7-1　可燃性氣體和蒸氣的爆炸界限

分類		可燃性氣體	分子式	分子量M	發火溫度（℃）	爆炸界限（vol%）		爆炸界限（mg/1）		危險程度 H
						下限x_1	上限x_2	下限y_1	上限y_2	
無機化合物		氫	H_2	2.0	585	4.0	75	3.3	63	17.7
		二硫化碳	CS_2	76.1	100	1.25	44	40	1,400	34.3
		硫化氫	H_2S	34.1	260	4.3	45	61	640	9.5
		氰化氫	HCN	27.0	538	6	41	68	460	5.8
		氨	NH_3	17.7	651	15	28	106	200	0.9
		一氧化碳	CO	28.0	651	12.5	74	146	860	4.9
		硫化碳	COS	60.1	—	12	29	300	725	1.4
碳氫化合物	不飽和	乙炔	C_2H_2	26.0	335	2.5	81	27	880	31.4
		乙烯	C_2H_4	28.0	450	3.1	32	36	370	9.3
		丙烯	C_3H_6	42.1	498	2.4	10.3	42	180	3.3
	飽和	甲烷	CH_4	16.0	537	5.3	14	35	93	1.7
		乙烷	C_2H_6	30.1	510	3.0	12.5	38	156	3.2
		丙烷	C_3H_8	44.1	467	2.2	9.5	40	174	3.3
		丁烷	C_4H_{10}	58.1	430	1.9	8.5	46	206	3.5
		戊烷	C_5H_{12}	72.1	309	1.5	7.8	45	234	4.2
		己烷	C_6H_{14}	86.1	260	1.2	7.5	43	270	5.2
		庚烷	C_7H_{16}	100.1	233	1.2	6.7	50	280	4.6
		辛烷	C_8H_{18}	114.1	232	1.0	—	48	—	—
	環狀	苯	C_6H_6	78.1	538	1.4	7.1	46	230	4.1
		甲苯	C_7H_8	92.1	552	1.4	6.7	54	260	3.8
		二甲苯	C_8H_{10}	106.1	482	1.0	6.0	44	265	5.0
		環己烷	C_6H_{12}	82.1	268	1.3	8	44	270	5.1
碳氫化合物以外之有機化合物	含氧	環氧乙烷	C_2H_4O	44.1	429	3.0	80	55	1,467	25.6
		乙醚	$(C_2H_5)_2O$	74.1	180	1.9	48	59	1,480	24.2
		乙醛	CH_3CHO	44.0	185	4.1	55	75	1,000	12.5
		糠醛	C_4H_3OCHO	96.0	316	2.1	—	84	—	—
		丙酮	$(CH_3)_2CO$	58.1	538	3.0	11	72	270	2.7
		乙醇	C_2H_5OH	46.1	423	4.3	19	82	360	2.7
		甲醇	CH_3OH	32.0	464	7.3	36	97	480	3.9
		乙酸戊酯	$CH_3CO_2C_5H_{11}$	130.1	399	1.1	—	60	—	—
		乙酸乙烯酯	$CH_3CO_2C_2H_3$	86.1	427	2.6	13.4	93	480	4.2
		乙酸乙酯	$CH_2CO_2C_2H_5$	88.1	427	2.5	9	92	330	2.6
		乙酸	CH_3COOH	60.0	427	5.4	—	135	—	—
	含氮	吡啶	C_5H_5N	79.1	482	1.8	12.4	59	410	5.9
		甲基胺	CH_3NH_2	31.1	430	4.9	20.7	63	270	3.2
		二甲基胺	$(CH_3)_2NH$	45.1	—	2.8	14.4	52	270	4.1
		三甲基胺	$(CH_3)_3N$	59.1	—	2.0	11.6	49	285	4.8
		丙烯腈	CH_2CHCN	53.0	481	3.0	17	66	380	4.7
	含鹵素	氯乙烯	C_2H_3Cl	62.5	—	4.0	22	104	570	4.5
		乙基氯	C_2H_5Cl	64.5	519	3.8	15.4	102	410	3.1
		甲基氯	CH_3Cl	50.5	632	10.7	17.4	225	370	0.6
		二氯乙烯	$C_2H_4Cl_2$	99.0	414	6.2	16	256	660	1.6
		甲基溴	CH_3Br	94.9	537	13.5	14.5	534	573	0.07

註：1. $y = MX/2.4$，M＝分子量。

　　2. $H = (x_2 - x_1)/x_1 = (y_2 - y_1)/y_1$。

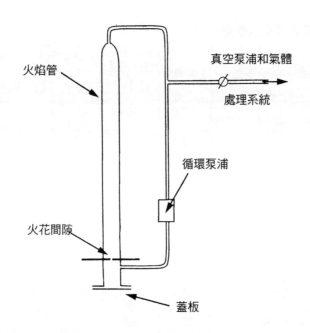

圖7-1　美國礦務局測試氣體和蒸氣爆炸界限之裝置

資料來源：Coward and Jones (1952).

混合氣體。然後抽離底部的蓋板，立刻以電氣火花或其他發火源點燃混合氣體。如果產生火焰，且火焰向上蔓延（upward propagation）至少75公分，則稱此混合氣體為易燃。

　　這項測定常在一大氣壓力（1atm）和常溫（25°C）下，使火焰向上蔓延。當然亦可以在不同的壓力、溫度下進行，火焰蔓延方向亦可使之向下或水平，甚至加入惰氣，如CO_2、N_2、steam、He等觀察之。

7.3 影響爆炸範圍的因素

　　現有的爆炸範圍是在1atm，25°C，玻璃管徑5公分火焰向上蔓延的情況所得的實驗值。如果這四個狀況一旦改變，則爆炸上下限必然隨之而變。事實上，影響爆炸界限的因素不少，其中較著者有下列因素：

7.3.1 氧的濃度

　　前文提到CH_4的爆炸下限約在5%，低於5%時，因CH_4濃度太低，即使氧的濃度相當足夠，仍不利於燃燒爆炸，故增加或減少氧之濃度，幾乎未改變爆炸下限。CH_4的爆炸上限約在15%，高於15%時，CH_4的濃度變高，相對地，氧的濃度變低，氧氣不足以供應燃燒爆炸，此時，若在現場輸入氧，使氧的濃度升高，則有可能燃燒爆炸。假設在空氣中的氮氣全部被抽離，CH_4在純氧的環境中被引燃，則爆炸上限會由15%上升到60%。

7.3.2 惰性氣體的濃度

　　在此言惰性氣體，係指滅火用的inert gas，而非指化學元素週期表最右邊之氦、氖、氬等稀有氣體。雖說這些稀有氣體具有滅火作用，因其太貴而少用。常用於滅火者如CO_2、N_2、steam（水蒸氣）等，才是在此欲討論的inert gas。

　　在密閉的火災現場，灌入inert gas，將使空間內的氧濃度下降，可燃物因缺氧而無法進行氧化反應，可燃物的爆炸界限逐漸縮小，上下限最後相遇（**圖7-2**），火焰終於熄滅。由**圖7-2**可知CO_2以較低的濃度即可滅CH_4的火災，其次為steam，再次之為N_2及He。亦即就以降低氧濃度為滅火手段而言，滅火效果依序為CO_2＞steam＞N_2＞He。若以熱容（thermal capacity）而言，CO_2的熱容較其他三種inert gas高（**表7-2**）。此外，**表7-3**僅比較CO_2與N_2在空氣中所需的滅火濃度。

7.3.3 設備的大小

　　美國礦務局測定易燃性氣體或蒸氣所使用的玻璃管之內徑為5公分。如果其直徑小於5公分，則易燃性fuel-air mixture所生的火焰會受到管壁的淬火作用（quenching effect）而降低火焰的溫度，以致於無法蔓延。原則上，直徑越小的管路，其消滅火焰的效果越強。火焰的對流熱接觸管壁內側而喪失，工業界常利用此原理設計消焰器（flame arresters）和防爆型（explosion proof）的電氣設備。消焰器的隙縫比淬火直徑（quenching diameter）至少需小50%以上。防爆型的電氣設備的安全間隙（safe gap）比消焰器之隙縫更小，以防爆炸的火焰在

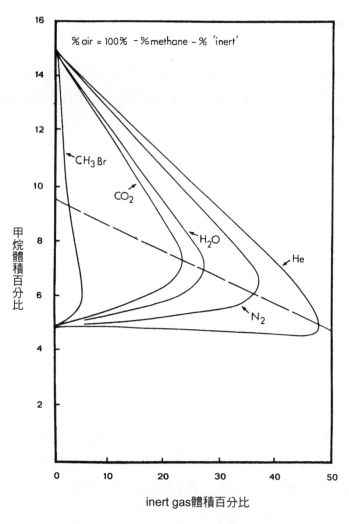

圖7-2 各種inert gas對爆炸範圍的影響

資料來源：Drysdale (1985).

表7-2 常見氣體的熱容（在1,000K）

氣體	C_p（J/mol.K）
CO_2	54.3
H_2O（水蒸氣）	41.2
N_2	32.7
O_2	34.9
He	20.8

表7-3　比較在空氣中滅火所需的CO_2與N_2濃度

易燃物	CO_2（%）	N_2（%）
CH_4	24	38
C_2H_6	33	46
C_3H_8	30	43
C_4H_{10}	28	41
C_5H_{12}	29	43
C_6H_{14}	29	42
C_2H_4	41	50
C_3H_6	30	43
C_6H_6	32	45

設備之內傳播蔓延。有關於消焰器的滅火設計，本書將在第十章詳論。

　　圖7-3顯示管徑越小，CH_4的爆炸範圍越縮小；反之，管徑越大，CH_4的爆炸上下限逐漸擴大，而且下限擴大的幅度小於上限。通常在較大的管路，火焰蔓延速度較快。

7.3.4 火焰蔓延的方向

　　火焰在不受人為操控的環境中常呈現向上蔓延傳播的現象，這是因為受熱空氣密度較低，產生浮力所致，若在屋內房間，則產生對流。美國礦務局設計

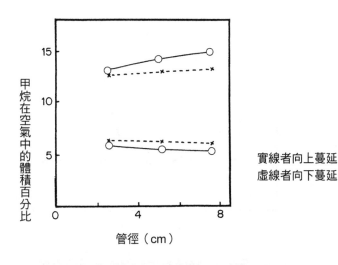

圖7-3　管徑大小和火焰蔓延方向對爆炸範圍的影響

資料來源：Linnett and Simpson (1957).

的測定裝置亦使火焰向上延伸，如此所測得的爆炸範圍較廣，如**圖7-3**所示。相反地，火焰如果向下蔓延（例如廢氣燃燒塔萬一發生回燃，亦即火焰自頂端向下燒到底部），會使爆炸範圍變小。

7.3.5 壓力

爆炸範圍受到壓力的影響。大氣壓力平時正常的變化對爆炸範圍沒有顯著的影響。大氣壓力若大幅度變化，則依涉及的化學品之性質而改變爆炸界限。

在低於一大氣壓力（1atm）的情況下，若降低壓力，爆炸範圍會縮小（即LEL上升，UEL下降），直到上、下限相碰在一起，flammable mixture變成non-flammable。此減壓效應從**圖7-4**可知。

相反地，若從一大氣壓力開始增壓，將擴大爆炸範圍，可由**圖7-5**看出，此效應在爆炸上限比爆炸下限顯著。對一些碳氫化合物而言，增壓常造成UEL異常提高，產生冷焰（cool flame）區。例如CH_4，在200atm時，爆炸範圍從1atm之5～15%變成4～60%。

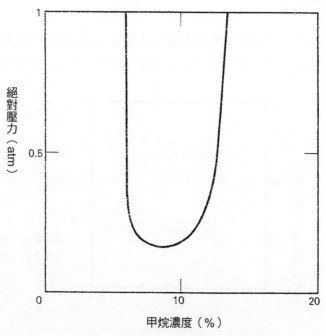

圖7-4　降低壓力對爆炸範圍的影響

資料來源：US Bureau of Mines (1952).

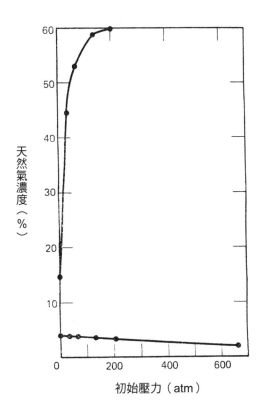

圖7-5 增加壓力對爆炸範圍的影響

資料來源：Zabetakis (1965).

7.3.6 溫度

爆炸界限也受溫度影響。增加溫度常使爆炸範圍擴大（**圖7-6**）。在正常周圍的情況下，溫度增加，原本非可燃性的fuel-air mixture，可能變為可燃。由**圖7-6**可知溫度增加，易燃性的蒸氣在濃度較低時，可以使火焰傳播過起初nonflammable的混合氣體，而變成flammable。依據Burgess-Wheeler定律，復經Zabetakis等人之修正，不同溫度對爆炸上下限的影響可得下列兩式：

$$LEL_t = LEL_{25} \left[1 - 0.75 \left(t - 25\right) / \triangle Hc\right]$$
$$UEL_t = UEL_{25} \left[1 + 0.75 \left(t - 25\right) / \triangle Hc\right]$$

式中，LEL_t和UEL_t，分別為在t℃時的爆炸下限和上限

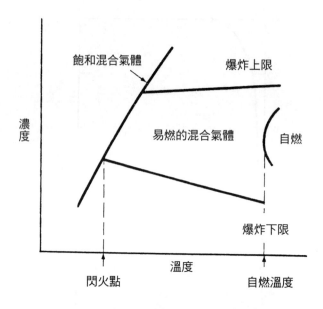

圖7-6　溫度對爆炸範圍的影響

LEL$_{25}$和UEL$_{25}$，分別為在25℃時的爆炸下限和上限

△Hc是燃燒熱（kcal/mol）

此外，同樣地，Zabetakis等人（1959）修正Burgess-Wheeler定律，又發展下列我認為較可靠的實證關係式：

LEL$_t$＝[1－0.000721（t－25）] LEL$_{25}$

UEL$_t$＝[1＋0.000721（t－25）] UEL$_{25}$

若以H$_2$為例，在t＝50°C時，LEL$_t$可得3.9%，UEL$_t$為77.4%（假設LEL$_{25}$＝4%，UEL$_{25}$＝76%）。

7.3.7 引燃能

在常溫常壓下，原本不燃的混合氣體，只要引燃能（ignition energy）夠大，使混合氣體的溫度升高，火焰亦會傳播蔓延。**圖7-7**比較丙烷在引燃能為10焦耳和100焦耳時的爆炸範圍，顯然引燃能在100焦耳時，縱使周圍大氣壓力在

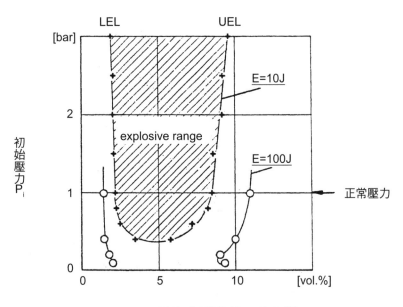

圖7-7　引燃能對爆炸範圍的影響

1atm之下（1bar與1atm相近），仍然易燃，而在10焦耳時，壓力在0.4bar之下，就不燃了。引燃能增加，爆炸下限略為下降，爆炸上限上升較顯著。**表**7-4是甲烷在正常壓力下，爆炸上下限的變化。

其他影響爆炸範圍的因素尚有亂流，不再贅述。

表7-4　甲烷的爆炸範圍隨引燃能之大小而變

引燃能（J）	LEL（%）	UEL（%）
1	4.9	13.8
10	4.6	14.2
100	4.25	15.1
10,000	3.6	17.5

 7.4 估算爆炸範圍

一般常見的各種物質的爆炸範圍大多來自美國礦務局的測定值（US Bureau of Mines, 1952）。以下列舉一些公式計算各種混合物、氣體、蒸氣、粉塵的爆炸上下限。唯以這些公式計算出來的上下限與測定值可能略有出入。讀者使用

這些公式需注意其適用的狀況或條件。

7.4.1 估算混合物

第一，使用Le Chatelier law（1981）估算空氣中數種易燃性氣體或蒸氣的混合氣體之爆炸範圍。

$$LEL = \frac{100}{\dfrac{P_1}{LEL_1} + \dfrac{P_2}{LEL_2} + \cdots\cdots + \dfrac{P_n}{LEL_n}} \quad (vol.\%) \qquad （7\text{-}1）$$

$$UEL = \frac{100}{\dfrac{P_1}{UEL_1} + \dfrac{P_2}{UEL_2} + \cdots\cdots + \dfrac{P_n}{UEL_n}} \quad (vol.\%) \qquad （7\text{-}2）$$

式中，P_n＝某gas或vapor在 fuel-air混合物中所占的體積%

$P_1 + P_2 + \cdots\cdots + P_n = 100\%$

已知，LEL_n、UEL_n各為gas或vapor在air中之LEL或UEL

這個實證公式的有效性甚高，較適合碳氫化合物之混合氣體，比較不適用於含H_2之mixture。茲舉液化天然氣（LNG）為例，計算LNG之爆炸上下限。

【例一】

某地出產的LNG中含80%CH_4，15%C_2H_6，5%C_3H_8，求此易燃物的LEL、UEL。

已知CH_4之爆炸範圍：5～15%

已知C_2H_6之爆炸範圍：3～12.5%

已知C_3H_8之爆炸範圍：2.2～9.5%

〔解〕

$$LEL = \frac{100}{\dfrac{80}{5} + \dfrac{15}{3} + \dfrac{5}{2.2}} = 4.3\%$$

$$UEL = \frac{100}{\dfrac{80}{15} + \dfrac{15}{12.5} + \dfrac{5}{9.5}} = 14.2\%$$

此LNG的爆炸範圍是4.3～14.2%

在LEL時，LNG-air mixture各成分組成：

$CH_4 = 4.3\% \times 80\% = 3.4\%$

$C_2H_6 = 4.3\% \times 15\% = 0.7\%$

$C_3H_8 = 4.3\% \times 5\% = 0.2\%$

$air = 100\% - 4.3\% = 95.7\%$

$O_2 = 95.7\% \times 20.9\% = 20\%$

第二，使用下列公式計算gas、dust與air之mixture

$$LEL_{DH} = LEL_D (1 - \frac{C_G}{LEL_G})^n \qquad (7\text{-}3)$$

或

$$LEL_{DH} = LEL_D (\frac{C_G}{LEL_G} - 1)^n$$

式中，LEL_{DH}＝混合物中粉塵的LEL（g/m^3）

　　　LEL_D＝air中，粉塵的LEL（g/m^3）

　　　LEL_G＝air中，易燃性gas之LEL（%）

　　　C_G＝與air-dust混合之易燃性gas之濃度（%）

　　　n＝一實證決定之指數（$n = 2$，可得LEL_{DH}最小值）

此一公式在應用於各種情況時之正確性，有效性，仍待實驗證實。粉塵的爆炸下限常稱之為minimum explosible concentration，在此為求一致性，仍寫為LEL。

【例二】

在一儲存含揮發物37%的煤粉倉庫的頂端裝設gas偵測器，以監測煤倉頂部CH_4濃度累積情形。另安裝一個探測器監測進料作業時懸浮的煤塵濃度。一旦煤塵達到其爆炸下限，探測器可關閉進料作業。試問CH_4濃度等於2.5%時，air中煤塵的爆炸下限是多少？

〔解〕

設 $n=2$，$C_G=2.5\%$，$LEL_G=5\%$

$LEL_D=55g/m^3$，代入（7-3）式

$$LEL_{DH}=55\left(1-\frac{2.5\%}{5\%}\right)^2$$

$$=55\left(\frac{1}{4}\right)$$

$$=13.75g/m^3$$

7.4.2 估算個別易燃性氣體的LEL、UEL

(一)由化學計量濃度推算LEL、UEL

$$LEL=0.55C_G（按C_G可寫成C_{st}）\qquad（7-4）$$

$$UEL=4.8\sqrt{C_G}\qquad（7-5）$$

式中，$C_G=\dfrac{20.9}{0.209+n}\qquad（7-6）$

$C_G=$ 易燃性gas於air中完全燃燒的化學計量濃度（%）

$n=$ 氧分子數

例如CH_4完全燃燒時，其反應式如下：

$$CH_4+2O_2\rightarrow CO_2+2H_2O$$

$C_G=\dfrac{20.9}{0.209+2}=9.46\%$ 代入（7-4）、（7-5）式

$LEL=（0.55）（9.46）=5.2\%$

$UEL=4.8\times\sqrt{9.46}=14.76\%$

（7-4）、（7-5）式適用於有機的易燃性gas，如CH_4、C_2H_4、C_3H_8、C_2H_2 等，較不適用於無機的易燃性gas，如H_2、H_2S等。

(二)由已知的LEL估算UEL

$$UEL = 7.1\,LEL^{0.56} \qquad （7\text{-}7）$$
$$UEL = 6.5\sqrt{LEL} \qquad （7\text{-}8）$$

(三)由碳或氫的原子數估算LEL、UEL

◆ 由碳的原子數估算LEL

1.烷、烯烴碳氫化合物

$$LEL = \frac{6}{nC} + 0.2 \qquad （7\text{-}9）$$

2.碳氫化合物的異構物

$$LEL = \frac{6}{nC} + 0.1 \qquad （7\text{-}10）$$

3.苯系

$$LEL = \frac{8}{nC} \qquad （7\text{-}11）$$

4.醇

$$LEL = \frac{8}{nC} \qquad （7\text{-}12）$$

nC是碳的原子數。LEL以碳的原子數為計算基礎。

◆ 由氫的原子數估算UEL

UEL主要以氫的原子數為計算基礎。下列各式中，nH是氫的原子數，nHr是游離基中氫的原子數，nHr´是非游離基中氫的原子數。

1.烷、烯烴碳氫化合物

$$UEL = \frac{60}{nH} + \frac{nC}{20} + 2.2 \qquad （7\text{-}13）$$

2.碳氫化合物的異構物

$$UEL = \frac{60}{nH} + 2.3 \qquad (7\text{-}14)$$

3.苯系

$$UEL = \frac{86}{2nHr + nHr'} \qquad (7\text{-}15)$$

4.醇

$$UEL = \frac{80 - 2nH}{2nC} + 3 \qquad (7\text{-}16)$$

【例三】

分別以上列公式求C_3H_8、異丁烷、C_6H_6、C_2H_5OH的LEL和UEL。

〔解〕

1.C_3H_8

$$LEL = \frac{6}{3} + 0.2 = 2.2\% \text{，} UEL = \frac{60}{8} + \frac{3}{20} + 2.2 = 9.9\%$$

2.異丁烷（C_4H_{10}）

$$LEL = \frac{6}{4} + 0.1 = 1.6\% \text{，} UEL = \frac{60}{10} + 2.3 = 8.3\%$$

3.C_6H_6

$$LEL = \frac{8}{6} = 1.3\% \text{，} UEL = \frac{86}{2 \times 5 + 1} = 7.8\%$$

4.C_2H_5OH

$$LEL = \frac{8}{2} - 0.7 = 3.3\% \text{，} UEL = \frac{80 - 2 \times 6}{2 \times 2} + 3 = 20\%$$

(四)以液體的蒸氣壓估算LEL

液體的蒸氣壓是汽化率等於凝結率時液面上蒸氣的壓力。蒸氣壓的大小和

液體的閃火點有密切的關係。閃火點的定義可依不同角度而有不同（讀者請參見本書附錄九之專有名詞定義），若從蒸氣壓與溫度的關係來看，閃火點可定義為：一物質在空氣中的蒸氣壓處於平衡狀態下，等於該物質燃燒（爆炸）下限時的溫度。由此定義，可知閃火點與爆炸下限有著密切關係。簡而言之，閃火點是液體在空氣中發出閃火所需要的蒸氣濃度時的最低溫度，而爆炸下限可說是當液體的蒸氣濃度達到可被引燃的程度。嚴格來說，閃火點比達到爆炸下限的溫度略低。

下列為LEL與蒸氣壓的關係式：

$$LEL = \frac{100P_v}{P} \qquad (7\text{-}17)$$

式中，P_v＝液體在閃火點時的蒸氣壓（mmHg，psia，kPa）

P＝周圍大氣壓力（760mmHg，14.7psi，101kPa）

【例四】

設甲醇在閃火點時，蒸氣壓等於55.5mmHg，求其LEL。

〔解〕

$$LEL = \frac{100 \times 55.5}{760} = 7.3\%$$

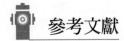 參考文獻

1.Drysdale, D., *An Introduction to Fire Dynamics*. John Wiley and Sons, 1985.

2.Zabetakis, M. G., *Flammability Characteristics of Combustible Gases and Vapors*. US Bureau of Mines, Bulletin 627, 1965.

3.Zabetakis, M. G., Lambiris, S., and Scott, G. S., Flame Temperature of Limit Mixtures. *7th Symp. on Combustion*, p. 484, Butterworths, London, 1959.

4.Coward, H. F. and Jones, G. W., *Limits of Flammability of Gases And Vapors*. Bureau of Mines, Bulletin 503, 1952.

Chapter 8

物質的火災、爆炸危害

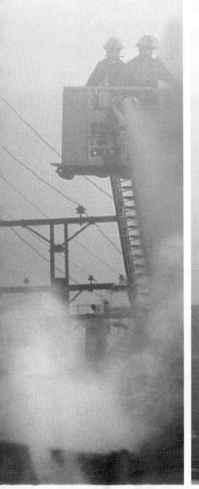

8.1 易燃性危害

8.2 反應性危害

8.3 物質易燃性與反應性測試

物質的危害有多種，例如對身體或生理的健康危害，亦即毒性危害；對環境生態的危害；因易燃性或反應性引發的火災，爆炸危害。本章僅討論最後一項危害。

本章所謂的物質係指其組成成分相對一致不變的物料（materials or substances）而非由物料所組合，供某種特定用途的產品（products）。例如家具——沙發即是產品，由塑膠、皮革、泡棉、纖維、塗料等所組合而成，而這些組合成分即為物質。更嚴格來說，本章所謂的物質包括純物質、化合物及混合物。

 # 8.1 易燃性危害

8.1.1 易燃性危害分級

談到物質的易燃性危害（flammability hazard），美國防火協會（NFPA）建議的防火規章（fire code）中的704物質火災危害識別系統可資參考。此危害分級（ranking）系統不採絕對數值而採用相對的、比較性的分級方式，將物質的危害依其嚴重性分成五個等級：0、1、2、3、4。0表示無特殊危害，4表示最嚴重的危害。此危害識別系統使用鑽石形（**圖8-1**），分成四區，鑽石圖形的左邊表示健康性（health）危害，其上表示易燃性危害，其右表示反應性（不穩定性）（reactivity，instability）危害，其底表示特殊（special）危害，如放射性危害，與水的異常反應（以W表示），或氧化性物質（以OX表示）。各種危害亦以顏色標示。

(一)依危害嚴重程度分類

物質的易燃或不易燃依其危害嚴重程度分成下列五個等級：

◆第4級

物質在大氣壓力或正常周圍溫度下，會迅速或完全汽化，或立即擴散於空氣中且立刻燃燒。這一等級包含：

1.氣體。

健康性危害──藍色
易燃性危害──紅色
反應性危害──黃色
特殊危害──白色

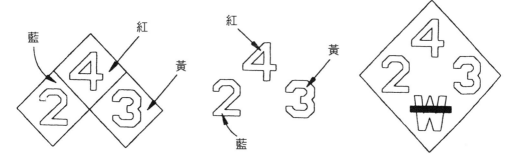

圖8-1 美國防火協會對危險物質的識別系統

資料來源：NFPA 704.

2.極低溫液化氣體（cryogenic materials）。

任何液體或在壓力下為液體的氣體，其閃火點低於73°F（22.8°C）且其沸點低於100°F（37.8°C）（Class IA易燃性液體）（請參考**表8-1**）。

物質由於物理形狀或環境情況，能與空氣形成爆炸性的混合物且立即在空氣中擴散分布，如可燃性固體粉塵，以及易燃性霧滴或可燃性液態小滴（liquid droplets）。

◆第3級

幾乎可以在任何周圍溫度下被點燃的液體和固體。這一等級的物質，幾乎在所有周圍溫度下，產生危險的環境，或者，雖不受周圍溫度的影響，幾乎在

表8-1 易燃性和可燃性液體分類表

分類	閃火點（°C）	沸點（°C）
易燃性液體	Class IA＜22.8	＜37.8
	Class IB＜22.8	≧37.8
	Class IC≧22.8～37.8	
可燃性液體	Class II 37.8～60	
	Class IIIA ≧60～93.4	
	Class IIIB ≧93.4	

任何情況下會立即被點燃，包括：

1. 閃火點低於73°F（22.8°C）且沸點大於或等於100°F（37.8°C）的液體，以及閃火點大於或等於73°F（22.8°C）而且低於100°F（37.8°C）的液體（Class IB和Class IC易燃性液體）。
2. 固體物質呈粗糙狀的粉塵時，也許會迅速燃燒，但通常不會與空氣形成爆炸性的環境；纖維狀或碎片狀的固體物質也許會迅速燃燒並產生閃火之危害，如棉花和麻。
3. 能極快速燃燒的物質，常因其內含有氧（例如乾燥的硝化纖維素和許多有機過氧化物）。
4. 暴露於空氣中會自發性燃燒的物質。

◆ 第2級

在點燃之前，必須溫和加熱或暴露於較高的周圍溫度才會燃燒的物質。此一等級的物質在正常的情況下，不會與空氣形成危險的環境，但在較高的周圍溫度或溫和加熱則會釋出足量的蒸氣，與空氣混合，產生危險的環境。這一等級包含：

1. 閃火點高於100°F（37.8°C），但未超過200°F（93.4°C）的液體。
2. 立即放出易燃性蒸氣的固體或半固體。

◆ 第1級

點燃之前必須預先加熱才會燃燒的物質。此一等級的物質在任何周圍溫度情況下，在點燃之前須預先加熱，才會燃燒。這一級物質包含：

1. 暴露於1,500°F（815.5°C）達5分鐘或5分鐘以內才會在空氣中燃燒的物質。
2. 閃火點高於200°F（93.4°C）的液體、固體和半固體。

這一等級包括大多數的普通可燃物。

◆ 第0級

不會燃燒的物質。這一等級包括任何物質暴露於1,500°F（815.5°C）溫度達5分鐘而不會在空氣中燃燒者。

(二)NFPA 704系統的分級

有關於NFPA 704系統的分級，再說明如下：

◆ 第4級

所謂第4級，亦即最危險的物質，屬於氣體者，如氫、乙炔、液化天然氣（LNG）、液化石油氣（LPG）、丁二烯、丁烷、丁烯、乙烷、乙烯、甲醛、硫化氫、異丁烷、甲烷、丙炔、甲胺、氯甲烷、甲醚、丙烷、丙烯等。

屬於極低溫液化氣體者，如氫、乙烯、甲烷等。

屬於可燃性粉塵者已於第六章詳述，不再贅述。

◆ 第3級

所謂第3級的物質，主要是易燃性的液體和一些固體。屬於Class IB的液體，如丙酮、丙烯醛、氯丙烯、苯、丁胺、環己烷、甲酸乙酯、氯化苯、汽油、甲乙基酮、環氧戊烷、丙醛、丙胺、三乙基鋁等物質。

屬於Class IC的液體，如丙烯腈、溴丙烯、二異丁烷、乙酸乙酯、三甲基鋁等物質。

屬於第3級的物質除了可燃性粉塵（如金屬粉塵）之外，尚包括硝化纖維、過氧化二苯甲醯等，以及在空氣中自燃的物質，如硫化亞鐵（FeO）、疊氮化鋇、硫化鋇、氫化鈣等物質。

◆ 第2級

屬於第2級的液體，例如甲醇、煤油、松節油、異戊醇、乙酸等物質。而容易發出易燃性蒸氣的固體有石蠟或亮光漆等物質。

◆ 第1級

屬於第1級的液體，例如二甘醇、二苯醚、乙二醇、甘油（丙三醇）、礦油、丙二醇、二氯苯，這些都是Class IIIB可燃性液體。

NFPA這個易燃性危害的分級系統的基準，主要有幾項較值得注意：

1. 閃火點：特別針對液態可燃物或易燃物，以及少數在點燃之前即已熔化的低熔點固體。
2. 固體粉塵的粒徑大小：越細小者越易燃，危害越大。
3. 自燃溫度（AIT）：不論是氣體、液體或固體，在常溫或在高溫加熱下燃

燒，與其危害性高低有關。

8.1.2 影響物質易燃性危害的因素

當然，影響物質易燃性危害的因素不限於上述之閃火點、粉塵粒徑大小與自燃溫度，尚有一些重要的參數（parameters）可資參考：

1. 燃燒（爆炸）範圍。
2. 最小著火能（MIE）。
3. 燃燒速度（burning velocity）。
4. 熔點。
5. 燃燒熱。
6. 其他，如碳氫化合物中碳與氫的比（ratio）。

這些參數常列入物質安全資料表（material safety data sheet, MSDS）（**表 8-2**）之中，作為事業單位員工防火防爆的重要參考資料。本節在此僅討論燃燒熱，其餘散見於本書各章節，不再贅述。

8.1.3 燃燒熱

燃燒熱是反應熱（heat of reaction）的一種。反應熱是化學反應所伴隨的能量變化。在化學反應中發生的生成熱（heat of formation）、分解熱（heat of decomposition）、解離熱（heat of dissociation）、中和熱（heat of neutralization）、溶解熱（heat of solution）、燃燒熱皆屬有能量變化的反應熱。燃燒熱是在標準狀態下，一物質與氧完全燃燒成穩定的終端生成物時，每單位質量或體積所放出的熱能。以 $\triangle Hc$ 表示，常用的單位為 KJ/mol、KJ/g 或 kcal/kg。燃燒熱常為放熱反應，$\triangle Hc$ 為負值（<0）。由彈卡計（bomb calorimeter）可量測到物質的燃燒熱，亦可以生成熱計算得知，亦即：

$$\triangle Hc =（生成物的生成熱）-（反應物的生成熱）$$

表8-2　物質安全資料表（MSDS）

物品（中文）	（英文）	CAS NO.　　DOT NO.
化學式	俗稱	物質組成（%）
製造商	地址	NFPA危害等級
物理性質	狀態	
沸點（℃）	熔點（℃）	比重
蒸氣壓（mmHg）	蒸氣密度	水中溶解度
汽化率	外表	氣味
火災爆炸危害資料		
閃火點（℃）	自燃溫度（℃）	爆炸界線（%）
自行發熱	釋出氣體	衝擊敏感
使用類別		
反應物	觸媒	中間產物
生成物	副產品	溶劑
反應危害資料		
水反應性	氧反應性	自行反應
形成過氧化物	聚合	分解
生成熱	燃燒熱	其他反應熱
不穩定性	不相容物	
滅火資料		
滅火劑	滅火設備	滅火裝備
滅火注意事項		
儲存安全資料		
儲存區	儲存容器	儲存量
儲存時間	通風情況	安全裝置
儲存溫度	濕度	發火源控制
出入管制	個人保護裝備	
洩漏與廢棄物處理資料		
洩漏處理		
廢棄物處理		

（按：本表未列入健康危害資料，如毒性效應及急救，ppm、TLV、IDLH、LC50、LD50）

【例一】

　　計算甲烷完全燃燒所產生的燃燒熱：

$$CH_4(g) + 2O_2(g) \rightarrow CO_2(g) + 2H_2O(g)$$

已知各物質的生成熱如下：

$$CO_2：-393.5KJ$$
$$H_2O(g)：-241.8KJ$$
$$CH_4：-74.8KJ$$

〔解〕

每mole CH_4的燃燒熱為

$$\triangle Hc＝[-393.5KJ＋2×(-241.8)]－[-74.8KJ＋2×(0KJ)]$$
$$＝-802.3KJ/mole$$

此例計算所用的生成熱可在一些熱化學書籍查得或見**表8-6**。

正如反應熱一樣，燃燒熱會受到一些因素的影響而變化，包括反應物的量之多寡，反應物或生成物的狀態（相），溫度、壓力等因素。例如碳氫化合物完全燃燒後生成H_2O，H_2O有液態，也有氣態（vapor），因相之不同，反映兩種燃燒熱值：gross heat of combustion與net heat of combustion（**表8-3**）。gross heat of combustion（總燃燒熱值）包括水的汽化潛熱（latent heat of evaporation），而net heat of combustion（淨燃燒熱值）卻沒有，在此情況，燃燒所生的水是氣態。

表8-3　常見物質的燃燒熱

物質	Gross（mJ/kg）	Net（mJ/kg）	蒸氣熱容（mJ/kg.℃）
乙炔	49.91	48.22	1.69
二硫化碳	6.34	6.34	0.6
一氧化碳	10.1	10.1	1.04
丙酮	30.83	28.56	1.29
丁烷	49.5	45.72	1.68
乙烷	51.87	47.49	1.75
乙烯	50.3	47.17	1.56
環氧乙烯	29.65	27.65	1.1
氫	141.79	130.8	14.2
甲烷	55.5	50.3	2.23
聚乙烯	46.2～46.5	43.1～43.3	1.83～2.3（固體熱容）

物質的燃燒熱與燃燒時釋放出來的全部的熱有關，亦與物質燃燒產生最高火焰溫度（adiabatic flame temperature）有關。大多數碳氫化合物的燃燒熱在42,000～55,000KJ/kg。氫的燃燒熱最高，達143,000KJ/kg。有機化合物含O、N、S原子者，其燃燒熱會降低，例如甲醇只有大多數碳氫化合物燃燒熱的二分之一，而二硫化碳更只有三分之一。但二硫化碳甚易燃，火焰溫度卻不高，放出來的熱也不多。若比較碳氫化合物與非碳氫化合物，則發現碳氫化合物的燃燒熱較高，汽化潛熱較低，自高溫製程洩出，形成蒸氣雲的機率較高。

8.1.4 燃燒速率

　　物質的燃燒速率影響其釋熱率（rate of heat release），而燃燒速率與氧化反應的快慢有關。因為燃燒是氣態或蒸氣狀態的現象，任何可燃物必須以分子形態才能和氧分子進行燃燒反應。本身即為氣態的物質立即可以和氧進行反應，而液態和固態的可燃物必須先加熱成蒸氣狀態，再擴散，和氧混合而發生擴散燃燒。燃燒時釋熱率與燃燒熱對汽化熱的比成正比例關係，此燃燒熱對汽化熱之比有時被稱為「可燃性比率」（combustibility ratio）。液態碳氫化合物，如庚烷之可燃性比率為93，而聚乙烯為25，雖然兩者的化學組成相差不多，但庚烷產生的熱竟是同量聚乙烯的4倍之多。這是因為庚烷分子不需分解即能進入燃燒區（combustion zone），而聚乙烯需先打破其聚合鏈，瓦解化學鏈，才能汽化，揮發的部分才進入燃燒區，這過程需要更多的能量。液態和固態的可燃物比氣體是較為濃稠的物質，液態的丙烷之密度是丙烷（氣體）的300倍，產生的熱亦增多300倍。

　　物質的釋熱率可以燃燒速率表示，燃燒速率若以質量損失率（rate of mass loss）計算較為方便。

$$Q_c = \dot{m} \cdot \triangle Hc$$
式中，Q_c ＝釋熱率（kw）
　　　　$\triangle Hc$ ＝可燃物的燃燒熱（淨燃燒熱值）（KJ/kg）
　　　　$\dot{m}$ ＝質量損失率（kg/sec）

　　然而，這假設完全燃燒的情況，而事實則未必。即使在通風順暢的情況之

下，燃燒生成物常含有部分氧化之物，如CO、醛、酮、煙塵等粒狀物。出現這些物質表示有些熱能未全部釋出。就「燃燒效率」（combustion efficiency）而言，可能從防火材料之0.3～0.4至含氧的材料之大於或等於0.9。

8.1.5 計算絕熱火焰溫度（adiabatic flame temperature）

燃燒反應如果是在絕熱的情況中發生，反應物可能達到的最高溫度是為絕熱火焰溫度。所謂絕熱的情況通常是一個封閉系統、燃燒過程中沒有熱的損失或獲得。實際上，這種絕熱體系較少存在。燃燒釋出的熱量常供給燃燒生成物或燃燒現場尚未反應的反應物，再經由輻射或對流等方式而有所損失，因此，絕熱火焰溫度不太可能達到，但對防火防爆而言，瞭解燃燒反應系統之絕熱火焰溫度有其必要。

絕熱火焰溫度係指在一定的初始溫度（常是25℃）和壓力（常是1atm）下，可燃物（或稱燃料）和空氣中的氧，在等壓（constant pressure）絕熱條件下進行氧化燃燒反應，燃燒系統（屬於封閉系統）所能達到之最後終了狀態的溫度。

計算物質燃燒後之絕熱火焰溫度有多種方法，通常都以物質的熱容或取在某個溫度範圍（如1,000K）物質之定壓熱容（C_p）平均值（**表8-4**）計算之。以丙烷的燃燒反應為例，丙烷和氧進入燃燒過程的起始溫度為25℃，壓力在1atm，在等壓絕熱的情況下完全燃燒。

$$C_3H_8 + 5O_2 + 18.8N_2 \rightarrow 3CO_2 + 4H_2O + 18.8N_2$$

表8-4　氣體的熱容，C_p（J/mol・K）

物質 ＼ 溫度（K）	500	1,000	1,500
CO	29.79	33.18	35.22
CO_2	44.626	54.308	58.379
$H_2O(g)$	35.208	41.217	46.999
N_2	29.577	32.698	34.852
O_2	31.091	34.878	36.560
He	20.786	20.786	20.786
CH_4	46.342	71.797	86.559

此反應釋出的燃燒熱（△Hc）是-2,044KJ/mole，加熱於反應生成物，亦即3moles之CO_2，4moles之$H_2O(g)$和18.8moles之N_2。在1,000K的溫度範圍，反應生成物總熱容為942.5J/K（**表8-5**），因此升高的溫度（△T）為：

$$\triangle T = 2,044,000 \div 942.5$$
$$= 2,169K$$

絕熱火焰溫度 為2,169K＋298K（25℃）＝2,467K

前已言之，實際上，火焰溫度因輻射、不完全燃燒、氣體的解離（約＞2,000K時發生）或過量空氣的影響而使溫度下降，因此，丙烷在空氣中燃燒真正的最後溫度未必超過2,000K。

如果丙烷在純氧（亦即無N_2）中燃燒，火焰的最終溫度會更高。**表8-5**的總熱容變成942.5－614.8（N_2）＝327.7J/K。而燃燒熱仍然不變（仍是-2,044KJ/mole），最高火焰溫度為：

$$\triangle T = 2,044,000 \div 327.7$$
$$= 6,238K$$

絕熱火焰溫度 為6,238＋298＝6,536K

此一絕熱火焰溫度不可能達到，真正的火焰溫度不致於超過3,500K。

表8-5 丙烷在空氣中完全燃燒的生成物熱容（在1,000K）

生成物	moles數	J/mole・K	J/K
CO_2	3	54.3	162.9
H_2O	4	41.2	164.8
N_2	18.8	32.7	614.8
總熱容			942.5

8.2 反應性危害

8.2.1 反應性危害分級

(一)依其嚴重程度分類

前述易燃性危害中談到的美國NFPA 704危害識別系統也將物質的反應性危害依其嚴重程度分成五個等級：從最嚴重的第4級，一直降至無危害的第0級。具有反應性危害的物質易於釋放能量，不論是自發性的或與其他物質不相容，容易發生劇烈的化學反應。這些反應性危害物質常不穩定，易於聚合、分解或與其他物質反應。

◆ 第4級

在正常溫度和壓力下，物質能迅速爆轟，或爆炸性分解或爆炸性反應。此一等級包括的物質在正常溫度和壓力下，對機械或局部的熱衝擊相當敏感。

◆ 第3級

物質能爆轟或爆炸性分解或爆炸性反應，但需強的發火源，或在起爆前，必須在密閉空間內加熱者。此一等級包括的物質是在升高的溫度和壓力時對熱或機械衝擊敏感，或者與水有爆炸性反應而無需加熱或密閉。

◆ 第2級

物質常不穩定且迅速發生強烈的化學變化，但不會爆轟。這一等級包括的物質在正常溫度和壓力下會起化學變化並迅速釋出熱能，或者在升高的溫度和壓力時會發生強烈的化學變化。這也包括遇水會激烈反應的物質或與水形成可能會爆炸的混合物。

◆ 第1級

通常是穩定的物質，但在升高溫度和壓力時會變得不穩定，或者遇水也許會反應並釋出能量，但不劇烈。

◆ 第0級

通常是穩定的物質，甚至暴露於火災情況之下亦然，不會與水發生反應。

(二)各級反應性危害的物質

◆ 第4級

所謂第4級反應性危害的物質包括苯基過氧化物、丁基過氧化氫、二氧化氯、二硝基苯、二硝基酚、硝酸乙酯、硝基甘油、過醋酸等。

◆ 第3級

所謂第3級反應性危害的物質包括乙炔、硝酸銨、丁基過氧化物、氰胺、環氧乙烷、硝化甲烷、硝化乙烷、過氯酸、氯酸鉀、硝酸鉀、三乙基鋁、三甲基鋁等。

◆ 第2級

所謂第2級反應性危害的物質包括乙醛、丙烯醛、丙烯酸、丙烯腈、氯化鋁、碳化鈣、氯苯乙烯、二氯乙烯、乙烯、聯氨、氰化氫、過氧化氫、丙炔、苯乙烯、過氯酸鉀、過氧化鉀、環氧丙烷、鈉、氯酸鈉、過氧化鈉等。

◆ 第1級

所謂第1級反應性危害的物質包括氯乙烯、丙烯、丙醛、甲醚、乙醚、醋酸、醋酸酐等。

◆ 第0級

所謂第0級反應性危害的物質包括丙酮、氨、苯、溴、丁醚、二硫化碳、一氧化碳、氯苯、三氯甲烷、氯丙烷、環己烷、環己醇、三甘醇、乙酸乙酯、乙醇、乙二醇、甲醛、汽油、甘油、氫、硫化氫、異丙醇、潤滑油、甲烷、甲醇、甲胺、氯苯、萘、酚、丙醚、二氧化硫、甲苯、二甲苯等。

美國防火協會（NFPA）對於反應性危害分級採取的基準考量幾個因素：

1. 溫度和壓力。
2. 發火源的強度大小。
3. 空間的密閉程度。
4. 與水的不相容性或與其他物質的不相容性。
5. 物質本身的不穩定性，亦即是否容易聚合、分解等。
6. 反應釋出能量的大小、速率和容易程度。

上列1～5項因素散見於本書各章節，不再贅述。在此僅討論第6項因素。

8.2.2 反應熱、生成熱與分解熱

　　物質由於其本身所擁有的能量或與其他物質反應所引起能量的變化，而造成燃燒或爆炸。這個能量的變化就是反應熱，它是生成物焓之和減去反應物焓之和。吸熱反應時，反應熱（△H）為正值；放熱反應時，反應熱為負值。影響反應熱的因素有反應物量的多寡，反應物或生成物的狀態（相）、溫度、壓力等。反應熱可由生成熱計算得來。

【例二】

　　已知下列物質的標準生成熱為：

$$C_2H_5OH：-228KJ/mol$$

$$CO_2：-394KJ/mol$$

$$H_2O(l)：-286KJ/mol$$

　　計算乙醇完全燃燒時所產生的反應熱。

〔解〕：

　　乙醇完全燃燒的反應式為：

$$C_2H_5OH + 3O_2 \longrightarrow 2CO_2 + 3H_2O$$

　　每mole乙醇的反應熱為

$$△H = 〔(-349×2) + (-286×3)〕 - (-228)$$
$$= -1,418KJ$$

　　化學反應的生成熱可定義為在標準狀態（25°C，1atm）下，1mole化合物由其組成的成分元素化合而成的熱量（焓）變化。以符號△H_f表示，吸熱反應時，△H_f為正值；放熱反應時，△H_f為負值。當物質△H_f為正值，表示不穩定；當其為負值且越大時，表示越穩定。從**表8-6**可知H原子，O原子，C_2H_2相當不穩定；而CO_2、水或水蒸氣則相對穩定。換言之，物質的不穩定性（instability）與其生成熱有關。物質的生成熱可用於計算反應熱，亦可評估製程的危害和風險。生成熱可經由量測而知，但對於某些物質，特別是不穩定物質，未

表8-6　生成熱（25℃，1atm）

物質	KJ/mol
H	+218
O	+249.17
OH	+38.99
Cl	+121.29
CO	-110.53
CO_2	-393.52
H_2O（l）	-285.8
H_2O（g）	-241.83
HCl	-92.31
HCN	+135.14
NO_2	+33.85
NH_3	-45.9
CH_4	-74.87
C_2H_6	-84.5
C_2H_4	+52.6
C_2H_2	+226.9
C_3H_8	-103.6
C_4H_{10}	-124.3
CH_3OH	-242.1

必有量測值，必須計算得來。

　　例如爆炸性物質硝酸甲酯（CH_3ONO_2）在25℃，1atm的生成熱可由三個鍵之標準生成熱相加算出。

C－H鍵　　　　$\triangle H_f$ = -3.83 kcal/mole

C－O鍵　　　　$\triangle H_f$ = -2 kcal/mole

O－NO_2鍵　　　$\triangle H_f$ = -3 kcal/mole

CH_3ONO_2之　　$\triangle H_f$ = 3 × （-3.83）+（-2）+（-3）

　　　　　　　　　 = -16.49 kcal/mole

　　一如上述，從物質的生成熱可知其不穩定性，而從分解熱則透露出物質的爆炸威力。

　　所謂分解熱是在25℃，1atm壓力下，1mole或單位質量的化合物分解為其成分元素時的熱量變化，以$\triangle H_d$表示，單位為KJ/mole或MJ/kg（MJ為百萬焦耳）。分解時吸熱，$\triangle H_d$為正值；分解時散熱，$\triangle H_d$為負值。

物質受到衝擊而發生爆炸的機率與分解熱有莫大的關係。大略言之，物質的$\triangle H_d$超過2.9MJ/kg（＝0.7kcal/g）才有爆炸的可能性。我們可計算製程內的物質之$\triangle H_d$而知其危害之高低，判斷標準為：

危害程度	$\triangle H_d$（MJ/kg）
高	＞2.9
中	2.9 ~ 1.25
低	＜1.25

物質爆炸釋出多少熱能，不易量測，但可由其爆炸生成物的組成估計。若知其組成分和物質的生成熱，則可估計其$\triangle H_d$。**表8-7**為較危險的物質之$\triangle H_d$。有的物質有上、下限，亦是估計值。

表8-7中的化合物是較為危險的物質。

NH_4NO_3加熱至170°C，悄悄地分解成N_2O和水蒸氣，放出熱。若再加熱至250°C以上，分解時具有爆炸性，形成O_2和N_2。小量的NH_4NO_3比較不會爆炸。若大量，溫度逐漸慢慢升高將分解爆炸。如果將碳加到NH_4NO_3之上，則$\triangle H_d$增加。

$$NH_4NO_3 + 0.5C \longrightarrow N_2 + 0.5CO_2 + 2H_2O \quad (\triangle H_d = -3.64MJ/kg)$$

表8-7　易燃易爆物質的分解熱（mJ/kg）

化合物	相	$\triangle H_d$
硝化纖維	固體	4.06
三硝基甲苯（TNT）	固體	4.96
二硝基苯	固體	2.18～4.35
硝基甲苯	固體	1.34～3.26
硝基甲烷	液體	4.47～5.07
硝基丙烷	液體	0.44～3.4
硝酸銨（NH_4NO_3）	固體	0.96
乙炔（C_2H_2）	氣體	8.74
環氧乙烷（C_2H_4O）	氣體	0.06～3.04

資料來源：King (1990).

C_2H_2在加壓至2bar（表壓力）時，若被加熱，則開始分解爆炸：

$$C_2H_2(g) \longrightarrow 2C(s) + H_2(g) \ (\triangle H_d = \text{-8.7MJ/kg})$$

此爆炸威力極為驚人，比一般的炸藥（如TNT）威力更大，可使管線發生爆轟。

蒸氣狀態的C_2H_4O分解爆炸的$\triangle H_d = \text{-2.68MJ/kg}$

$$C_2H_4O(g) \longrightarrow CH_4(g) + CO(g)$$

而液態的C_2H_4O分解爆炸（生成物亦有CH_4）的$\triangle H_d = \text{-2.01MJ/kg}$。

8.2.3 危險的化學反應

反應性和不穩定性的物質所引發的化學反應常使製程設備的溫度和壓力大增，設備不堪負荷而燃燒、爆炸。這種溫度和壓力的大增，主要來自於：

1.物質的熱分解，產生分解熱。

2.迅速的放熱反應，使製程設備內的溫度急劇升高。

3.迅速產生大量的氣體，使壓力急升。

物質產生的分解熱已在8.2.2說明。

物質反應產生的熱隨溫度的指數乘方而增加，依Arrhenius公式：

$Q_r = Z \exp - (E/RT)$

式中，Q_r＝熱發生率（heat evolution rate）

Z＝指數（Arrhenius）係數

E＝活化能

R＝氣體常數

熱發生率與下列因素有關：化學反應的溫度、製程設備（如反應器）的操作模式（如批式或半批式）、反應物是否發生累積（accumulation），或是否

發生熱分解、沉澱、相的改變等。此處所謂反應物的累積係指因反應物添加太快，或因缺乏攪拌，或因操作溫度太低所致。這些因素皆與放熱反應的危害有關。反應產生的熱若大大超過製程設備冷卻的能力（如使用冷卻劑的冷卻效果或熱傳效應），則可能發生失控反應。就製程設備（如批式反應器）而言，失控反應的原因主要有四大類：

1.對製程化學和熱化學的瞭解不足。
2.對熱傳的工程設計瞭解不足。
3.控制系統和安全系統或裝置不足。
4.操作程序（包括訓練）不足。

化學反應時的氣體發生率（gas evolution rate）與熱發生率一樣，遵守Arrhenius Law，隨溫度之升高而增加。溫度升高10K，氣體發生率加倍；反應加速進行，氣體的體積也大幅增加，引發爆炸的壓力除非控制良好〔如緊急洩放（blowdown）或洩爆裝置或抑爆系統啟動〕，否則仍將導致失控反應。

危險的放熱反應若依其危險程度之大小由高而低排列為：

1.硝化反應：即硝基取代化合物中的氫原子的反應。例如：

$$C_6H_5CH_3 + 3HNO_3 \xrightarrow{H_2SO_4} CH_3C_6H_2(NO_2)_3$$

2.鹵化反應：鹵族元素與有機物的反應。例如：

$$C_6H_6 + Cl_2 \xrightarrow[\text{or FeCl}_3]{\text{Fe}} C_6H_5Cl + HCl$$

3.聚合反應或使用強氧化劑的氧化反應。例如：
　(1)聚合反應：兩個或更多個單體鍵結成聚合物的作用。

$$n(CH_2{=}CH_2) \xrightarrow{(C_2H_5)_3Al} -(CH_2{=}CH_2)_n$$

　(2)氧化反應，例如強氧化劑將甲苯氧化產生苯甲酸。

$$C_6H_5CH_3 \xrightarrow[H^+]{KMnO_4 \cdot OH^-} C_6H_5COOH$$

4.縮合反應，酯化反應，加成反應與烷化反應

(1)縮合反應是指兩個反應物結合，同時脫去小分子物質的反應。其中的小分子物質常是水、HCl等。例如：

$$CH_3OOH + CH_3OH \xrightarrow{H^+} CH_3OOCH_3 + H_2O$$

(2)酯化反應是指醇和酸作用生成酯和水的反應。例如：

$$CH_3COOH + C_2H_5OH \xrightarrow{H^+} CH_3COOC_2H_5 + H_2O$$

(3)加成反應是不飽和烴與氫、鹵素、鹵酸等的反應。例如：

$$C_2H_4 + Br_2 \longrightarrow C_2H_4Br_2$$

(4)烷化反應是用取代法將一烷基與有機物鏈結的反應。例如：

$$C_6H_6 + CH_3Cl \xrightarrow{AlCl_3} C_6H_5CH_3 + HCl$$

 ## 8.3 物質易燃性與反應性測試

8.3.1 物質易燃易爆危害測試

　　物質的易燃性或易爆性危害可由其化學反應釋出的熱量預估，例如上述之反應熱、燃燒熱的計算得知，或者由其反應種類可大致上斷定其危害程度高低，例如硝化反應釋放出來的熱量必然大於一般的烷化反應。當然，進行大規模的實驗，直接使用儀器、裝置量測豈不更直截了當，但所費不貲，不是一般事業單位、機構所能實施。對於危險物質，政府所進行的危害性評估，常制訂評估量測儀器裝置，依據標準測定方法進行量測，如日本工業標準（Japanese Industrial Standards, JIS）。而一般民間的測試，多半是小規模的，簡易的測試，即所謂screening test，在自家工廠安全實驗室即可實施。這種測試取樣不

多，在短時間內測試，以取得自己所需的安全資料。這種簡易的測試依其目的，大致可分為：

1. 測試物質在接觸外在的發火源後被點燃的難易性，如**表8-8**所列的第2、3種測試方法。
2. 測試物質的發火溫度，如**表8-8**所列的第4種測試方法。
3. 測試物質受熱後的反應熱，如**表8-8**所列的第1種測試方法。
4. 其他方法為測試物質的易燃易爆性，如落錘敏感性測試（**表8-8**所列之第6種方法）。

在此僅說明日本JIS K 4810（1979）落錘敏感度測試法。其試驗裝置如**圖8-2**所示，使用的鐵錘重5公斤，能自由落下均勻打擊試料。試料夾在兩個圓筒（滾輪軸承）之間（**圖8-3**），以鋼製的排氣蓋覆蓋，蓋子上有小洞，以排除爆炸後生成的氣體。夾住試料的圓筒下面以30mm高的鋼製砧支撐。試料則使用錫箔做的12mm直徑的小盤子盛裝。

測試選用的試料必須符合下列規定：

1. 不可吸收濕氣，若有濕氣、潮濕，必須澈底乾燥。
2. 若試料是黏膠狀，需裁成圓盤形，0.7mm厚，直徑11mm。

表8-8　凝相危險物質的檢驗測試

測試方法	測試目的	補充說明
1. sealed cell differential scanning calorimetry（SC-DSC）	・測試物質的吸熱與釋熱量 ・測定物質在放熱分解時之分解熱和分解溫度	世界各國採用
2. BAM ignitability test	測定物質在外在發火源點火起燃的難易性	歐洲標準測試方法
3. combustibility test	測定固體物質之點燃性與燃燒性	視有無點燃、火焰有無蔓延、燃燒速度快慢；德、瑞士採用
4. ignition point test for powered solid samples	測定乾燥固體粉狀物質的燃點	依被引燃之溫度（360℃、330℃、300℃、270℃、240℃）而決定其易燃性
5. dust explosion test	測定粉塵之易燃易爆性與爆炸威力	已在本書第六章討論
6. drop hammer sensitivity test	測定固態或液態或膏狀爆炸性物質的機械性衝擊敏感度	歐、美、日各國使用，由落錘之高度與爆炸是否發生決定爆炸性物質之敏感度

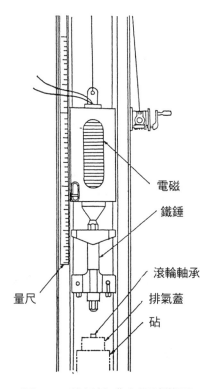

圖8-2 落錘敏感度測試裝置

資料來源：日本，JIS。

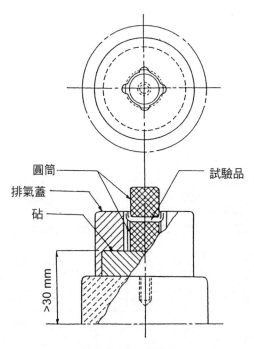

圖8-3 落錘敏感度測試裝置下部

資料來源：日本，JIS。

3.若試料是粉末狀，則以0.1～0.12ml的半圓湯匙取樣。

測試程序如下：

1.夾住試料的圓筒必須擦拭乾淨。

2.鋼製砧上放置上下兩個圓筒，並夾住錫箔盤上的試料。

3.將排氣蓋覆蓋在砧上。

4.記錄鐵錘高度後使鐵錘落下撞擊圓筒，確認是否爆炸。

5.在同一高度連續重複測試六次。只要有一次爆炸，即取該高度為1/6爆點
（explosion point）。

此項測試的高度可以5cm、10cm、15cm、20cm、30cm、40cm、50cm分別實施。各種爆炸物的敏感度共分8級（grade），如**表8-9**所示。1級最為敏感，也最危險。

8.3.2 物質反應性危害測試

美國海岸防衛隊（USCG）委託危險物品委員會贊助Dow Chemical Company對209項化學品進行不相容性與自行反應性的調查研究（Flynn and Rossow, 1970）。Flynn等人將209項化學品依其化學結構分成59組，每組反應性最高的物質再進行不相容性危害的評估研究。其研究步驟如下：

1.使用注射器將兩種測試物質同時注入燒杯（**圖8-4**），兩物質的分子量比

表8-9　爆炸物敏感度等級及其爆點

落錘敏感度級數	1/6爆點（cm）
1	＜5
2	5～10
3	10～15
4	15～20
5	20～30
6	30～40
7	40～50
8	＞50

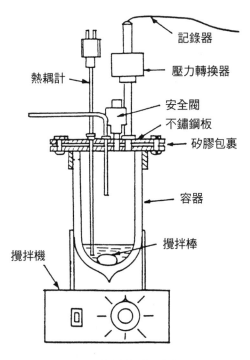

圖8-4 反應性危害測試器

資料來源：USCG.

為1：1，總容積共達10ml。測試裝置使用鐵銅合金熱耦計量測增加的溫度（△T）。

2.若兩物質的混合物未顯示反應訊號或僅溫和放熱反應，則對試料進行熱差異性分析（differential thermal analysis, DTA），直至發生放熱反應或高達300°C之增溫。記錄之試驗結果則依**表8-10**歸類分級。

3.**表8-10**第1等級和第2等級的情況量測兩物質相混後之溫度與壓力變化（△P）。反應所生的大量氣體形成的壓力由壓力轉換器和記錄器登錄下來，並將測試結果（△T和△P）合成四組（**表8-11**）。

表8-10中，第1等級是反應性最高的情況，兩物質一旦混合即進行放熱反應。**表8-11**的第四組是溫度和壓力變化最大也最具爆炸威力。

表8-10 熱等級（thermal ranking）

等級	說明
1	一旦混合即放熱反應
2	室溫～100℃，放熱反應
3	100℃～200℃，放熱反應
4	200℃～300℃，放熱反應
5	300℃以下無放熱反應

資料來源：Flynn and Rossow (1970).

表8-11 △T和△P的初步分組

組別	說明
0	100℃以下無反應
1	100℃以下反應；△T＜65℃；未產生氣體
2	100℃以下反應；△T＞65℃；未產生氣體
3	100℃以下反應；△T＜65℃；產生氣體
4	100℃以下反應；△T＞65℃；產生氣體

資料來源：Flynn and Rossow (1970).

 參考文獻

1. NFPA 704, 1985.

2. King, R., *Safety in the Process Industries.* Butterworth-Heinemann, 1990.

3. JIS K 4810, *Test Method for the Performance of Explosives.* 1979.

4. Flynn , J. P., and Rossow, H. E., *Classification of Chemical Reactivity Hazards.* the Dow Chemical Co. Michigan, 1970 (NTIS, NO. AD773049).

Chapter 9

火災、爆炸的危害分析與風險評估

　　如果火災、爆炸對事業單位已構成明顯的威脅，而且現有的安全管理實不足以應付或控制存在的問題或意外事故，事業單位有必要實施火災、爆炸的危害分析與風險評估（hazard analysis and risk assessment）。

　　一般而言，事業單位通常在下列情況之一下需要實施風險評估：

1.廠房、設備已經老舊，與原先設廠之時的狀況大不相同，例如新增很多製程設備而廠區卻未見擴大。

2.過去雖符合既有的標準、規章（例如NFPA、API、NEC、ASME等），然因為配合產品製造需求而變更部分設計。

3.屢次發生難以控制的近似意外事故（near miss）。

4.偶爾發生嚴重的火災、爆炸。

5.政府法規要求。

　　風險評估實施的繁簡差異甚大。大規模詳細、澈底的風險評估常動用不少人力（例如數十人），物力、分析評估時間長（數個月以上）；簡易的風險評估所需人力較少（例如1～5人），耗費的物力不多，所需時間較短（一週左右）。繁簡之擇取依事業單位管理階層的意願、決心或重要性、急迫性，或製程設備的多少、大小而定。大規模詳細、澈底的風險評估，請參照拙著《危害分析與風險評估》，或參考英國安全衛生署（HSE）的評估報告（HSE, 1976, 1981）。本書在此僅簡略扼要介紹評估的方法、程序和重要事項。

　　火災、爆炸危害分析與風險評估的過程依序如下（**表9-1**）：

1.各種作業的分類和作業內容清單。

2.使用危害分析方法認知作業場所的火災、爆炸危害。

3.估計風險程度：估計火災、爆炸事故發生機率和事故後果嚴重性。

4.決定風險是否可以接受。

5.風險控制措施：考量已實施之控制措施和是否需要進一步的控制措施。

9.1 各種作業的分類和作業內容清單

　　在執行任何危害分析與風險評估之前，必須先澈底瞭解所評估的作業場所使用的物質、物料、製作流程內外相關的資料以及製程設備本身，相關的電氣

表9-1　風險評估程序表

評估者：　　　　　　　　　　　　　　　　　　　　　　　　　　　日期：

編號	製程區（作業場所）	作業活動	危害分析					風險程度			是否可以接受	控制措施		餘留的風險	備註
			危害對象（或效應）				危害原因	事故發生機率	事故後果嚴重性	風險		已實施	需再實施		
			人	機	環境	物料									

設備、通風系統等與火災、爆炸有關的資料。

　　首先依作業場所地點之不同或作業流程之不同階段或步驟，或依例行性、非例行性的作業予以分門別類。

　　或依作業場所之不同而分類出來的作業（例如保養廠、機械廠等之作業），則在界定作業場所範圍之後清查全部的作業活動，並列出與火災、爆炸有關的事項，預先作為危害分析與風險評估的基本資料。

　　若依作業流程（製程）而分出不同的作業步驟（例如批式反應器的進料作業、執行反應作業和卸料作業），則將各個作業步驟相關的人、機、環境、物料臚列一張清單，並附上相關的管理措施（如動火許可證簽發程序、安全檢查表格），請參考**表9-2**。

表9-2　作業內容清查表

執行單位：　　　　　　　　　　工作站：　　　　　　　　　　日期：

作業流程	人數		原料／物料	機器／設備／工具	作業環境
	作業人數	其他受影響者			
1					
2					
3					
4					
5					

9.2 使用危害分析方法認知作業場所的火災、爆炸危害

　　澈底瞭解作業場所中各種作業程序、內容、特性之後，最重要的事情就是尋找造成火災、爆炸的根源，亦即危害存在於何處？有哪些危害？

　　首先，我們可藉助於一些有用的資料和危害分析方法瞭解危害的所在，例如：

1.過去火災、爆炸案件的統計資料。從政府或民間專業團體統計的資料（incident data）可知哪些作業，使用何種物料和設備，如何操作，在何種情況下發生火災、爆炸。這類資料常統計事故發生的百分比，對衡量危害的大小輕重極有助益。

2.現場訪查與事故調查。這是指事業單位內部的現場操作員工的訪查以及事故調查紀錄。這對各種危害的掌握更為直接，且可能更有效用，可發現問題的核心。

3.自動檢查。不論是員工自行檢查或工安部門的檢查，都有助於發現一些問題。

4.工作安全分析（job safety analysis）。從工作安全分析表中可清楚瞭解各個工作步驟的危害。

5.安全稽核文件。從稽核中發現管理上、操作上或工程上的一些問題。

6.安全審查（safety review）。從每年定期的審查過程中可發現問題並改善之。

　　上列的第4、5、6種方法可參考拙著《職業安全管理》。

9.2.1 發火源的危害

　　經由上述之危害分析可發現並記錄可能存在於作業場所內的發火源。有關火災、爆炸的發火源，本書於第三章已詳細討論。事業單位要做的是將每一作業場所特定的發火源列出一張清單，並評估其可能發生之機率。管理階層需能判斷各種發火源的危害大小。哪些發火源經常出現，哪些偶爾才會發生。**表9-3**為英國全國火災、爆炸調查所得的發火源及其發生百分比（IChemE, 1993）。一般常見於化學工廠的發火源為：

表9-3　英國全國火災、爆炸調查——發火源及所占的百分比

發火源	所占百分比
熱表面	20.8
火焰（包括LPG燃燒設備）	20.8
電氣設備	16.7
自燃	14.5
靜電	12.5
摩擦	8.4
高溫粉子	6.3

資料來源：Cox et al. (1993).

　　1.火焰和高熱氣體。

　　2.熱表面。

　　3.電氣設備和裝置。

　　4.靜電。

　　5.閃電。

　　6.機械火花。

　　7.焊接切割產生的火花。

　　8.化學反應產生的熱。

　　9.絕熱壓縮、震波。

　　10.高頻率電磁輻射（射電頻率）。

　　11.游離輻射。

　　12.雜散電流。

9.2.2 可燃物的危害

　　有關可燃物的危害，本書已在第二、六、八章討論各種物質的危害，特別是在第八章討論物質的易燃性和反應性危害。在此僅做一些補充。

　　本書第八章言及危險的化學反應，依其危害嚴重度的高低，依序排列為硝化反應、鹵化反應、聚合反應、氧化反應、縮合反應、酯化反應、烷化反應等。然而這些反應在化學製程中發生實際事故案例的次數或機率又是另一樣貌。根據英國統計分析的結果，發現在批式或半批式作業的反應器發生失控反應的情況，以聚合（包括縮合）反應事故最多，其次為硝化反應，再次之為磺

酸反應（**表**9-4）。這些失控反應的發生與下列原因有關：

1. 對反應化學和熱化學不明瞭：例如對反應熱不甚瞭解，生成物分解或產生不穩定的副產品等。
2. 原料品質控制不良：例如發生水汙染、不潔物等情況。
3. 溫度控制不良：例如蒸氣壓力控制失效，或蒸氣加熱時間未控制良好、溫度計位置錯誤無法有效監測反應溫度、溫度控制系統故障（導致冷卻水自動關閉，加熱油過熱，蒸氣閥保持開啟）、冷卻水流失等。
4. 攪拌不良：例如攪拌器的規範不足、機械故障、作業員未打開攪拌器或開啟太慢而造成物料累積、失去電力供應等。
5. 反應物或觸媒進料錯誤：例如進料太多（觸媒加太多，或計量器錯誤）、反應物的比例錯誤、加料太快或太慢、加錯料、加料順序錯誤等。
6. 維護保養不良：例如設備（洗滌器、閥、冷卻管）洩漏、設備（排氣管、分離器）阻塞等。
7. 人為失誤：例如操作員未遵守書面教導規定、溝通不良（在換班、放假、病假時）等。

　　表9-5所列的意外事故大多發生於有機化學工業、塑膠橡膠和樹脂工業、金屬冶煉工業、染料工業、藥品工業等製造業。

表9-4　1962～1987年化學反應發生意外事故的次數

化學反應	意外事故次數
聚合反應（包括縮合反應）	64
硝化反應	15
磺酸反應	13
水解	10
鹽之生成	8
鹵化反應（氯化和溴化）	8
烷化反應	5
胺基化反應	4
重氮化反應	4
氧化反應	2
酯化反應	1

資料來源：Barton et al. (1989).

表9-5　1962～1987年批式反應器失控反應所涉及的製造業

製造業	意外事故次數
有機	71
塑膠、橡膠和樹脂	41
金屬冶煉	13
染料	13
藥品	13
農化	5
食品	5
油漆	5
其他	23

資料來源：Barton et al. (1989).

　　分析評估人員或小組對工作場所中使用、搬運、儲存的可燃性或易燃性物質，成品或副產品都要對其潛藏的危害深入瞭解，並在教育訓練中使員工周知。不論氣態、液態或固態可燃物的火災、爆炸危害甚多，本書前面各章節已述者不少，以下再補述前所未提及者。

(一)過氧化物形成的危害

　　不少碳氫化合物或有機物在空氣中與氧反應而形成過氧化物。在處理、儲存或廢棄時必須謹慎小心，因過氧化物常不穩定，特別是高濃度的過氧化物一經摩擦或機械性衝擊常引發火災、爆炸。通常含有活化氫原子，易與氧分子進行連鎖反應的化合物（**表9-6**），容易形成過氧化物。可分三類：

1.儲存時形成爆炸性的過氧化物，包括乙烯叉二氯（CH_2CCl_2）、醯胺鉀、醯胺鈉等。宜每三個月定期檢驗其成分，安全處理其廢棄物。

2.液態過氧化物，必須保持一定濃度，以防其變成高濃度的過氧化物，例如含乙醚之二乙醚（$C_4H_{10}O$）（常用作溶劑）、環氧己烷、二甘醇以及異丙醇、丁醇、環己烯（C_6H_{10}）等，需定期（12個月）檢查，包括其廢棄物。

3.含有可能過氧化的單體。這些物質會產生放熱的聚合反應，包括丙烯酸（$CH_2CHCOOH$）、丙烯腈（CH_2CHCN）、氯丁二烯（C_4H_5Cl）、丁二烯（C_4H_6）、苯乙烯（$C_6H_5CHCH_2$）、氯乙烯（CH_2CHCl）等。

表9-6 含活性H原子易形成過氧化物的原子團

原子團	例子
$>C-O-$ 以下接 H	乙醚
$>C=C-C-$ 以下接 H	烯丙基化合物
$>C=C-$ 以下接 H	乙烯基化合物
$>C=C-C\equiv C-$ 以下接 H	乙烯基乙炔
$-C-C-Ar$ 以下接 H	茴香素、苯乙烯
$-C=O$ 以下接 H	醛
$>C=C-C=C<$ 以下接 H H	二烯

(二)物質與外物接觸的危害

在處理、搬運、儲存過程中,物質有時會意外與不應該接觸的物質混合而發生火災、爆炸。例如液態氧絕不可以有機的熱絕緣材料盛裝;氧氣鋼瓶需遠離乙炔、LPG等易燃物鋼瓶。氧化劑(如過氧化物)需遠離有機物、金屬粉塵等。氯、酸不可與鹼、鹼土金屬溶液、輕金屬、碳化物、氫化物等物質接觸。這類意外的接觸,有時是操作不慎或意外洩漏所造成的。

對於可燃物至少需查核下列項目以避免或降低其危害:

1. 在製造程序中,危險物的使用量有沒有達到越少越好的原則?
2. 氧或氧化劑與可燃物之間是否適當隔離以保持安全距離?
3. 可燃物是否遠離逃生路線?
4. 可燃物是否遠離可能的發火源?
5. 可燃物是否會引發自行加熱或自燃?
6. 高度易燃物是否儲存在防火構造的樓地板?
7. 是否定期收集或清理可燃的廢棄物?

9.2.3 建築物構造上的危害

　　工廠廠房建築結構造成火災危害者主要有兩方面：(1)建築物構造有利於火災蔓延的情況；(2)建築構造物會在火災中倒塌的情況。

(一)火災蔓延

　　可分水平蔓延和垂直蔓延。

　　水平蔓延途徑如門、窗、出入口、走廊、牆上的開口、空隙、貫穿牆壁的水電、瓦斯管路、線路、火災燒出的破洞等。

　　垂直蔓延途徑如樓梯、上層樓板上之洞口，貫穿上向之物料輸送管路和水電、瓦斯管路、線路、載人或物之電梯、火災燒出的破洞等。

(二)建築構造物倒塌

　　這方面與建築物結構之抗火能力息息相關。而建築結構之抗火能力又與建築材料及其大小厚薄有關。相關的法規可資參考，例如建築技術規則第三章規定牆壁、樑柱、樓地板之防火時效，以及甲、乙種防火門窗、防火門、防火牆和防火區劃的建造標準。該規則第四章規定出入口、走廊、樓梯、室內和戶外安全梯等的構造標準。

　　原則上，廠房宜以不燃材料建造，例如混凝土、磚、石材、鋼鐵、玻璃纖維、礦棉、石灰等皆屬不燃材料。致癌物石棉製品不宜再使用。

　　樓地板上的管道，線路可以礦棉或玻璃纖維包裹充填，以防成為火焰、熱煙的通道（**圖9-1**）。有危險物品的倉庫或實驗室亦可以突出屋頂的防火牆間隔連棟之建築物（**圖9-2**），可阻止火焰蔓延。防火牆宜高於屋頂至少75公分，且具抗火能力3小時以上。

9.2.4 估計暴露於火災危害的人數

　　分析評估人員或小組除了需認知上述所有與每一作業有關的各種危害之外，尚有一項工作就是估計每一作業場所中有多少人可能因此受到火災、爆炸的傷害。這需要調查誰日常或偶爾執行工作；會受災害影響的其他人員（例如訪客、承包商和一般民眾）有多少。為統計可能暴露於危害的人數，可詢問下列問題：

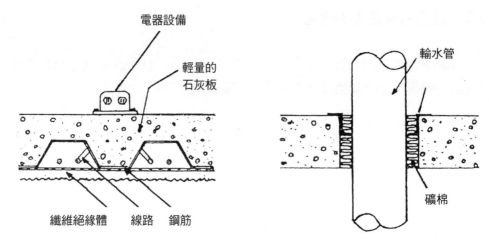

電器設備

輕量的
石灰板

輸水管

礦棉

纖維絕緣體　　線路　　鋼筋

圖9-1　以礦棉、玻璃纖維阻絕火焰通路

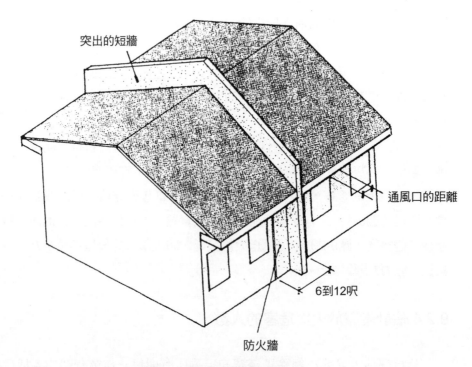

突出的短牆

通風口的距離

6到12呎

防火牆

圖9-2　兩屋之間的防火牆

1.在此作業場所，平時有多少工作？

2.是否有其他部門員工進入此作業場所？

3.是否有承攬商？有多少人員？

4.是否有廠外的訪客？是否有登記？

5.是否有實習生？多少人？

6.是否有火災警報系統？

7.作業場所是否有殘障員工？能否看到或聽到警報？

8.若有殘障員工，是否需要協助離開火災現場？

9.員工是否接受火災之逃生避難教育訓練？是否能夠迅速離開火場？是否有緊急應變演練？

為了讓所有暴露於火災風險的人能儘速且安全地到達集合的地點，事業單位管理階層平時需妥為規劃，應有一些保護裝置或設施，例如：

1.緊急照明。

2.逃生避難指示標識。

3.出口（exits）之規劃，譬如一棟建築物至少有兩個安全出口，規劃出口的寬度（配合逃生避難人數）、出口的位置與工作地點的步行距離，安全門、逃生梯等。

9.3 估計火災、爆炸的風險

9.3.1 估計火災、爆炸發生機率

不論是火災、爆炸或其他類似的意外事故，其發生的機率推估，可由幾種方法獲得：

1.經由業界過去曾經發生的事故資料估算出來。

2.運用事故的因果關係估算出來，常藉助於失誤樹分析（FTA）或事件樹分析（ETA）等分析方法估計（可參考拙著《危害分析與風險評估操作手冊》或《危害分析與風險評估》）。

3.專家的經驗判斷。

4.事業單位對於作業發生故障或事故都做記錄，並予統計分析所得來的機率。

事故機率常以多少單位時間、作業次數中發生一次來表示。例如每週可能發生一次，或五十次的作業活動中可能發生一次。**表9-7**、**表9-8**可作為參考。

估計火災、爆炸的機率必須考慮一些現場情況。可燃物外洩之後，未必會遇到發火源，因此需先估計發火源存在之機率。而就算已經有發火源，也未必點燃可燃物，此需考量：(1)發火源的能量，是否大於可燃物之最小著火能？此與發火源的種類有關，例如明火的能量大於靜電火花的能量；(2)可燃物的洩

表9-7　事故發生機率等級

等級	事故發生機率及說明
1	1.機率：0至10^{-6}（10^{-6}表示百萬小時發生一次）。 2.危害情況：應該不會發生，過去無此紀錄。 3.防範措施：現場有四種以上高度可靠、獨立之防範裝置。這些裝置若故障失效也不致發生事故。
2	1.機率：10^{-6}至10^{-4}。 2.危害情況：不太可能發生，但過去曾經發生過。 3.防範措施：現場有三種高度可靠、獨立之安全裝置。兩個安全裝置失效不致發生事故。
3	1.機率：10^{-4}至10^{-3}。 2.危害情況：有可能發生。 3.防範措施：現場有兩種高度可靠、獨立之安全裝置。一個安全裝置失效不致發生事故。
4	1.機率：10^{-3}至10^{-2}。 2.危害情況：幾乎會發生（但未必在現場）。 3.防範措施：現場只有一種安全裝置和操作員共同防範事故發生。
5	1.機率：1.0至10^{-2}。 2.危害情況：業界曾發生此類事故，現場也可能發生。 3.防範措施：依賴操作程序或操作員來防範事故發生。

表9-8　火災發生機率

1.常發生	常會發生，常發生過（P＞0.1）
2.可能發生	在系統壽命週期發生數次（P＞0.001）
3.偶爾發生	在一次操作中不太可能發生（P＞10^{-6}）
4.很少發生	很不可能發生，未經驗過（P＜10^{-6}）
5.不可能發生	發生的機率近於或等於零（P≈0）

資料來源：摘自美國國防部（MIL-STD-882D）。

漏量有多少？量少和空氣混合，是否會達到其爆炸範圍？以下是一些專家的估計，僅供參考而已。

英國化工安全專家Kletz（1977）認為蒸氣雲洩漏量超過10公噸的易燃物，點燃機率大於0.1，可高達0.5。

另一專家Browning（1969）的判斷，認為在無明顯發火源且有防爆型電器設備的情況下，點燃的機率為：

1.LPG大量外洩，點燃機率0.1。

2.閃火點低於43.3°C之可燃性液體或溫度高於閃火點之可燃性液體，點燃機率0.01。

3.閃火點介於43.3～93.3℃的可燃性液體，點燃機率0.001。

Browning認為如果發火源是明火（open fire）或會產生電弧光的設備，則上列的點燃機率宜再乘以10。此外，他認為易燃性氣體和液體外洩後被點燃的機率估計為0.01～0.1。

英國政府HSE Canvey Island的研究報告（HSE, 1978, 1981）認為LNG的點燃機率：

1.外洩量有限（數十公噸），點燃機率0.1。

2.大量外洩，點燃機率1.0。

此外，在已知有無發火源情況之點燃機率如**表9-9**。

Kletz估計易燃性氣體和液體自容器洩漏後被點燃的機率如**表9-10**。

從美國石油協會（API）統計的煉油廠火災來看，每一煉油廠每年發生火災的機率為0.28。英國政府HSE Canvey Report（1978）估計每一煉油廠每年發生重大火災的機率為0.1。

根據Davenport（1977，1983）的調查，發生蒸氣雲爆炸的機率為：

表9-9　有無發火源情況之點燃機率

發火源	點燃機率
無	0.1
很少	0.2
少	0.5
很多	0.9

表9-10　Kletz估計易燃性氣體和液體自容器洩漏後被點燃的機率

洩漏量	點燃機率（大略值）	
	氣體	液體
＜1kg/s	0.01	0.01
1～50kg/s	0.07	0.03
＞50kg/s	0.3	0.08

4.2×10^{-4}爆炸次數／每廠／每年。

9.3.2 估計火災、爆炸後果嚴重性

火災、爆炸發生後造成的不良後果，就受害員工而言，可分輕傷害、暫時全失能、永久失能、死亡不同等級的嚴重程度傷害。此外，尚有事業單位物料、設備、設施、廠房的損毀、生產停頓、修復的損失；若災變波及於廠外，則造成社區民眾的傷害，財物的損毀；更有進者，影響生態環境，禍及古蹟或重要文物、科學資產等。

為便於排列風險矩陣（risk matrix）、火災、爆炸後果嚴重性（severity）亦可比照上述之火災、爆炸發生機率分為五個等級，如**表9-11**。

9.3.3 計算各種火災、爆炸危害

本書在第四和第五章已詳述各種火災、爆炸。已討論過者將不再贅述。在此僅擇要討論幾種較具代表性的火災、爆炸所帶來的危害，例如油池火災的輻射熱危害；BLEVE火球的熱輻射或爆風波與傷亡相關性；蒸氣雲爆炸的超壓危害評估。

(一)油池火災的火焰熱通量及危害評估

油池火災的火焰表面（即輻射面）射出去的輻射熱與附近的物體或人接收的熱通量為主要考量。

自火焰輻射面（flame envelope）射出去到任一距離的熱輻射量〔即熱通量，thermal（or heat）flux〕，主要有兩種計算方法，一種是比較簡單的點源模式（或稱點源法）（point source model or method），另一種是較為複雜的固態

表9-11　火災、爆炸嚴重性等級

等級	事故後果嚴重性及說明
1	1.輕傷害（廠內急救處理即可，需報告之傷害）。 2.財務損失低於基準金額（註）。 3.環境損害輕微（不需改善）。 4.生產損失低於基準金額（註）。 5.沒有造成廠外之損毀、損害。
2	1.嚴重傷害（暫時全失能）。 2.財產損失是基準金額的1～20倍。 3.環境損害中等（清除或改善時間未達一週，對動植物不具永久性影響）。 4.生產損失是基準金額的1～20倍。 5.造成廠外輕微損害（異味、噪音、汙染等）。 6.可能引起一般民眾不良反應。
3	1.永久全失能或有可能1人死亡（廠內）。 2.財產損失是基準金額的20～50倍。 3.環境損害（清除或改善時間未達一個月，對動植物之影響輕微）。 4.生產損失是基準金額的20～50倍。 5.造成廠外中度的財損，對一般民眾的健康影響輕微。 6.引起民眾不良反應。
4	1.1人死亡或少於4人永久全失能（廠內）。 2.財產損失是基準金額的50～200倍。 3.環境損害嚴重（清除或改善時間需3～6個月，對動植物之影響中等）。 4.生產損失是基準金額的50～200倍。 5.造成廠外高度的財損，對一般民眾有短期的健康影響。 6.引起民眾不少的關注與反應。
5	1.多人死亡或多於4人永久全失能（廠內）。 2.財產損失是基準金額的200倍以上。 3.環境損害廣泛（清除或改善時間至少6個月以上，對動植物之影響甚大）。 4.生產損失是基準金額的200倍以上。 5.造成廠外嚴重的財損，對一般民眾有長期的健康影響。 6.引起民眾嚴重不良反應，威脅廠房設備之繼續運轉。

註：所謂基準金額係指此項損失可為管理高層所能接受的金額。

火焰模式（solid flame model），茲說明如下：

◆點源模式

　　點源模式是假設輻射源為一點，向四面八方輻射出去，燃燒所生的熱能以某個百分比輻射而出。熱輻射強度隨著距輻射源（即火焰）的距離的平方而減弱。

　　距輻射源任一距離的輻射熱，比較簡單的算法可使用公式（9-1）：

$$Q = \frac{f\, Hc}{4 \pi X^2} \qquad\qquad (9\text{-}1)$$

式中，Q＝距輻射源某一距離的輻射熱（熱通量）（kW/m^2）

f＝燃燒熱輻射出去的百分比（％）

Hc＝每單位時間的燃燒熱（kw）（kJ/s）

X＝與輻射源的間隔距離（m）

公式（9-1）的優點在於其計算簡便，應用性甚廣；缺點是與輻射源的間隔距離（即9-1式的X）太小（例如小於油池直徑2倍長度），將低估輻射熱。因受到火焰大小、形狀、傾斜角度等因素的影響。原則上，點源模式較適合於距輻射源遠一點的地方，例如X大於油池直徑的2.5倍以上之處。因此若以點源模式計算兩易燃物儲槽之安全間距，可能不太適合。

公式（9-1）最重要的一個參數是f，是燃燒產生之熱能向四周輻射的百分比。此一百分比不易估計。f隨火災的種類、可燃物之不同與火災的大小（即油池之大小）而變，除非謹慎調整所使用的實驗資料，否則不易獲得f的正確值，**表9-12**僅供參考。從**表9-12**可看出油池火災所產生的熱能只有一部分以輻射的方式傳播出去，常不會超過50％，甲醇為17％，苯為36％，丁烷約為27％，LPG

表9-12　碳氫化合物油池火災燃燒熱能輻射出去的百分比

易燃物	油池直徑（m）	輻射百分比（f）
甲醇	1.2	17
LNG（地上）	18	16.4
	0.4～3.05	15～34
	1.8～6.1	20～25
LNG（水上）	8.5～15	12～31
LPG（地上）	20	7
丁烷	0.3～0.76	19.9～26.9
汽油	1.22～3.05	40～13
	1～10	60.1～10
苯	1.22	36～38
己烷	－	40
乙烯	－	38

資料來源：NFPA, *SFPE Handbook of Fire Protection Engineering*, p. 2-54.

因燃燒時飄起大量濃煙，輻射出去的部分相當低，約7%而已（按LPG之BLEVE的火球，f=0.4）。

◆sloid flame model

在這裡我直接寫英文，而不使用譯文，因為覺得譯文很怪。

前述之油池火災是假設油池是圓形或接近圓形，並將輻射源視為遠方的一個小點。而現在這個solid flame model則假設火焰的形狀為圓柱形、球形或圓錐形，熱輻射是從這些固體狀的幾何形體的表面所輻射出去的（圖9-3）。此模式計算接收輻射熱的物體表面所承受的輻射熱，Q為：

$$Q = FE\tau \tag{9-2}$$

式中，Q＝接收面所接收的輻射熱（kW/m^2）

F＝幾何視係數（geometric view factors）

E＝火焰表面放射出的熱通量（emissive power）（kW/m^2）

τ＝大氣傳輸係數（atmospheric transmission coefficient）

以下分別就公式（9-2）三個參數討論如下：

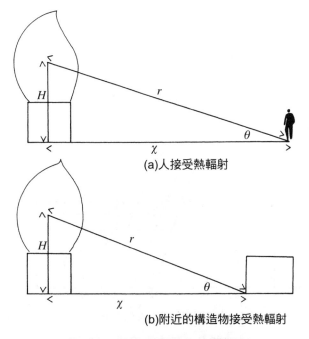

(a)人接受熱輻射

(b)附近的構造物接受熱輻射

圖9-3　儲槽火災產生的熱輻射

①幾何視係數

　　兩平面之間的幾何視係數有時稱為幾何結構（configuration）係數、形狀（shape）係數、角度（angle）係數或輻射交換係數（radiation interchange factor），為輻射面投射到接收面的角度，這是火焰（被假設為圓柱體）投射到接收面的那一部分，亦即接收面只有一部分角度正對著輻射源的投射面。幾何視係數的大小取決於火焰投射面與受熱面之間的距離，火焰的形狀、大小以及受熱面接收熱輻射的相對角度方向。

　　幾何視係數可由**圖9-4**求出。**圖9-4**之縱座標是地面的最大視係數，為水平視係數之平方與垂直視係數之平方和之平方根。亦即：

$$F_{max} = \sqrt{F_h{}^2 + F_v{}^2} \qquad\qquad (9\text{-}3)$$

式中，F_{max} ＝最大視係數

$\quad\quad\ F_h$ ＝水平視係數

$\quad\quad\ F_v$ ＝垂直視係數

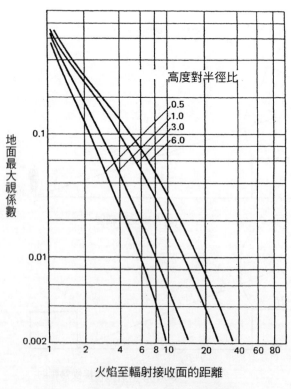

圖9-4　最大幾何視係數

圖9-4的橫座標是火焰中心線至輻射接收面的距離。圖中的曲線為火焰高度（H）與油池半徑的比。

圖9-5(a)表示在無風情況下，火焰的高度H；(b)表示有風吹斜火焰的情形。

圖9-5中在無風情況下的火焰高度（H），依據Thomas（1963）得自實證資料和實驗室木堆火災觀察資料，圓形體的火災，擴散火焰平均觀察高度可以公式（9-4）估算：

$$\frac{H}{D} = 42 \left(\frac{M_b}{\rho_a \sqrt{gD}} \right)^{0.61} \tag{9-4}$$

式中，H＝火焰在油池上的高度（m）

D＝油池直徑（m）

M_b＝可燃物質量燃燒率（mass burning rate）（kg/m²s）

ρ_a＝周圍空氣密度（1.2kg/m³）

g＝重力加速度（9.81m/s²）

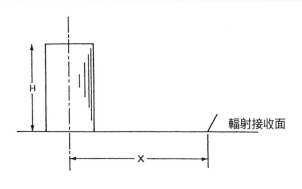

(a)垂直圓筒狀火焰

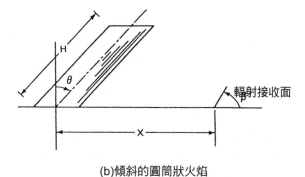

(b)傾斜的圓筒狀火焰

圖9-5　(a)在無風情況下的垂直火焰；(b)有風，傾斜的火焰

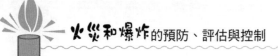

若是在有風的情況下，得自木垛火災的觀察，火焰高度以（9-5）關係式估算：

$$\frac{H}{D} = 55 \left(\frac{M_b}{\rho_a \sqrt{gD}} \right)^{0.67} U^{-0.21} \qquad （9\text{-}5）$$

式中，H＝火焰在油池上的高度（m）

　　　D＝油池直徑（m）

　　　M_b＝可燃物質量燃燒率（kg/ m^2s）

　　　ρ_a＝周圍空氣密度（1.2kg/m^3）

　　　g＝重力加速度（9.81m/s^2）

　　　U＝nondimensional風速（m/s）

②火焰表面放射出的熱通量

　　火焰表面放射出的熱通量是自火焰表面每單位面積所放射的熱（kW/ m^2），以E表示。計算此熱通量可使用Stefan's Law：

$$E = e\sigma \left(T_f^{\ 4} - T_a^{\ 4} \right) \qquad （9\text{-}6）$$

式中，e＝emissivity，發射率

　　　σ＝Stefan-Boltzmann常數（constant），等於5.67×10^{-11}kW/$m^2$$k^4$

　　　T_f＝火焰的絕對溫度，K

　　　T_a＝周圍溫度，K

　　對黑體（black body）而言，發射率e＝1；對灰體（grey body）而言，e＜1。火災產生的燃燒生成物有氣態的水蒸氣、CO_2、CO和固態的煙粒。熱輻射由這些生成物發射出來。這些物質不是理想的黑體。計算燃燒生成物之整個發射率相當不易。

　　計算公式（9-6）須知火焰的溫度。這種擴散火災的溫度在火焰各個點的溫度變動甚快，各個點的溫度不一，有的點的溫度最低可能接近周圍溫度，有的點最高可能接近火焰絕熱溫度。通常碳氫化合物火焰溫度約在1,000～2,000°C。

　　火焰表面放射出的熱通量亦可由狹角輻射儀直接測得。例如地面上LNG的

油池火災（直徑D=20公尺），測得熱通量為150～220kW/m²，汽油（油池直徑=1～10公尺），熱通量為60～130kW/m²。直徑較小的油池火災，其熱通量比直徑較大的火災高，譬如汽油油池火災，直徑1.5m的熱通量為130kW/m²，而直徑10m者，熱通量才20kW/m²而已。

③大氣傳輸係數

　　大氣吸收的熱輻射量是依火焰性質、大氣狀況（主要是相對濕度）和傳輸路徑的長度而定。空氣中的塵粒或水分子亦分散輻射熱，但此情況若屬小區域的火災危害，則可以忽略，因傳輸路徑太短。大氣吸收熱輻射，以水蒸氣為主，CO_2次之。在100公尺內大氣吸收或分散輻射熱之20～40%。估計大氣傳輸程度可以公式（9-7）或**圖9-6**為之。

$$\tau = 2.02 \left(P_w X \right)^{-0.09} \tag{9-7}$$

式中，τ＝大氣傳輸係數（0～1）

　　　P_w＝水蒸氣的分壓（Pascals，N/m²）（50%RH，20℃時，水蒸氣壓力＝2,320Pa）（＝2,820N/m²）

　　　X＝大氣傳輸路徑長度，從火焰表面至受熱面的距離（m）

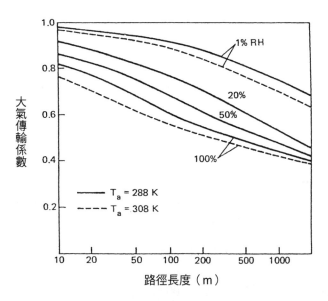

**圖9-6　大氣傳輸係數與傳輸路徑長度，相對濕度（RH）關係圖
　　　　（火焰溫度設為1,400K）**

【例一】

某個儲槽護牆（dike）直徑10m內存有從儲槽破裂洩漏的汽油，若發生油池火災，試求與護牆相距100m處所接受的熱通量。

相關資料：

汽油火焰溫度＝1,300K

周圍溫度＝293K

風速＝零（無風）

相對濕度＝50%

可燃物質量燃燒率＝0.0696kg/m²s

水在RH50%，20℃時之蒸氣壓＝2,320Pa

周圍空氣密度＝1.2kg/m³

假設發射率＝1.0

〔解〕

1.$T_f^4 - T_a^4 = (1300K)^4 - (293K)^4 = 2.8487 \times 10^{12} k^4$

求火焰表面放射出的熱通量，使用公式（9-6）

$$E = e\sigma(T_f^4 - T_a^4)$$
$$= 1.0 \times 56.7 \times 10^{-12} \, kW/m^2 \, k^4 \times 2.8487 \times 10^{12} \, k^4$$
$$= 161.52 \, kW/m^2$$

2.求幾何視係數

先求火焰高度（H），使用公式（9-4）

$$\frac{H}{D} = 42\left(\frac{M_b}{\rho_a\sqrt{gD}}\right)^{0.61}$$

$$\frac{H}{10} = 42\left(\frac{0.0696}{1.2\sqrt{9.81 \times 10}}\right)^{0.61}$$

H＝18.34m

其次，自火焰中心線至輻射接受面的nondimensional距離
＝2X/D＝（2×105）/10＝21

火焰高度與半徑比＝$\frac{H}{R} = \frac{18.34m}{5m} = 3.668$

由圖9-4，得幾何視係數約0.004

3.求大氣傳輸係數

使用公式（9-7）

$\tau = 2.02 (2,320 \times 100)^{-0.09} = 0.66$

4.求接收面物體所承受的熱通量

使用公式（9-2）

$Q = FE\tau$

$= 0.004 (161.52 kW/m^2) (0.66)$

$= 0.426 kW/m^2$

◆油池火災熱輻射對人的危害評估

油池火災的熱輻射對人的危害可分兩方面：

①生理方面

這方面常是漸進、累積的效應。熱危害會使人體接近皮膚表面的血管擴張，增加流至體表的血流量、把體內的熱發散於身體表面。這是人體防禦熱危害的第一步。如果第一道防線無法滿足散熱的需要，則人體的第二防禦機轉即是出汗。出汗使人體的水分和鹽分流失，除非適當補充，否則將造成熱誘發的生理上疾病，包括熱衰竭（heat exhaustion）、失水（dehydration）、熱痙攣（heat cramps）和中暑（heat stroke）。

熱衰竭是因大腦皮質血液供應不足所致的一種虛脫狀態，體溫調節不能滿足散熱需求。其症狀是虛弱、極度疲倦、暈眩、噁心、頭痛等。

失水會導致細胞功能失常，嚴重者會使組織內積酸、發燒、產生尿毒症，甚至死亡。

熱痙攣是隨意肌的一種抽筋似的痙攣，常發生於血液中NaCl濃度降低至危險程度之下時。這是出汗過多且未補充鹽分所致。

中暑乃因體溫調節機轉失能，致使皮膚溫度和體溫上升，若未有效降溫，終使人精神錯亂、譫妄、神志喪失、昏迷。

②病理方面

這方面常是突然且偶發的效應。此熱效應會造成程度不等的灼傷，隨暴露熱輻射的強度、時間與火源的距離而定。人體的皮膚由外層的表皮（厚度約0.05～0.1mm）和真皮（厚度約1～2mm）組成。燒灼深度可自表皮而至真皮，甚至更下面的肌肉、骨骼。通常區分其嚴重度為：

第一度灼傷：僅傷害到表皮淺層，傷處會紅腫、疼痛的現象。一般而言，不會留下疤痕，常在3～7天癒合。

淺二度灼傷：表皮層與真皮表層（約三分之一以上）的灼傷。除了紅腫外也會有起水泡和灼熱感。癒合時間約兩週，有可能留下輕微的疤痕。

深二度灼傷：整個真皮層灼傷。皮膚成淺紅色且有白色的大水泡，但較不感覺疼痛。癒合時間約需三週，會留下明顯的疤痕。

第三度灼傷：傷害到皮下組織甚至更下面的肌肉、骨骼。皮膚呈焦黑且乾硬，色素細胞與神經受損，疼痛感消失，無法自行癒合，會留下疤痕，造成功能性障礙。

人體對疼痛（pain）的感覺與人種膚色、個人的忍耐度有關，深黑色皮膚的人比其他膚色的人之疼痛下限值（pain threshold）高約1°C。

一般而言，不論暴露時間長短，暴露於熱通量低於1.7kW/m^2，不會有疼痛感。灼熱疼痛感與熱輻射強度可以公式（9-8）預測之。**表**9-13為熱輻射使人疼痛的暴露時間及熱劑量（heat dose）。

$$t_p = [35/Q]^{1.33} \qquad\qquad\qquad (9\text{-}8)$$

式中，t_p＝感覺疼痛所需的暴露時間（s）

　　　Q＝熱輻射（熱通量），kW/m^2

表9-13　疼痛下限的熱輻射

熱輻射（kW/m^2）$^{4/3}$	達疼痛下限所需的時間（s）	熱劑量（W/m^2×10^{-4}）
4.2	13	88
5.2	10	90
6.3	8	93
8.4	5.5	94
14.5	3	106

註：熱劑量＝暴露時間（s）×（熱輻射）$^{4/3}$＝t（I）$^{4/3}$

美國聯邦液化天然氣設施安全標準（49 CFR, Part 193, 1980），建議人體直接暴露之可接受輻射熱為5kW/m^2。在此熱通量時，暴露時間不宜超過13秒，否則人體將承受難以容忍的疼痛。如果暴露時間達40秒，將造成二度灼傷。這可作為灼傷的熱通量基準。而造成死亡的熱通量下限約在10kW/m^2。

Eisenberg等人（1975）分析核子爆炸資料，研究熱輻射強度與灼傷的關係，所得的結果如**圖9-7**所示，曲線由左至右分別代表：(1)顯著灼傷下限；(2)虛線，二度灼傷；(3)1%死亡機率；(4)50%死亡機率；(5)100%死亡機率。Eisenberg等人所發展的傷亡關係式不少，大量應用於工業安全衛生的傷亡財產損失的估計（請參閱拙著《危害分析與風險評估》），下式（9-9）為常用的傷亡機率關係式：

$$P_r = a + b\,\log I^n t \qquad\qquad (9\text{-}9)$$

式中，$P_r =$ 傷亡機率（probit）

　　　　a、$b =$ 常數

　　　　$I =$ 熱輻射強度（kW/m^2）

　　　　$n = 4/3$

　　　　$t =$ 時間（秒）

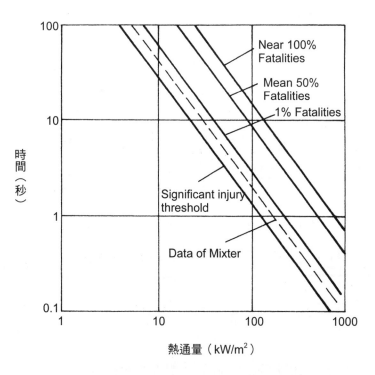

圖9-7　熱通量與嚴重灼傷或致死程度的關係

公式（9-9）是個機率單位（probability unit），簡寫為probit，由Finney（1971）首先提出。probit Y與機率（％）的關係如**表9-14**所示。

表9-14　百分比與probit互換表

%	0	1	2	3	4	5	6	7	8	9
0	—	2.67	2.95	3.12	3.25	3.36	3.45	3.52	3.59	3.66
10	3.72	3.77	3.82	3.87	3.92	3.96	4.01	4.05	4.08	4.12
20	4.16	4.19	4.23	4.26	4.29	4.33	4.36	4.39	4.42	4.45
30	4.48	4.50	4.53	4.56	4.59	4.61	4.64	4.67	4.69	4.72
40	4.75	4.77	4.80	4.82	4.85	4.87	4.90	4.92	4.95	4.97
50	5.00	5.03	5.05	5.08	5.10	5.13	5.15	5.18	5.20	5.23
60	5.25	5.28	5.31	5.33	5.36	5.39	5.41	5.44	5.47	5.50
70	5.52	5.55	5.58	5.61	5.64	5.67	5.71	5.74	5.77	5.81
80	5.85	5.88	5.92	5.95	5.99	6.04	6.08	6.13	6.18	6.23
90	6.28	6.34	6.41	6.48	6.55	6.64	6.75	6.88	7.05	7.33
—	0.0	0.1	0.2	0.3	0.4	0.5	0.6	0.7	0.8	0.9
99	7.33	7.37	7.41	7.46	7.51	7.58	7.65	7.75	7.88	8.09

資料來源：Finney (1971).

probit函數的一般式是：

$$Y = K_1 + K_2 l_n V \qquad (9\text{-}10)$$

式中，Y ＝probit

K_1與K_2＝參數

V＝變數（在此指熱劑量）

公式（9-10）中的V是：

$$V = tI^{4/3} \times 10^{-4} \qquad (9\text{-}11)$$

式中，t＝時間（秒）

I＝熱輻射強度（W/m^2）（按：此式之I為式9-8之Q）

在1％致死時，熱輻射強度、時間、熱劑量如**表9-15**。

表9-15　在1%致死時，熱輻射強度、時間、熱劑量

時間（秒）	I（W/m^2）	熱劑量〔s（W/m^2）$^{4/3}$〕
1.43	146,000	1,099×10^4
10.1	33,100	1,073×10^4
45.2	10,200	1,000×10^4

50%與99%致死劑量也可依相同方法得之。熱輻射致死的probit公式為：

$$Y = -14.9 + 2.56 l_n (tI^{4/3} \times 10^{-4}) \tag{9-12}$$

公式（9-12）可應用於大型油池火災或閃火（flash fire）。

估計非致死灼傷，譬如估計第一度灼傷，使用公式（9-13）：

$$tI^{1.15} = 550,000 \ W/m^2 \tag{9-13}$$

【例二】

某石化廠油槽發生油池火災，相距油槽15公尺的某操作員遭受熱輻射強度15366W/m^2，暴露達45秒，試用Eisenberg probit公式（9-12）求此操作員之致死機率。K_1=-14.9，K_2=2.56。

〔解〕

熱劑量，$V = tI^{4/3} \times 10^{-4}$

$$= 45 (15366)^{4/3} \times 10^{-4}$$

$$= 1719 〔s（w/m^2）^{4/3} \times 10^{-4}〕$$

$$Y = -14.9 + 2.56 l_n (1719)$$

$$= -14.9 + 19$$

$$= 4.1$$

利用**表9-14**，得致死機率＝18.5%

(二)BLEVE的火球熱通量及危害評估

本書在第五章5.8.3已詳細討論BLEVE，即滾沸液體膨脹蒸氣爆炸發生的原

因和過程，並言BLEVE未必出現火球。然而，這種出現火球的BLEVE卻最常發生且危害效應最嚴重。本節專論火球的危害與風險。

BLEVE發生之初，大量易燃物洩漏於接近地面之處，被點燃之後，常在地面形成半球形的巨大火團，其後熱膨脹，浮力增加，略成球形的火體猛然向上直衝，亂流引發空氣進入，火球更加膨脹。

與油池火災相較，至今對火球的研究仍然有限。較理想的火球燃燒模式應能預測受熱物體的熱輻射強度，並考量：(1)易燃物的特性及其種類；(2)隨時間而變化的火球幾何形狀；(3)受熱面的方向（相對於輻射源的角度）及位置。現今未有如此完整的預估模式，在此僅能以較簡略的方式說明之。

火球對人或構造物最大的危害在於其輻射熱。其輻射熱通量的估計模式亦有點源模式和solid flame model兩種。本節之計算以solid flame model為主。

用於BLEVE火球的危害評估公式有多種，譬如火球的最大直徑，火球燃燒的維持時間，火球中心的高度或火球上升的高度，或者火球輻射面射出的熱通量，或受熱面所承受的熱通量等。本節在此不想臚列各家所研發的計算公式，而僅列出作者較為偏好，自認為較可靠、方便的公式。

火球的最大直徑D_{max}（m）$= 5.8M^{1/3}$ （9-14）

火球維持的時間t（s）$= 0.45M^{1/3}$（用於可燃物少於30噸）   （9-15）

火球維持的時間t（s）$= 2.6M^{1/6}$（用於可燃物多於30噸）   （9-16）

火球初期半球直徑D（m）$= 1.3D_{max}$ （9-17）

火球中心垂直距離地面的高度$= 0.75D_{max}$ （9-18）

火球上升（於儲槽之上）的高度$Z_p = 12.73V_{va}^{1/3}$ （9-19）

式中，$V_{va} =$ 大氣溫度和壓力時，可燃物蒸氣的體積（m^3）

         假設容器內可燃物全部質量汽化為蒸氣

上列關係式中M＝燃燒反應物（即可燃物）的質量（公斤）。一般而言，若是氣體外洩物，常使用外洩質量的全部；若是液體外洩物，則使用液體質量的2倍計之。

BLEVE火球產生輻射熱在受熱面的熱通量是：

$$Q_R = \tau E F_{21} \qquad (9\text{-}20)$$

式中，Q_R＝黑體受熱物接收的熱通量（kW/m^2）

τ＝大氣傳輸係數（無單位）

E＝火球表面射出的熱通量（kW/m^2）

F_{21}＝幾何視係數（無單位）

公式（9-20）中的大氣傳輸係數與計算油池火災相同，即：

$$\tau = 2.02 \left(P_w X \right)^{-0.09} \qquad (9\text{-}21)$$

式中，$\tau = 0 \sim 1$

P_w＝水的分壓 $\left(\dfrac{N}{m^2} \right) \left(P_a \right)$

X＝傳輸路徑長度，從火球表面到受熱人、物的距離（m）

公式（9-20）的幾何視係數以公式（9-22）計算：

$$F_{21} = \frac{D^2}{4X^2} \qquad (9\text{-}22)$$

式中，F_{21}＝火球與受熱物體表面之間的幾何視係數

D＝火球的最大直徑（m）

X＝火球中心至受熱物體間的水平距離（m）

公式（9-20）另一個較簡便的計算公式為：

$$q_{r\,max} = \frac{828 M^{0.771}}{R^2} \qquad (9\text{-}23)$$

式中，$q_{r\,max}$＝距火球R公尺接收到的最高熱通量（kW/m^2）

M＝可燃物的質量（kg）

R＝火球輻射面至受熱面的距離（m）

BLEVE火球表面射出的熱通量常在200～350kw/m^2之間，比油池火災產

生的熱通量（185～224kw/m²）大得多。碳氫化合物大型火災的火球熱通量在350kw/m²左右。

公式（9-20）的E以公式（9-24）計算，但需注意其不確定性相當大。

$$E = \frac{F_{rad}\,MHc}{\pi\,(D_{max})^2 t} \qquad (9\text{-}24)$$

式中，E＝火球射出的熱通量（kW/m²）

F_{rad}＝輻射百分比（0.25～0.4）（見以下說明）

M＝可燃物質量（kg）

Hc＝燃燒熱（KJ/kg）

D_{max}＝火球最大直徑（m）

t＝火球維持時間（s）

關於輻射百分比係指火球（或任何火焰）以輻射傳熱方式的百分比。一般而言，火焰以輻射方式傳熱約占全部熱通量三分之一。因可燃物燃燒的性質不同，其所產生的水蒸氣（H_2O）、CO_2的和煙塵的百分比各異，故這些輻射物質（即H_2O、CO_2、soot）輻射出的熱不一。為免麻煩，有些專家直接以某個數字（例如0.35或0.4）計算。下列數字僅供參考：H_2=0.25，LNG=0.23，C_3H_8=0.25，C_4H_{10}=0.27，C_6H_6=0.36。

【例三】

有一200m³（10萬kg）的丙烷槽發生BLEVE，試估計火球的大小，維持燃燒的時間，火球表面熱通量和距儲槽水平距離200m處受熱物體接收的熱通量。事發當時的溫度為20℃，壓力為8.2bara，水的分壓（與相對濕度有關）為2,810N/m²。

〔解〕

火球的直徑D_{max}＝5.8（10^5）$^{1/3}$＝5.8（46）＝266.8m

火球維持的時間＝2.6（10^5）$^{1/6}$＝2.6（6.8）＝17.68秒

火球中心垂直距地面的高度＝0.75（266.8）＝200m

輻射百分比F_{rad}＝0.25

幾何視係數（在200m處）$F_{21} = \dfrac{D^2}{4X^2} = \dfrac{(266.8)^2}{4(200)^2} = 0.44$

傳輸路徑長度＝直角三角形斜邊－火球半徑

$= (200^2 + 200^2)^{0.5} - 0.5 \times 266.8$

$= 282.8 - 133.4$

$= 149.4$

$\fallingdotseq 150m$

大氣傳輸係數 $\tau = 2.02 \times (P_w \times 150)^{-0.09}$

$= 2.02 \times (2,820 \times 150)^{-0.09}$

$= 0.63$

火球表面輻射出去的熱通量

$$E = \frac{F_{rad}\,MHc}{\pi(D_{max})^2 t} = \frac{0.25 \times 100,000 \times 46,350}{3.1416 \times (266.8)^2 \times 17.68}$$

$= 293kW/m^2$

距儲槽200公尺處受熱面的熱通量

$Q_R = \tau\,EF_{21}$

$= 0.63 \times 293 \times 0.44$

$= 81kW/m^2$

【例四】

1984年11月於Mexico City市郊之LPG油槽發生大爆炸，其中有四座1,590m³儲槽出現BLEVE火球。事故發生當時，有一座1,590m³儲槽是半滿的。試求：(1)火球的直徑；(2)火球維持的時間；(3)儲槽邊操作員所接收的熱通量。已知C_3H_8在15.5℃時，液態LPG每m³重510kg。LPG蒸氣體積在15.5℃時為0.534m³/kg。球形儲槽直徑為30m。

〔解〕

儲存之LPG重量＝1/2（1,590m³×510kg/m³）＝405,450kg

火球的直徑$D_{max} = 5.8 (405,450)^{1/3} = 5.8 \times 74 = 429m$

火球維持的時間＝$2.6 (405,450)^{1/6} = 2.6 \times 8.6 = 22.36$秒

火球上升的高度＝$12.73\,V_{va}^{1/3}$

$\qquad\qquad\quad = 12.73 [(405,450kg)(0.543m^3/kg)]^{1/3}$

$$= 12.73 \times 60$$

$$= 763.8 m$$

地面上的操作員距火球之距離 $= 763.8m + 30m = 793.8m$

此操作員承接的熱通量為：

$$q_{rmax} = (828)(405,450)^{0.771}/(793.8)^2 = 27.7 kW/m^2$$

密閉容器破裂之後產生BLEVE之火球，對人體皮膚的病理效應，亦與大型油池火災或閃火類似。估計LPG火球熱通量對人造成1%或50%致死機率與受熱者（即人）的距離，可依下式（9-25）計算：

$$q = \frac{43 \times 10^3 \times R \times G \times \tau}{4\pi L^2} \qquad (9\text{-}25)$$

式中，q＝火球的熱通量（kW/m²）

　　　R＝燃燒熱輻射百分比（＝0.4，LPG）

　　　G＝LPG燃燒率（burning rate，kg/sec）（＝10kg/sec）

　　　τ＝大氣傳輸係數（可假設＝1）

　　　L＝火球與受熱者的距離（m）

註：本公式與拙著《危害分析與風險評估》第五章公式（5-81）略有不同，可說是一種修正，**表9-16**亦是修正結果。

公式（9-25）可適用於各種可燃物的重量，不論火球燃燒持續時間，可使用probit公式估計1%或50%的致死機率，可評估暴露之裸皮膚（未穿衣服處）之第二度、第三度灼傷和起泡灼傷。**表9-16**為致死機率與造成各級灼傷之熱輻射劑量。

表9-16　不同熱劑量對人的不良影響

基準	熱劑量，s（W/m⁻²）$^{4/3}$ 10⁻⁴	說明
皮膚起泡，第二度灼傷下限值	210～700	在此劑量之間有不少灼傷證據
1%致死機率	1,050	
皮膚第二度以上灼傷（＞0.1mm深度）	1,200～2,600	1,200熱劑量約等於人穿衣時之1%致死機率
50%致死機率	2,300	Eisenberg等人採用原子彈爆炸傷亡資料發展出的probit公式
皮膚第三度灼傷（2mm深度）	2,600	2,600熱劑量約等於人穿衣時之50%致死機率

【例五】

假設LPG的燃燒熱輻射百分比為0.4，燃燒率為10kg/sec，大氣傳輸係數＝1，周圍溫度15℃，相對濕度＝70%，受熱者暴露於10公噸LPG火球達43秒，熱劑量1,050sec（W/m²）$^{4/3}$×10^{-4}使人1%致死機率，求受熱者距火球中心的距離。

〔解〕

熱劑量，$V = \dfrac{t(I)^{4/3}}{10^4} = \dfrac{2(I)^{4/3}}{10^4} = 1,050$

則I＝110kW/m²〔在此I即是公式（9-25）之q〕

使用公式（9-25）

$110 = \dfrac{43 \times 10^3 \times 0.4 \times \dfrac{10,000}{10} \times 1}{4 \times 3.1416 \times L^2}$

$L^2 = 12,446$

$L = 111.56m$

$\fallingdotseq 112m$

【例六】

與上題【例五】的假設條件相同，受熱者暴露於10公噸LPG火球達9.9秒，熱劑量2,300sec（w/m²）$^{4/3}$×10^{-4}使人50%致死機率，求受熱者距火球中心的距離。

〔解〕

熱劑量，$V = \dfrac{t(I)^{4/3}}{10^4} = \dfrac{4(I)^{4/3}}{10^4} = 2,300$

則I＝117kW/m²

使用公式（9-25）

$117 = \dfrac{43 \times 10^3 \times 0.4 \times \dfrac{10,000}{10} \times 1}{4 \times 3.1416 \times L^2}$

$L^2 = 11,700$

$L = 108m$

表9-17　暴露於熱劑量的時間與致死機率

致死機率（%）	暴露時間（秒）	輻射強度，I（kW/m²）	熱劑量，$tI^{4/3}$ sec（W/m²）$^{4/3}$
1	1.43	146	1,099
1	10.1	33.1	1,073
1	45.2	10.2	1,000
50	1.43	263.6	2,417
50	10.1	57.9	2,264
50	45.2	18.5	2,210
99	1.43	586	7,008
99	10.1	128	6,546
99	45.2	39.8	6,149

表9-17為人暴露於若干輻射熱劑量之下多少時間（秒）的致死機率。

(三)BLEVE爆風波的危害評估

本書5.6節已略言及爆炸產生的爆風波，在此再加以說明爆風波形成的機制及其危害與評估。

◆BLEVE發生的機制

BLEVE是物理性爆炸的一種，常發生於密閉壓力容器內有加壓液化的物質。因容器承受外在的加熱，此熱能轉移至液體。液體的溫度隨之升高。一旦達到其沸點，液體在其活躍區（active sites）形成蒸氣氣泡。此活躍區是發生在液體與固體（包括容器壁）之介面處。

在壓力容器仍未爆裂之時，液體與其飽和蒸氣處於平衡狀態。在持續加熱過程中，液體會達到過熱界限（superheat limit）溫度（T_{sl}），此時，極細微的蒸氣泡泡大量產生。一旦發生容器爆裂，容器內之壓力驟降至周圍的大氣壓力，大部分的液體會在千分幾秒內瞬間轉變成蒸氣，此一巨大的膨脹力量，引發爆風（blast）。上述之過熱界限溫度與臨界溫度（T_c）的關係為：

$$T_{sl} = 0.895T_c \tag{9-26}$$

由於蒸氣不斷地逸出，可能發生不只一次的震波。

BLEVE爆風波的能量就是逸出容器的流體對四周空氣所作的功。

◆爆風波的危害評估

　　原則上，因BLEVE未必有易燃物牽涉其中（當然，若是油槽或油罐車，就必須考量易燃物質量的多寡），在此，有關BLEVE之爆風波危害評估，僅考量其所產生的超壓或脈衝（impulse）。脈衝為在極短時間內的壓力。

　　尖峰超壓（peak overpressure, P°）對人的致死機率，簡單的估計如**表9-18**。

　　估計超壓造成的死亡和重傷害的機率（根據核子爆炸壓力波資料）如**表9-19**。

　　人體在爆風波衝擊之下，會產生位移。若不意衝擊硬物，則致傷亡。傷害程度取決於爆風波的衝擊速度、衝擊後人體的移動距離、硬物表面情況、人體受撞擊的部位及面積等因素。**表9-20**僅考慮頭顱被撞擊與衝擊速度之關係。若是全身受撞擊，其影響則如**表9-21**。

表9-18　尖峰超壓對人的致死機率

致死機率（%）	尖峰超壓（psi）
1	35～45
50	45～55
99	55～65

表9-19　超壓與傷亡機率

超壓（kPa）	傷亡機率
＜7	0
7～21	0.1
21～34	0.25
34～48	0.7
＞48	0.95

表9-20　頭被撞擊與衝擊速度的不良效應

大部分頭殼破裂程度	衝擊速度（m/s）
大部分安全	3.05
下限	3.96
50%	5.49
近100%	7.01

表9-21　全身傷害程度與衝擊速度

全身傷害程度	衝擊速度（m/s）
大部分安全	3.05
致死下限	6.4
50%致死	16.46
近100%	42.06

以probit公式估計超壓造成的致死機率，肺部出血致死者為公式（9-27），耳鼓破裂者為公式（9-28）。

$$Y = -77.1 + 6.91 \, I_n \, P° \qquad\qquad （9\text{-}27）$$

$$Y = -15.6 + 1.93 \, I_n \, P° \qquad\qquad （9\text{-}28）$$

超壓發生時的脈衝為使人傷亡或物損毀的最重要因素。超壓脈衝（overpressure impulse, Ip）是壓力波在正壓時間內的壓力之積分，可以公式（9-29）表示：

$$Ip = \int_{°}^{td} Pdt \qquad\qquad （9\text{-}29）$$

式中，td＝正壓維持的時間（duration time）（秒或千分之一秒）

P＝絕對壓力（Pa, psi, bar）

(四)蒸氣雲爆炸的危害評估

本書5.7.1已詳述蒸氣雲的發生過程、發生機率及相關問題。在此專論其危害與評估方法。

蒸氣雲的危害有二，一為熱輻射，另一為爆風波。有關熱輻射的危害，不論是BLEVE火球或蒸氣雲的化學性燃燒皆相似，毋需贅述；此處僅討論爆風波的危害評估。

關於蒸氣雲爆炸（VCE）的爆風波危害評估方法（methods），約自1980年以來，已有不少專業機構、專家學者與政府機構（如英國HSE）深入研究。綜合各家的方法，最常被使用且最為簡便的方法即是TNT等量法（The TNT equivalence method）。此一評估方法不僅可評估高爆炸物（如TNT或其他炸藥），亦可評估反應性強或中等的物質，相轉移迅速之爆炸（即溫差大的兩物質接觸之爆炸）、粉塵爆炸、壓力容器爆裂之爆炸，遑論VCE了。

雖然各家都採用TNT等量評估模式，但各自發展其估計程序，使用的一些數據卻不盡相同，進而計算出來的爆風壓力略顯差異。其間之差異，主要來自於：

1. 爆炸效率：這一名詞有多種稱號，如yield factor、efficiency factor、equivalency factor等。各家使用的數值自2～20%都有，下文將再詳論。
2. TNT爆炸能量：各家使用的TNT燃燒熱自4,200～4,600KJ/kg皆有，各不相同。
3. 計算可燃物的量：在蒸氣雲爆炸中，到底要計算多少可燃物的量，各家莫衷一是。到底是釋出的總量，或蒸騰而上的量，或氣雲擴散分布之後易燃部分的量（有的濃度不足，不會爆炸）？
4. 比例距離的圖表：各家使用的比例距離（scaled distance），圖中的比例距離與超壓可能不太一致，計算出來的結果自有差異。

TNT等量的觀念是將外洩的易燃性物質燃燒的能量轉變成TNT爆炸能量相等的重量，以預估爆炸所造成的危害效應（人之傷亡與財物損毀）。易言之，即是造成如此傷亡或損毀的易燃物的量約等於多少TNT炸藥量。然而，如果深究TNT與VCE爆炸現象，將發現兩者之間不盡相同。例如TNT的火焰速度較VCE快，TNT爆炸尖峰壓力較猛，但維持較短（因炸藥量比VCE可燃物少）。至今不論專家學者或政府機構（如英國安全衛生署，HSE）仍推介使用TNT等量模式，其原因不外TNT或其他炸藥或核子彈的爆炸危害效應，不論對人之傷亡或物之損毀，多年來已累積不少可信的資料，相對地，易燃性物質在作業場所的爆炸資料相較甚少，若能將其外洩量之能量轉換成TNT相當的重量，對危害的評估甚為方便。一般認為在距離爆炸中心較遠的場所（far field），使用TNT等量模式評估易燃氣體爆炸危害效應是相當合理的（Lees, 1986）。

以TNT等量方法計算overpressure所到達的距離，其計算程序如下：

1. 首先以公式（9-30）計算TNT等量：

$$W_{TNT} = \frac{\eta M Ec}{Ec_{TNT}} \qquad (9\text{-}30)$$

式中，W_{TNT}＝TNT等量（kg）

η＝爆炸效率（約1～10%）

M＝易燃性物質外洩量或易燃物的重量（kg）

Ec＝易燃物的燃燒熱（Hc）（KJ/kg）

Ec_{TNT}＝TNT爆炸能量（燃燒熱）（KJ/kg）（約4,200～4,600KJ/kg）

2.第二步驟，以**圖9-8**或**圖9-9**求達到該overpressure的比例距離（Z）。

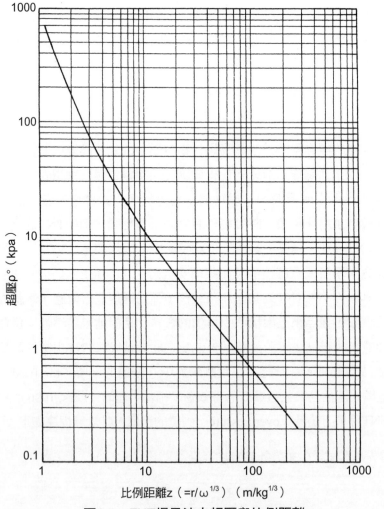

圖9-8　TNT爆風波之超壓與比例距離

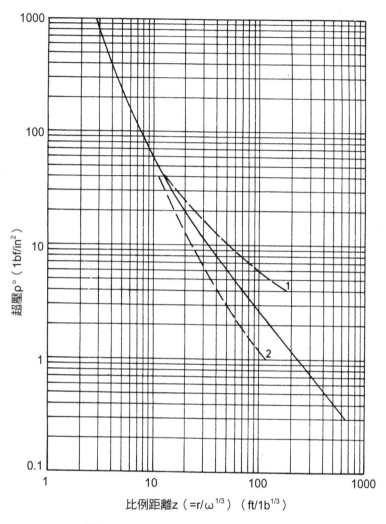

圖9-9　TNT爆風波之超壓與比例距離

3.由比例距離轉換成真正的距離（R），運用公式（9-31）：

$$R = Z \, W^{1/3}$$

或

$$Z = R/W^{1/3} \tag{9-31}$$

式中，Z＝比例距離（m）

　　　　R＝自爆炸中心至承受壓力點的距離（m）

　　　　W＝TNT等量（kg）

4.以R減去蒸氣雲的半徑（所得的距離為蒸氣雲邊緣至承受壓力者之距離）。

在使用公式（9-30）時，各方學者專家意見最分歧者就屬易燃物的爆炸效率。

所謂爆炸效率可視為易燃物的燃燒熱轉變成爆風波能量的百分比。也就是說從易燃物之化學能轉變成爆風波之機械能過程的效率。易燃物全部燃燒的能量（亦即理論上的全部能量）只有一部分以blast方式釋出，這釋出的百分比即為爆炸效率。

對碳氫化合物與空氣之混合物發生的完全燃燒之爆炸而言，此最大爆炸效率常不超過40%。從蒸氣雲的爆炸事故觀察，整個蒸氣雲真正達到爆炸範圍的百分比約只有15%，且只有此15%會產生超壓和造成壓力波的損傷。對多數重大VCE事故而言，爆炸效率約為1～10%。以下為各家的看法，僅供參考而已。

1.英國政府，HSE：碳氫化合物的$\eta = 0.042$；反應中等者，$\eta = 0.06$；反應性強者，$\eta = 0.1$。

2.British Gas：在有些侷限的地區（即多管線、塔槽、建物等障礙物多之處），使用20%。

3.Dow Chemical Co.：在距爆炸源較近之處（near field），$\eta = 0.02$；在距爆炸源較遠之處（far field），$\eta = 0.05$。

4.Exxon：在寬闊平坦之處，$\eta = 0.03$；在部分侷限區，$\eta = 0.1$。

5.Industrial Risk Insurers：化學廠，$\eta = 0.01 \sim 0.05$；估計重大損失情況，$\eta = 0.02$。

6.Factory Mutual Research Co.：依外洩物質的反應性強弱而定，分三等級：Class I，反應性低者，如丙烷、丁烷，使用0.05；Class II，反應性中等，如乙烯、二乙醚、丙烯醛，使用0.1；Class III，反應性高者，如乙炔，使用0.15。

【例七】

運用TNT等量模式，估計丙烷100公噸發生蒸氣雲爆炸，產生1.5bar的超壓所達到的距離，以公式$W_{TNT} = \dfrac{\eta M E_c}{E_{c_{TNT}}}$求之。

〔解〕

1. $W_{TNT} = \dfrac{\eta MEc}{Ec_{TNT}}$，設 $\eta = 0.042$，丙烷的燃燒熱 $Ec = 46,350\,KJ/kg$

   TNT燃燒熱 $Ec_{TNT} = 4,500\,KJ/kg$

   則 $W_{TNT} = \dfrac{0.042 \times 100,000kg \times 46,350KJ/kg}{4,500KJ/kg}$

   $= 43,260\,kg$

2. $1.5\,bar = 149\,kPa$

   以圖9-8，可知比例距離是 $2.2\,m/kg^{1/3}$

3. 由比例距離（Z）轉換成真正的距離（R）

   $R = Z \times W^{1/3} = (2.2\,m/kg^{1/3})(43,260kg)^{1/3} = 77\,m$

4. 因不知蒸氣雲的半徑，暫不扣除半徑。

以上所述為美國常見的計算方法。而英國估計TNT等量則加計蒸氣雲自儲存容器汽化的百分比，稱之為flash fraction。

$$\text{flash fraction} = 1 - e^{-\left(\frac{Cp \cdot \triangle T}{L}\right)} \qquad (9\text{-}32)$$

式中，$Cp =$ 易燃物的比熱

$\triangle T =$ 周圍溫度與常溫、常壓時的沸點之差（周圍溫度－沸點）

$L =$ 易燃物的汽化潛熱

例如，丙烷的比熱 $= 2.41\,KJ/kg°k$

汽化潛熱 $= 428\,KJ/kg$

$\triangle T = 62°k$（假設周圍溫度20°C$=293°k$，丙烷沸點$=-42°C=231°k$）

則丙烷自儲槽洩出後汽化而成蒸氣雲的百分比為：

$$\text{flash fraction} = 1 - e^{-\left(\frac{2.41 \times 62}{428}\right)}$$

$$= 1 - e^{-(0.349)}$$

$$= 1 - 0.7$$

$$= 0.3$$

英國使用的TNT等量公式為：

TNT等量＝外洩物的重量×2F×能量比（energy ratio）×爆炸效率

（9-33）

式中，F＝flash fraction

能量比＝公式（9-30）之 $\dfrac{Ec}{Ec_{TNT}}$，見**表9-22**。

表9-22　TNT等量建議值

物質	TNT等量係數	爆炸效率	能量比
碳氫化合物	0.4	0.042	10
乙烯	0.6	0.06	
環氧乙烷	0.6	0.1	6
環氧丙烷	0.4	0.06	
氯乙烯	0.16	0.042	4.2
氯化甲烷	0.1	0.042	

【例八】

　　30公噸的丙烷自破裂的儲槽逸出而形成蒸氣雲，遇發火源而發生VCE，試求距離爆炸中心300m處，overpressure約多少？（當時氣溫約20℃），已知丙烷的沸點＝-42℃，比熱＝2.41KJ/kg°k，汽化潛熱＝428KJ/kg。

〔解〕

1.先求flash fraction＝$1-e^{-\left(\frac{2.41\times 62}{428}\right)}$＝0.3

2.TNT等量＝30,000×2（0.3）×10×0.042

＝7,560kg

3.比例距離＝$\dfrac{300m}{(7,560kg)^{1/3}}$

＝$\dfrac{300m}{19.6kg^{1/3}}$

＝15.3m/kg$^{1/3}$ 或15m/kg$^{1/3}$

4.從**圖**9-8，在此比例距離的overpressure約為5kPa。

9.3.4 決定火災、爆炸的風險

火災、爆炸的風險等於其發生機率與其後果嚴重性的乘積。本章9.3.1討論火災、爆炸的發生機率，9.3.2和9.3.3討論火災、爆炸的危害之嚴重性，將兩者合併考量，可得火災、爆炸風險的大小。為便於評估風險是否可以接受，常以風險矩陣顯示。如**圖9-10**中，左上角的1A、1B、1C、2A、2B為不可接受的風險（**表9-23**），必須無條件實施控制措施，將風險降至可接受的水準之下。

故障機率	災害嚴重性			
	Catastrophic 1	Critical 2	Marginal 3	Negligible 4
FREQUENT　　A	1A	2A	3A	4A
PROBABLE　　B	1B	2B	3B	4B
OCCASIONAL　C	1C	2C	3C	4C
REMOTE　　　D	1D	2D	3D	4D
IMPROBABLE　E	1E	2E	3E	4E

圖9-10　風險矩陣

表9-23　風險評估基準

風險指數	風險可接受性	改善措施
1A, 1B, 1C, 2A, 2B	不可接受	實施強制性的改善，或控制措施
1D, 2C, 3A	不被期待	設法改善或控制
1E, 2D, 3B, 3C	可接受	適當警覺，需予稽查
2E, 3D, 3E, 4A, 4B, 4C, 4E	可接受	不需特別注意或稽查

 9.4 風險的控制

9.4.1 決定風險是否可以接受

正如每個人所能承受的風險各不相同，事業單位對於風險的承受度亦差

異頗大。有些事業單位日損500萬視為九牛一毛，而有些事業單位則視為重大損失，不堪負荷。事業單位需衡量自身的財政情況、社會責任、人道與社會觀感，考量多大（或多小）的風險可以接受，訂定某個基準：何等風險必須設法改善或控制；何等風險需提高警覺；何等風險可以忽略。**表9-19**僅是個參考準則而已，接受（或不接受）的標準，最後得由事業單位的管理階層訂定。

9.4.2 考量既已實施的控制措施

對現在已有的防火防爆設備、設施而言，台灣的事業單位較常見的只有相關法令規定所要求必須設置的部分而已，政府機關若未強制要求，常不會特別添加設置。有些事業單位甚至對主管機關的規定要求敷衍應付了事，玩躲貓貓的遊戲。

常見的防火防爆控制措施，從建築物的防火構造、逃生避難設計、消防設備設置及維護，至發火源的管制、安全距離、可燃物的安全防範，迄消防訓練、演練、緊急應變等，在一般的書籍、刊物、宣導手冊都會臚列，本書不在此浪費篇章。事業單位宜仔細檢討為何現有的設備、設施與人員不足以防範事故之發生？缺失何在？應如何補救改善？

9.4.3 擬定風險控制行動計畫，實施進一步的控制措施

火災或爆炸一再發生，顯然現有的控制措施不足以應付棘手的情況。管理階層必須儘速檢視目前的管理和工程技術的措施，提升控制措施的層級（例如單使用滅火器顯然不足，必須安裝自動滅火系統）或考慮下列事項：

1.若有可能，一併消除危害，或克制風險發生源，例如以較安全的物質代替危險物質。

2.若消除危害不太可能，則試著減低風險，例如使用或儲存較少量的危險物質。

3.使用最先進的技術改進控制措施。

4.使用事故前的績效評估指標（參考拙著《職業安全管理》）來監測是否實施控制措施。

表9-24　以風險為基礎的控制計畫

風險程度	行動和時間表
輕度	不需採取行動且不需保留任何文書紀錄。
可接受	不需進一步的控制措施。但是，應考慮採用較符合成本效益的解決方法或是不會增加成本負擔的改進措施。需要監測以確保控制措施得以維持。
中度	應努力降低風險，但防範措施的成本應仔細估計及設限。在一定期間之內，應執行降低風險措施。 當中度風險與嚴重的傷害後果相關時，需做更進一步的評估，以建立更精確的傷害機率，作為決定是否需要改善控制措施的基礎。
高度	不可開始進行工作，直到風險降低為止。可能需要分配相當多的資源以降低風險，若風險與現正進行的工作有關，則應立即採取對應措施。
不可接受	不可開始或繼續工作，直到風險已降低。若無法降低風險，即使投下了無數資源，此項工作仍需予以禁止。

所有的風險控制計畫可以參考**表9-24**。

減低風險的兩大方向：

1.減少暴露的機率及降低發生事故的機率。

2.降低事故後果（傷病及財產損失）的嚴重性。

9.4.4 重新評估

風險評估應視為持續性的工作。所以，應持續檢討控制措施的適當性，並在必要時予以修正。同樣地，如果作業內容、工作環境改變，以致顯著影響火災、爆炸之危害與風險，則風險評估亦應付諸檢討。重新評估的時機包括：

1.作業人數變更。

2.作業場所新增行動不便的人員。

3.作業程序變更。

4.新增設備、設施、危險機器或機器設備變更。

5.廠房、建物更新。

6.加入新的原料、物料或變更原先使用的化學物質。

7.發生火災、爆炸之時，不論其規模之大小或嚴重性。

此外，平時應將作業場所劃分成不同等級的風險之工作區。例如依火災、

爆炸的風險高低,將作業場所區分為高、中、低風險作業區。

　　所謂高風險作業區,為有大量易燃易爆物,作業人數多、廠房老舊、火焰蔓延迅速、缺乏防火抗火結構者。每六個月至十二個月重新評估一次。

　　所謂中風險作業區,為作業人數多,但廠房防火結構較佳,可燃物存在,但廠房設備較佳,火焰不致迅速蔓延擴大。每十八個月重新評估一次。

　　所謂低風險作業區,為作業人數少,可燃物量少,消防設備足以防範任何火災、爆炸,萬一發生火災亦能有效控制。這類作業區,每兩年重新評估一次即可。

 **參考文獻**

1.HSE, *Canvey First Report*. England, 1976.

2.HSE, *Canvey Third Report*. England, 1981.

3.Cox, A. W., Lees, F. P., and Ang, M. L., *Classification of Hazardous Locations*. IChemE, 1993.

4.Barton, J. A., and Nolan, P. F., Incidents in the Chemical Industry Due to Thermal-Runway Chemical Reactions, *Hazards X*. IChemE, 1989.

5.MIL-STD-882D, Department of Defense Standard Practice for System Safety, US Department of Defense, 10 Feb. 2000.

6.Kletz, T. A., Unconfined Vapour Cloud Explosion. In *Loss Prevention, Vol. 11*, 1977.

7.Browning, R. L., Estimating Loss Probabilities. *Chem. Engng. 76*, 15 Dec. 1969.

8.Davenport, J. A., A Survey of Vapor Cloud Incidents. In *Loss Prevention, Vol. 11*, 1977.

9.Davenport, J. A., A Study of Vapor Cloud Incidents-An Update. In *Loss Prevention and Safety Promotion, Vol. 4*, 1983.

10.Mudan, K. S. et al., *SFPE Hdbk of Fire Protection Engineering*, pp. 2-54. 1990.

11.Eisenberg, N. A. et al., Vulnerability Model, A Simulation System for Assessing Damage Resulting from Marine Spills, NTIS. ADA015245, 1975.

12.Finney, D. J., *Probit Analysis*. Cambridge University Press. Cambridge, 1971.

13.Lees, F. P., *Loss Prevention in the Process Industries*. Butterworths, 1986.

Chapter 10

火災、爆炸的預防與控制

正如對付任何可能發生的事故、災變或疾病，對付火災、爆炸，事前的預防永遠優先於事後的控制。

　　防範火災、爆炸，可從前述的三角理論或四面體理論開始思考。以圖10-1說明，火災形成的三要素：可燃物（fuel）、O_2和發火源（heat）。就fuel而言，愈少愈安全，注意fuel本身的儲運安全。防範fuel的自發性燃燒，fuel可能與其他物質不相容引發火災、爆炸。所需關切的問題不限於fuel本身，必須注意fuel相鄰的發火源，兩者之間務必保持最小安全距離。此外，fuel很可能與空氣中的O_2混合，形成flammable fuel-O_2混合氣體，遇足夠能量的發火源而引發火災、爆炸。因此，設法事先預防此一易燃性混合氣體的形成。

　　若僅就降低空氣中的O_2而言，使用迫淨（purging）方法，設計inerting系統，預防操作設備形成易燃性的混合氣體。

　　最後則是設法清除或控制發火源，不容許熱源存在於作業場所。

　　以下從各個燃燒的要素綜合討論預防之道。

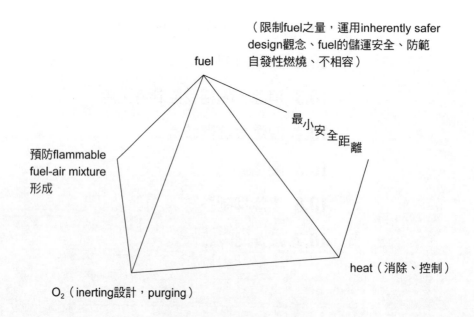

圖10-1　預防火災、爆炸

10.1 預防可燃物被點燃

10.1.1 限制可燃物的量

　　就可燃物而言，最重要的是限制可燃物的量，不論使用、搬運、儲存，可燃物的量越少越安全。這是本質較安全設計（inherently safer design）的基本觀念，必須絕對遵守。因此，任何作業場所，不論儲槽、鍋爐房、爆竹煙火的配藥室，或任何倉庫儲存場所，可燃物的量不應超過法定或安全使用量。有時必須變更製程方能降低使用量，例如使用連續式的反應器代替批式反應器。

10.1.2 儲存安全

　　其次，必須妥善規劃可燃物的儲存安全。儲存安全的第一原則是隔離，或保持安全距離。所謂隔離包括：可燃物與發火源的隔離、可燃物與不相容物質的隔離。隔離的方式包括：

　　1.以不同的構造物區隔。
　　2.同一構造物內以非可燃物、安全距離或防火牆區隔。

　　隔離常需考量可燃物的量之多寡，可燃物的物理化學性質狀態以及相容性的問題。亦需顧及儲存容器（包括儲槽、瓶罐、袋子等），儲架本身不受機械力的衝擊而損毀。

　　為預防操作員工操作錯誤，可燃物必須標識清楚，說明其危害性，提供緊急應變或急救處置措施、程序。

　　可燃物儲存場所必須通風良好、禁絕熱源，置備適當的自動火災警報系統、滅火器或自動滅火系統。個人保護的安全裝備至少需有安全防塵、防毒或防酸鹼口罩。如有必要，當然仍以自備式的呼吸保護裝置（SCBA）為最佳。

10.1.3 最小安全距離

　　儲存可燃物，常需考量這些危險物質與其他可燃物，現場設備、設施的最小安全距離。政府安全衛生法令規章有時會列出一些安全距離要求事業單位遵

表10-1　石化工廠各單元間的安全距離（呎）

	行政大樓	電氣室	公共設施區	冷卻水塔	控制室	壓縮機	大型泵浦	製程單元（低度危害）	製程單元（中度危害）	製程單元（高度危害）	低壓儲槽	高壓儲槽	冷凍儲槽（圓頂）	廢氣燃燒塔	進卸料處	消防泵浦	消防單位
行政大樓	/																
電氣室	/	/															
公共設施區	50	50	/														
冷卻水塔	50	50	100	50													
控制室	/	/	100	100	/												
壓縮機	100	100	100	100	100	30											
大型泵浦	100	100	100	100	100	30	30										
製程單元（低度危害）	100	100	100	100	100	30	30	50									
製程單元（中度危害）	200	100	100	100	200	50	50	100	100								
製程單元（高度危害）	400	200	200	200	400	100	100	200	200	200							
低壓儲槽	250	250	250	250	250	250	250	250	300	350	*						
高壓儲槽	350	350	350	350	350	350	350	350	350	*	*						
冷凍儲槽（圓頂）	350	350	350	350	350	350	350	350	350	*	*						
廢氣燃燒塔	300	300	300	300	300	300	300	300	300	300	300	400	400	/			
進卸料處	200	200	200	200	200	200	200	200	200	300	250	350	350	300	50		
消防泵浦	50	50	50	50	50	200	200	200	300	300	350	350	350	300	200	/	
消防單位	50	50	50	50	50	200	200	200	300	300	350	350	350	300	200	/	/

資料來源：IRI (1991).

守，例如鍋爐房內的可燃物與鍋爐至少需保持3公尺的間隔距離。一些專業機構，如NFPA、API常建議的安全距離亦可資參考。**表10-1**、**表10-2**、**表10-3**為石化工廠設備間的安全距離（IRI, 1991）。

美國防火協會（NFPA）在Fire Code 30亦建議下列安全距離：

1.儲槽護牆與儲槽間距至少1.5m。

2.儲槽與外面的設備間距至少3m。

3.儲槽至集液池間距至少15m。

4.危險物品儲存區至製程區間距至少15m。

表10-2　石化工廠各設備之間的安全距離（呎）

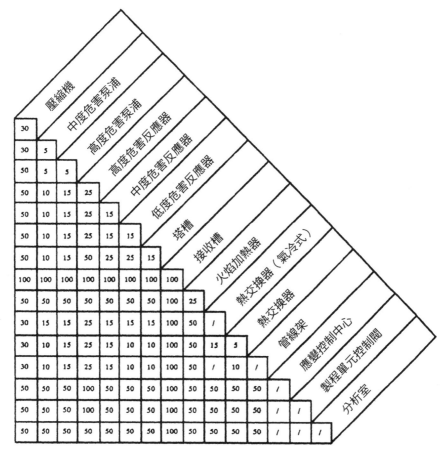

	壓縮機	中度危害泵浦	高度危害泵浦	高度危害反應器	中度危害反應器	低度危害反應器	塔槽	接收槽	火焰加熱器	熱交換器（氣冷式）	熱交換器	管線架	應變控制中心	製程單元控制閥
中度危害泵浦	30													
高度危害泵浦	30	5												
高度危害反應器	50	5	5											
中度危害反應器	50	10	15	25										
低度危害反應器	50	10	15	25	15									
塔槽	50	10	15	25	15	15								
接收槽	50	10	15	50	25	25	15							
火焰加熱器	100	100	100	100	100	100	100	100						
熱交換器（氣冷式）	50	50	50	50	50	50	50	100	25					
熱交換器	30	15	15	25	15	15	15	100	50	／				
管線架	30	10	15	25	15	10	10	100	50	15	5			
應變控制中心	30	10	15	25	15	10	10	100	50	／	10	／		
製程單元控制閥	50	50	50	100	50	50	50	100	50	50	50	50	／	
分析室	50	50	50	100	50	50	50	100	50	50	50	50	／	／

資料來源：IRI (1992).

表10-4、**表10-5**為英國政府HSE規定的LPG儲槽相關安全距離。

這些專業機構建議的安全距離可視為保守值，適用於大多數情況。然若作業相當危險，可能需進行危害與風險分析，宜採用本書第九章的輻射熱計算，從而算出避免危及人身或附近設備、設施的安全距離。

10.1.4 清理整頓

Good housekeeping意指萬物各居其所，整然有序，有條不紊。各種設備、設施、工具各在其位，維持良好的作業情況。

表10-3　石化工廠儲槽間之安全距離（呎）

浮頂式錐頂儲槽 <3,000大桶	浮頂式錐頂儲槽 3,000~10,000儲槽	浮頂儲槽 10,000~300,000大桶	Jumbo浮頂儲槽 <300,000大桶	錐頂槽，Class II、III液體 10,000~300,000大桶	錐頂槽，Class I 液體 10,000~150,000大桶	高壓儲槽（球形或橢圓形）	高壓儲槽（圓桶形）	冷凍儲槽
0.5 D*								
0.5 D	0.5 D							
1 X D	1 X D	1 X D						
1 X D	1 X D	1 X D	1 X D					
0.5 D	0.5 D	1 X D	1 X D	0.5 D				
1 X D	1 X D	1 X D	1 X D	1 X D	1 X D			
1.5 D 00' MIN	1.5 D 100' MIN	1.5 D 100' MIN	2 X D	1.5 D 100' MIN	1.5 D 100' MIN	1 X D 50' MIN		
1.5 D 00' MIN	1.5 D 100' MIN	1.5 D 100' MIN	2 X D	1.5 D 100' MIN	1.5 D 100' MIN	1 X D 100' MIN	1 X D	
2 X D 00' MIN	2 X D 200' MIN	2 X D 200' MIN	2 X D	2 X D 200' MIN	2 X D 200' MIN	1 X D 100' MIN	1 X D 100' MIN	1 X D 100' MIN

註：1.本表指外槽壁之間距。

　　2.1大桶＝42加侖＝159公升。

　　3.Class I易燃性液體。

　　　Class II可燃性液體。

　　　Class III可燃性液體。

資料來源：IRI (1991).

表10-4　LPG儲槽與危險物質和作業場所的安全距離

物質或作業場所	最小安全距離
易燃性或可燃性液體 閃火點＜32℃ 閃火點32~65℃	距儲槽護牆6m 距儲槽6m，距護牆3m
儲槽內為毒性或危險物質	距儲槽15m
LPG鋼瓶，LPG總存量＞50kg	距容量5,000公斤以下之LPG儲槽3m 距容量5,000公斤以上之LPG儲槽7.5m
總量不超過300kg的丙烷鋼瓶，其釋壓閥不指向LPG儲槽	距LPG儲槽1m
建築內有大量LPG或易燃性氣體鋼瓶	距LPG槽區（總容量60公噸），10m 距LPG槽區（總容量＞60公噸），15m

表10-5 LPG儲槽與液氧儲槽的安全距離

LPG儲槽容器（公噸）	液氧儲槽容量（公升）	安全距離（m）
0～1.1	125,000以下	6
＞1.1～4		7.5
＞4～60		15
＞60～150		22.5
＞150		30
0～2	超過125,000	30
＞2～220		45
＞220		尋求採用專家意見

資料來源：英國HSE。

　　不論廠房內外，不見雜亂無章的物料堆積。尤其是廠房內製程區，無廢棄物長期堆積；窗臺、管路、天花板、風扇，幾乎一塵不染；地板上無油漬和隨地丟棄的垃圾；排出的氣體經由通風系統抽出廠外。

　　簡言之，這是有定期清理打掃的作業場所，員工上自廠長下至基層工人，人人遵守安全衛生工作守則，無人在不該吸菸的地方吞雲吐霧。

　　良好的清理整頓必須有一套安全管理計畫方能成功。領導的高階管理階層定調housekeeping的標準，讓全體員工明瞭領導者的意向和決心。偶爾的現場巡視，是展示其決心的一小部分而已，管理階層可透過安全稽查與考核，定期安全檢查，達到良好的整理整頓。

　　在執行housekeeping計畫宜特別注意常被忽視的細微之處，譬如我們常定期清理地板上的油汙，也許在一個工作天結束時或在每個工作班下班前，但在機器設備的背後、牆角邊，或在天花板之上、地板之下，一些隱匿的空間，常被忽略，視而不見。

　　注意檢查抽油煙管，油脂常累積在管路之內。

　　對於盛裝廢棄油布的大垃圾加蓋鐵筒應特別留意，必須定期清理，否則會引發自燃。最好是每天清理一次。

　　有時候必須將廢棄物分門別類，以免引發化學反應而燃燒、爆炸。不相容的廢棄物不可任其混合、接觸。

　　勿輕忽廠房外的枯葉雜草或待清理的廢棄物，特別是緊臨建築物者。平日賞心悅目的花草樹木，碧綠如茵的草坪，必須納入室外housekeeping的管理計畫之中。宜有專人管理，定期整理。修剪下來的雜草枝葉收集成堆，在安全處所焚燒，控制火勢，勿任其蔓延。這類的焚燒僅限於小規模，量少的情況下為之。

　　室外有待清除運送的可燃性廢棄物宜集中管理。堆置場所至少距建築物6m，最好15m以上。若能以不燃性欄杆圍籬阻隔為最佳。集中管理，定期送離廠區，勿私自焚燒，這是最安全的準則。

　　Good housekeeping不僅管制可燃物，也應控制發火源。所有可燃物必須遠離發火源。本書第三章已詳細討論各種發火源，不再贅述。在此僅想強調吸菸的管理必須詳載於勞工安全衛生工作守則之中，納入housekeeping計畫之內。作業場所，特別是有可燃物的地區，應嚴禁吸菸。禁菸標識、標語應張貼於顯而易見之處。員工之中若有癮君子，則限制其吸菸地點及時間。容許吸菸的處所則備有菸灰缸或裝沙的桶子，嚴格規定不可隨意丟棄菸蒂，違者論處，情節嚴重或累犯則予以解職，此點宜詳載於安全工作守則中。

10.2 降低氧的濃度

　　降低空氣中氧的濃度，使燃燒的氧化反應無法進行，是防火、滅火的基本原理之一。工商業界最常用來降低氧氣濃度的物質是inert gas，包括CO_2、steam、N_2、He等。

10.2.1 inert gas的來源

　　業界常依其設備之大小，需求量之多寡與自身之便利性而選取不同的inert gas和供應來源。

(一)燃燒碳氫化合物

　　藉由天然氣、丙烷或其他氣態可燃物之燃燒可獲得相當純度的inert gas，毋需再予淨化處理。燃燒後所得的inert gas約含87%N_2，12%CO_2，少量的CO，和氧（＜1%，若是燃燒天然氣）。inert gas的組成隨燃燒的碳氫化合物和燃燒設備而變。如果需予淨化，可先去除組成分中的氧和CO；如果只想要保留N_2，則再去除CO_2。

(二)燃燒NH_3

　　利用NH_3與空氣的觸媒氧化作用可直接產生高純度的N_2，0.02%CO_2，

0.25%H_2、0.001%殘留的NH_3和相當微量的O_2。除非特別處理，否則這種方法所得的inert gas飽含濕氣。

(三)空氣分餾法

將空氣液化並予逐步分餾可獲得N_2。

(四)製程設備的火爐或鍋爐所生的燃燒生成物

如需大量的inert gas，可利用製程中的燃燒設備產生的燃燒生成物而獲得。鍋爐燃燒設備和電廠煙囪所生的煙氣（flue gas），以及一些化學氧化製程所生的blow-off gas，都含有CO_2和少量的CO。但淨化的成本較高，需考量之。

(五)直接向氣體製造公司購買

以上所言皆是需要inert gas的廠家自行製造。如果不方便自行製造，則直接向專門生產製造液態N_2、CO_2的氣體公司購買。

10.2.2 實施inert gas的方法

將inert gas輸入密閉容器、儲槽或空間之內，以確保不致形成可燃性的環境（atmosphere），是為inerting（惰氣化）。在此密閉空間內，氧氣濃度降低至無法進行燃燒反應，常低於所謂的最低氧濃度（MOC）。密閉空間內的可燃物若是易燃性氣體（如丙烷），則MOC約為10%；若是粉塵，則MOC約為8%。

inerting開始是用inert gas迫淨密閉容器，使O_2降至安全濃度。常採用的設定濃度是MOC之下的4%，亦即若MOC＝10%，O_2濃度控制在6%。

空的密閉容器在inerting之後，再填充可燃性物料（例如液化丙烷）。液態物料之上的蒸氣空間保持不燃性的環境。inerting system可自動控制O_2濃度在MOC之下。該系統有分析儀不斷監控O_2濃度與MOC之關係。一旦O_2濃度接近MOC之時inert gas會灌入容器之內。常見的是使用調節器（regulator）使inert gas在容器蒸氣空間保持正壓，防止空氣流入容器之內。

以inert gas迫淨密閉容器的方法有兩大類，一為批式迫淨法（batch purging method）或稱固定體積法（fixed volume method），另一為連續（continuous）迫淨法。

(一)批式迫淨法

設備停機時可使用批式迫淨法。這類迫淨方法又可分多種方式實施。考量密閉容器的大小，inert gas使用量、迫淨速度、迫淨次數（頻率）、成本等因素之後，再選擇適當的方式實施。

◆ 真空迫淨法

這是一種最常使用於小型容器的批式迫淨法。此一迫淨方式不適用於大型儲槽，因其不被設計成真空狀態。然而反應器卻常被設計成真空狀態，亦即表壓力＝-760mmHg，絕對壓力＝0mmHg。因此，反應器之迫淨常使用真空迫淨法。

真空迫淨法是：(1)先將設備降低壓力，直至達到所欲之真空狀態；(2)再輸入inert gas，如N_2或CO_2，壓力增加，恢復至大氣壓力。如此重複(1)、(2)兩步驟，直到獲得希望達到的低濃度的氧才停止。重複迫淨的次數可能需要多次才能使O_2濃度降至所希望的目標。

◆ 壓力迫淨法

這種迫淨法是將inert gas以高壓輸入儲存容器。一旦inert gas在容器內整個擴散之後，再將之排放至大氣中，使容器內壓力回降至大氣壓力。這種灌氣至排氣的循環可能需要多次才能達到需要的O_2濃度。

比較上述兩種批式迫淨法，壓力迫淨法所需要時間較少、速度較快；但所耗的inert gas較多、成本較高。

◆ 掃過迫淨法

這種迫淨方式是在容器的一端開口將inert gas灌入，在另一端開口將容器內的混合氣體排出。常用於容器既非真空亦非高壓的設備。如果密閉容器較為複雜，有旁枝歧管，則不易循環，亦不適用掃過（sweep-through）迫淨法。此法所需的inert gas低於壓力迫淨法。

◆ 虹吸迫淨法

如果迫淨大型儲槽，使用掃過迫淨法，將耗掉不少inert gas（主要為N_2），所費不貲。若改用虹吸（siphon）迫淨法，可減少一些費用。

虹吸迫淨法首先將容器灌進液體——水或與危險物相容的任何液體。裝滿水之後，再排放水，同時將inert gas加入容器上方的蒸氣空間。加入的inert gas

的體積等於容器的體積。迫淨的速率等於水的容積排放率。

(二)連續迫淨法

連續迫淨法包括固定流率式（fixed rate mode）和變動流率式（variable rate mode）兩種方式。

◆固定流率式

此法是連續以一定流速輸入inert gas，以供應尖峰（peak）需求，藉以百分之百保護密閉容器。所需inert gas的量是根據在突然冷卻（如因下雨而降溫）情況下之最大吸進率，再加上可燃物或其混合物最大排出量。

此法的優點是——相對簡單，不需仰賴機械裝置，如壓力調節器，或馬達驅動閥。因此也減少維護保養。

此法的缺點為：

1. 浪費inert gas，因不管需不需要，都連續以尖峰速率供應。
2. 損失可燃物，因inert gas不斷「掃」到容器內上方的蒸氣空間，可燃物的蒸氣被掃掉。
3. 發生阻塞，因鐵鏽、積垢、結冰可能阻塞控進inert gas流動的進氣閥。
4. 員工安全衛生可能發生問題。在排氣口附近，因缺氧或排出的可燃物和其他物質的混合物不斷釋出，恐造成不良效應。

然而，如果有大量且便宜的inert gas可資使用，此法最為適用。

◆變動流率式

此法隨受保護的密閉容器所需要的inert gas量而變動其流入速率。密閉容器內的壓力常維持在略高大氣壓力的情況。一旦容器內的可燃物被移除，壓力些微下降，連續性低流量的閥門開啟，由泵浦馬達開關操控的控制閥立即供應所需的inert gas（圖10-2）。此法的優點在於只有真正需要時才供應inert gas，而且能完全防止空氣自外流入。其缺點是其操作仰賴壓力控制閥，在相當低的壓差時啟動，有時不易維持。

上述六種inerting方式該如何選擇最適合的一種，業界宜考量：

1. inerting的目標，例如目的在降低氧濃度或可燃物的濃度，或完全排除氧。

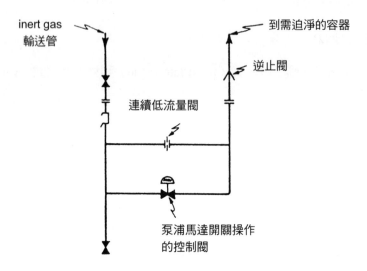

圖10-2　變動流率式

2.密閉容器的大小、形狀和功能，是否有洩漏之可能。

3.inerting的頻率，例如偶爾才實施（如停機設備）或連續性實施（如操作中的設備）。

4.inert gas的可靠度。

5.成本。

6.是否需要監督的程度。

10.2.3 迫淨系統的應用與限制

(一)應用

inerting常應用於下列作業場所：

1.化學製程（有氧存在，可能發生爆炸之危害者）。

2.在自燃溫度（AIT）之上操作的作業。

3.儲存時可燃物會發生自行加熱的情況者。

4.作為抑制爆炸的方法。

5.有粉塵爆炸危害的設備（如研磨機、粉碎機、集塵設備、混合機等）。

6.進入可燃物儲槽維修之前。

7.其他。

(二)限制

這些迫淨方法在實施之前，需明瞭其運用上之限制：

1.inert gas的供應是否足夠，能否應付尖峰需求。

2.inert gas應避免潮濕或其他雜質可能使受保護的物質受到汙染。有些inert gas在壓力下易於溶解或與製程內的物質反應。

3.有些迫淨方法相當依賴儀控系統和釋壓裝置的可靠度。這些裝置的保養必須完備。

4.密閉空間內被迫淨的可燃性物質需排放至容器外安全的地點，遠離發火源。

5.在某些情況下，輸入密閉容器的inert gas可能引發靜電，需防範之。

inert gas中，在儲槽中最常用者當屬N_2，其次為CO_2。煙氣偶爾用之，其餘Ar、He甚少使用。選擇最適合作業的inert gas需考量下列因素：

1.具有防火防爆功用，有效降低氧濃度，防止引燃易燃性混合氣體（**表10-6**、**表10-7**）。

2.inert gas本身與受保護的可燃物不致起化學反應。

3.inert gas對製程不致造成汙染。

4.若有腐蝕性的問題或若inert gas會接觸與水會引起反應的物質（例如鈉、鉀等物質），必須能控制其濕氣。

表10-6、**表10-7**為使用N_2和CO_2 inerting以避免易燃性物質與空氣的混合氣體引燃之最大可容許氧濃度。

10.2.4 藉由通風以預防易燃性物質與空氣之混合氣體形成

易燃性或可燃性物質與空氣混合而形成易燃易爆的混合氣體，一旦遇到發火源，即發生火災、爆炸。如果能防止易燃性的混合氣體形成，亦即易燃物質與空氣的混合比例不恰當（例如80%H_2和20%air，或者2%H_2和98%air），縱使

表10-6 使用N_2和CO_2 inerting以避免易燃性物質引燃之最大可容許氧濃度

	N₂-air		CO₂-air	
	高於此O₂濃度（%）發生引燃	建議使用之最大氧濃度（%）	高於此O₂濃度（%）發生引燃	建議使用之最大氧濃度（%）
丙酮	13.5	11	15.5	12.5
苯	11	9	14	11
丁二烯	10	8	13	10.5
丁烷	12	9.5	14.5	11.5
1-丁烯	11.5	9	14	11
二硫化碳	5	4	8	6.5
一氧化碳	5.5	4.5	6	5
環丙烷	11.5	9	14	11
二甲基丁烷	12	9.5	14.5	11.5
乙烷	11	9	13.5	11.0
乙醚	—	—	13	10.5
乙醚	10.5	8.5	13	10.5
乙醇	10.5	8.5	13	10.5
乙烯	10	8	11.5	9
汽油	11.5	9	14	11
汽油				
辛烷值73-100	12	9.5	15	12
辛烷值100-130	12	9.5	15	12
辛烷值115-145	12	9.5	14.5	11.5
己烷	12	9.5	14.5	11.5
氫	5	4	6	5
硫化氫	7.5	6	11.5	9
異丁烷	12	9.5	15	12
異戊烷	12	9.5	14.5	11.5
噴射機燃料JP-1	10.5	8.5	14	11
噴射機燃料JP-3	12	9.5	14	11
噴射機燃料JP-4	11.5	9	14	11
煤油	11	9	14	11
甲烷	12	9.5	14.5	11.5
甲醇	10	8	13.5	11
天然氣	12	9.5	14	11
異戊烷	12.5	10	15	12
庚烷	11.5	9	14	11
戊烷	11.5	9	14.5	11.5
丙烷	11.5	9	14	11
丙烯	11.5	9	14	11

資料來源：NFPA, Fire Code 69 Appendix B, pp. 69-23.

表10-7　使用CO$_2$和N$_2$ inerting以避免可燃性金屬粉塵引燃之最大可容許氧濃度

	高於此O$_2$濃度（vo1%），發生引燃	
	CO$_2$-air	N$_2$-air
鋁粉	2	7
銻	16	—
道金屬	0	—
矽鐵化合物	16	17
鈦鐵化合物	13	—
羰基鐵	10	—
鐵（氫化還原處理）	11	—
鎂	0	2
鎂－鋁	0	5
錳	14	—
矽	12	11
釷	0	2
氫化釷	6	5
錫	15	—
鈦	0	4
氫化鈦	13	10
鈾	0	1
氫化鈾	0	2
釩	13	—
鋅	9	9
鋯	0	0
氫化鋯	8	8

資料來源：NFPA, *Fire Protection Handbook* (1986).

有足夠能量的發火源，亦不能產生火災、爆炸。預防之道，除了上述的迫淨方法之外，尚可藉由自然通風或機械換氣達到防火防爆的目的。但自然通風常藉由壓力差或溫度差稀釋可燃物的濃度，雖有其作用（如打開門窗以稀釋廚房內的液化石油氣），卻難以掌控其有效性。一般而言，在作業場所，我們常以整體換氣或局部排氣裝置稀釋易燃物的濃度。

原則上，整體換氣對量小且濃度低的易燃物的擴散之稀釋效果較佳。通常這種易燃物出現的地點不太確定，僅知其可能在分布較廣的範圍內出現。

如果我們確知某一設備的某一點常有可燃物洩漏的情況，則可在一地點安裝局部排氣裝置，如此即能有效控制可燃物的濃度於安全範圍之內。

10.2.5 避免危險物質自設備洩漏

預防危險性的易燃性混合氣體（flammable fuel-air mixture）之形成，正本清源是根絕易燃性氣體、液體及其蒸氣、粉塵等自製程設備洩漏而出。

一般而言，易於洩漏之處，常發生於墊圈、接合處或軸心的密封填料和包裝等地點，特別是在有溫度、壓力循環發生的場所。特別注意下列設備的洩漏問題，其餘詳見**表10-8**。

1. 泵浦和活塞桿的密封填料可能有輕洩漏。
2. 壓縮機、法蘭常有規律性的洩漏。
3. 製程設備有溫度和壓力循環者，如鍋爐、反應器等。
4. 製程單元內的危險物具有滲透性，或者是一種具有磨損力（erosion）的稀泥物造成密封問題，以及製程單元使用旋轉軸封或包裝。
5. 具備視玻璃、風箱組合系統和膨脹接頭的製程單元。

易於發生洩漏的設備，其危險物的量應盡量減少，符合本質較安全的設計要求，亦減少使用頻率，加強維護保養。這類設備最好安裝在室外或屋內沒有牆的場所。同時安裝易燃氣體警報裝置以檢知意外的洩漏，提醒操作員工緊急應變處理。

表10-8　會發生洩漏的設備

1	輸送管路上的法蘭
2	小管徑的接合處
3	儀表接合處
4	軟管
5	閥
6	泵浦
7	壓縮機
8	攪拌機
9	排放點
10	採樣點
11	管路開放（open）端
12	排氣管
13	釋壓閥
14	排放管（drains）
15	進卸料臂

10.3 消除、隔絕或控制發火源

　　有關發火源的控制，在此將分兩部分討論。第一部分是從美國工廠互保工程公司（The Factory Mutual Engineering Corporation, FM）所載的火災原因逐一略述，這部分也是最常見於國內書籍雜誌者；第二部分將延續本書第三章所言之四大類發火源，依序詳論。若在第三章已論及控制方法或設計者，將不再贅述。

10.3.1 美國FM火災原因及防範

　　載於FM所編輯的專書*Handbook of Industrial Loss Prevention*第三章，言及十年內發生超過25,000件火災（大部分為工業火災），分析其災害原因，依發生頻率分別為：

(一)電氣（electrical）

　　占23%。為工業火災最主要的原因。電氣火災大部分起自線路、馬達、開關、電氣裝置、電氣機械、電熱器、絕緣不良、超負載等。

　　線路因機械力的磨損，熱、水、化學物質的侵蝕，腐蝕致發生短路、漏電。馬達常因塵埃堆積、未接地、未滑潤致軸承過熱。這些情況皆易形成發火源。

　　防止電氣火災之法為經常性的實施預防性維護、檢查、保持電氣設備的整潔，正常良好狀態，實施必要的潤滑和測試。特別注意有危險物的製程區和儲存區之電氣設備。

　　以壓縮機為例，在設備或管線的內壁中，油上的積存物如鐵鏽、汙垢、塵埃之厚度若高於10mm，常易發生火災。一般而言，3mm為安全界限。

(二)吸菸（smoking）

　　占18%。吸菸導致火災，屢見不鮮，幾乎隨時隨地發生。在處理、儲存、搬運可燃性氣體、液體、粉塵、纖維的場所，絕對禁止吸菸。若完全禁菸不可行，則嚴格限制時間、地點。於顯而易見處貼上「嚴禁煙火」標識。菸頭不可隨地丟棄。總之，吸菸應納入安全管理之中，教育訓練和安全衛生工作守則中

明確要求與規定禁菸事項，使員工知所警惕。

(三)摩擦（friction）

占10%。由於軸承發熱、機械零件軸心不正或損壞、物料填塞、堵住、動力傳動與輸送帶調整不當而導致摩擦生熱，成為發火源。

防範摩擦引起的火災在於預防性維護保養、定期檢查。一有異狀（如操作時發出噪音）即停機檢查、診斷、改善，實施必要的潤滑。

(四)過熱物料（overheated materials）

占8%。由於不正常的製造或加工溫度，特別是在乾燥設備中有加熱的易燃性液體和物料。使用火或電熱直接加熱的乾燥機、烘乾機、烤箱、烤爐，在處淬火、脫脂、浸染、乾燥、烘乾的製程中，因溫度控制不當，使被加熱的物料過熱而起火燃燒。

防範之道為選用訓練有素、有能力的操作人員，依照安全作業程序操作。上級主管應予監督，防範怠忽職守情事。乾燥設備應有高溫指示器和警報裝置，自動控溫裝置和切斷裝置。

(五)熱表面（hot surfaces）

占7%。設備的熱表面引發火災的情形多發生在鍋爐、加熱爐、高溫管路、排煙管、電燈、火鏟、熱金屬加工作業等。這些設備的熱表面引燃易燃性的液體與普通可燃物而發生火災。

防範之道為易燃性液體管線之安全設計和良好維護，熱表面與可燃物之間保持安全距離、空氣流通、熱表面絕緣良好（如塗上石膏等熱絕緣材料）。

(六)燃燒器的火焰（burner flames）

占7%。國內有人將這一項發火源譯為明火，事實上這一項發火源係指燃燒設備的火焰。因火焰意外接觸易燃物而發生火災。手提式火炬吹管、鍋爐、乾燥機、烤爐、熔爐、手提式加熱器，以及以氣體或以燃油為燃料的燃燒器等的火焰不當使用。

防範之道為適當的設計、操作與維護；充足的通風和燃燒作業之安全防護；使火焰遠離可燃物。

(七)燃燒所生的火花（combustion sparks）

占5%。自焚化爐、熔鐵爐、加熱爐、火箱（fire boxes），各種製程設備和工業用貨卡車釋出的火花和餘燼。這些設備和車輛排出的火花和殘餘的灰燼飄到可燃物之上而引發火災。

防範之道為使用設計良好的設備，燃燒設備的燃燒室需密閉，使火花或餘燼不致外洩。有必要使用捕焰器（flame arrester）者（如貨卡車排氣管、焚化爐、廢氣燃燒塔）需用之。

(八)自然發火（spontaneous ignition，自燃）

占4%。沾油的廢棄物、垃圾，在乾燥機、管路和煙道中的堆積物，會發熱的物料和工業廢物。

此處所言者，即本書第三章3.3.2所述的自行加熱。這種自燃現象肇因物質的分解、發酵、氧化、產生熱，此熱經長時間蓄積而逐漸達到物質的自燃溫度（AIT），引發火災。

防範之道最重要的是良好的整理整頓，每天每個工作班清理廢棄物，定期清理管路、煙道、隔離易於自然發熱的儲存物質及物料，如動植物油、脫脂糠、煤粉、電木粉、活性炭、金屬粉、硝化棉、硝化甘油等。儲存場所應有滅火設備。

(九)切割與焊接（cutting and welding）

占4%。此發火源來自於焊接、切割作業產生的火花、電弧和掉落可燃物上的熱金屬。這是常釀成重大傷亡的發火源，不可不慎。

防範之道首重動火許可制度之嚴格審查與安全防範事項（**表**10-9）之徹底執行。仔細檢查焊切的設備以維持良好狀態。

表10-9中所謂不燃性材料包括石材、鐵板、石膏等。所謂密閉空間或設備係指儲槽、壓力容器、集塵機、大型管路、反應器、船艙、穀倉、脫硫器等。

(十)暴露（exposure）

占3%。鄰近的設備發生火災而延燒過來。

為避免遭池魚之殃，最好保持安全距離，或以防火牆、防火門阻隔較為有效。設置各類型、適用的滅火設備。

表10-9　焊接切割安全防範注意事項

操作主管應檢查焊接切割作業區並查核下列事項以防範火災、操作
□消防設備是否就位
□焊接切割設備是否在良好狀態

作業區10公尺範圍內之安全防範
□地板是否清理乾淨，無任何油漬易燃物或可燃物
□作業區的地板是否具可燃性
□可燃性的地板是否以不燃性材料覆蓋
□附近若有易燃物是否以不燃性材料防護
□全部的牆壁、地板之孔洞，隙縫是否已遮蓋

於牆上或天花板作業
□牆壁或天花板是否為不燃性材料構造
□牆壁上或天花板上是否有可燃性裝飾物或其他物品
□牆壁或天花板的另一面是否有易燃物，若有，是否移除

於密閉空間或設備內作業
□是否清除全部的可燃物
□迫淨，是否消除易燃性的蒸氣

火災察看與警戒
□是否有人在操作中察看以防火苗出現
□是否有人在操作後30分鐘內察看作業區的安全性

簽名＿＿＿＿＿＿＿＿＿＿＿

(十一)縱火（incendiarism）

占3%。擅自闖入者、不良少年、不滿的員工和縱火犯惡易放火。

防範之道為加強門禁、管制出入、警衛不定時巡視、使用電子監視、防盜警報錄影設備。

(十二)機械火花（mechanical sparks）

占2%。這類火花來自於機械設備上的金屬異物，特別是在棉花廠，研磨和衝壓粉碎作業。

防範之道是保持物料潔淨，不含異物（如金屬或石頭）；以磁鐵或分離器吸收金屬異物，例如在穀倉中之斗升機上安裝大磁鐵，將穀物中的金屬異物吸走，以防金屬異物掉落，衝擊斗升機鋼架發出火花，點燃粉塵，發生爆炸。

(十三)熔融的物質（molten substances）

占2%。從破裂的熔爐流出的金屬或在搬運中濺出的熾熱金屬接觸可燃物引發的火災。這類發火源常見於鑄造、翻砂、鋼鐵、玻璃等工廠。此赤熱物質若接觸水亦引發水蒸氣的物理性爆炸（見本書第五章）。

防範之道為適當操作與設備維護保養。

(十四)化學反應（chemical reaction）

占1%。化學製程失去控制，化學品與其他物質發生反應不穩定物質分解等產生熱引發火災。

防範之道為操作適當，儀表和控制良好，小心搬運、儲存，特別應避免受熱和衝擊。

(十五)靜電火花（static sparks）

占1%。機器設備、物料或人體累積的靜電放電，產生火花，點燃易燃性的氣體、蒸氣、粉塵、纖維等。

防範之道為接地、連結、離子化（ionization）、增加空氣中的濕度等。詳見10.3.2靜電的部分。

(十六)閃電（lightning）

占1%。直接雷擊，或由於附近的雷擊，誘發火花從一物體傳至另一物體，或引發電路或電氣設備突然產生高壓電而爆出火花。

防範之道為安裝適當的避雷針，下引導線，接地極。

(十七)其他（miscellaneous）

占1%。

10.3.2 四大類發火源的防範

本處所討論者為不見於第三章與前述10.3.1的防範措施與方法。

(一)機械的發火源的防範

除了預防性維護保養、定期檢查、修理、潤滑之外，尚需注意操作上的疏忽也會引發這類發火源釀成的火災。例如常見金屬工具（特別是鐵製工具）意外掉落進機器設備中，或自高處（也許10m以上）掉到下方的金屬或石材地板而發生撞擊火花，點燃易燃物（如油料蒸氣）；或者軟管上的金屬圈自高處掉落撞擊金屬板產生火花。這類操作上的人為失誤甚難防範，需依操作規範守則行之。

(二)電的發火源的防範

◆ 電熱與電氣火花（電弧）的防範

電線短路、漏電、接觸不良、過負載皆產生熱。開關產生的電弧，其熱甚高，可達數千度（依電流量而定，例如2～20安培電流，電弧可高達2,000～4,000°C）。電氣設備使用不當或裝置不良亦為電氣火災之源。

線路之間因絕緣被覆損壞，造成導線間的接觸形成短路，產生甚大的電器火花。短路電流高達數千安培以上。宜安裝過電流保護裝置，如斷路器。

屋內配線和電氣器具內的線圈，若發生過負載，溫度升高，使絕緣劣化，終至引發火災，應裝置過電流保護設備，以開斷電路，以防導線溫度一再升高，危及絕緣被覆。

線路絕緣破損造成的漏電、線路接頭不牢、機器設備因振動而鬆脫造成接觸不良，宜由合格的電氣技術人員定期實施維護保養、檢查。特別針對常發生火災的電氣設備，包括電動機、電熱器、照明裝置、烙鐵、烹調設備等。

電氣設備維護工作極為重要，除了在故障或損壞之後的修理之外，最重要是：

1.日常維護，包括修理、調整或在損壞發生之前，不定期查看需要更換的零件。

2.預防性維護，包括定期照檢查表檢查，以及定期拆開機器設備檢查零件是否可能發生麻煩。預防性維護計畫應包括下列基本項目：

　(1)保持設備乾燥潔淨、緊密，沒有摩擦。

　(2)定期檢查過熱的訊號。

　(3)定期潤滑且適當潤滑（太多或太少的潤滑油皆不宜）。

(4)保護裝置應保持良好操作情況，在真正實際過負載狀況下實施定期測試。

(5)建立重要設備之維護保養時間表。

為預防可能發生的火災爆炸，任何電氣發火源應與易燃性物質保持安全距離。若電氣設備（如電烤爐）之內有可燃物應控制溫度，預防過熱。

◆ 危險場所的電氣設備防爆

在任何國家或地區，電氣設備的發火源可能是所有各種發火源出現機率最高的。若在易燃物多的作業場所，且是有侷限的、半密閉或全密閉的空間，其內有各種電氣設備，若不慎加防範，爆炸幾不可免。

當然，盡可能將電氣設備安裝在無火災爆炸危險的場所。如果無法避免，也必須將安裝的電氣設備的數量減至最少，且設備的型式必須依照該工作場所的危險程度，選用適當的防爆型式。防爆型的電氣設備的構造與安裝亦需符合國內相關法令規章、國際電工委員會（International Electrotechnical Commission, IEC）規章、美國石油協會（American Petroleum Institute, API）、美國NFPA、美國電工法規（National Electrical Code, NEC）或英國石油協會（Institute of Petroleum, IP）、英國標準（BS）等規章。防爆裝置平常需實施適當的維護，以便在正常狀況下運轉。危險場所（hazardous locations）內應安裝氣體洩漏偵測器和警報器。

①危險場所的分類

大約在1996年以前，全世界有關於電氣設備設置於易燃易爆物作業的危險場所或區域的分類，可大別為兩大分類系統，一為美國分類系統，主要由美國石油協會（API）、美國防火協會（NFPA）所主導，詳載於API RP500和美國電工法規（NEC）第五章Article 500～505（NFPA, 2011）；另一為部分的歐洲國家和日本（歐日分類大同小異）所認同的分類系統，以英國為代表，詳載於英國國家標準BS 5345 part2和英國石油協會（已改名為Energy Institute）電氣安全規章（Electrical Safety Code）之內。

美國分類系統所涵蓋的易燃物或可燃物較歐日為廣。歐日分類系統僅限於易燃的和可燃的氣體、液體的蒸氣，而美國分類系統除了氣體和液體蒸氣之外，尚包括可燃性粉塵、纖維和飛絮。

然自1996年之後，美國電工法規（NEC）在其易燃性的氣體和液體產生的

蒸氣部分，配合國際電工委員會（IEC）之規章（IEC PUB, 79-10, part 10）略作搭配修正。至此，全世界有關電氣設備防爆之危險場所分類才完成大一統。

1. 美國危險場所分類

依據NFPA 70 NEC Article 500的分類定義，所使用的三個詞先說明如下：

(1)級（Class）：定義可能出現的危險物質的種類，例如Class I指易燃的氣體、液體及其蒸氣；Class II指可燃的粉塵；Class III指纖維和飛絮。

(2)組（Group）：列出危害相似的物質，例如B組有丙烯醛、丁二烯、環氧乙烷、氫、環氫丙烷等。

(3)區（Division）：表示危害物質點燃濃度出現的機率。例如I級1區的危險場所在正常操作情況下，存在易燃性氣體或蒸氣可點燃的（ignitible）濃度，而2區則不可能存在。

NEC依危險物質的種類將危險場所分成Class I、Class II、Class III。再將各級危險場所再分Division 1和Division 2。至於危險物則分A、B、C、D、E、F、G七組。前四組A、B、C、D存在於I級危險場所（**表10-10**）；後三組E、F、G存在於II級危險場所。E組為可燃性金屬粉塵，F組為可燃性含碳的粉塵（包括碳黑、煤炭、焦炭粉等），G組為不含E、F組的粉塵（即包括植物粉塵、塑膠粉塵、化學品、藥品、殺蟲劑、熱塑膠樹脂及其他樹脂、一些化合物等）。

a. I級危險場所

為存在或出現在空氣中的易燃性氣體，易燃性液體——產生的蒸氣，或可燃性液體——產生的蒸氣，其量足以產生爆炸性或可點燃的混合氣體的場所（NEC, 2011）。包括：

表10-10　Class I危險場所化學物質

組別	化學物質
A	乙炔
B	丙烯醛、肼、丁二烯、環氧乙烷、氫，製造的氣體內含超過30%的氫、環氧丙烷
C	乙醛、烯丙醇、正丁醛、一氧化碳、丁烯醛、環丙烷、乙醚、乙胺、環氧氯丙烷、乙烯、乙硫醇、二乙硫、氰化氫、硫化氫、嗎啉、乙硝基丙烷、四氫呋喃、甘油二甲醚
D	冰醋酸、丙酮、丙烯腈、氨、苯、丁烷、丁醇、丁醇-2、乙酸丁酯、醋酸異丁酯、二異丁烯、乙烷、乙醇、乙酸乙酯、丙烯酸乙酯、乙二胺、二氯乙烷、汽油、庚烷、己烷、異戊二烯、異丙醚、甲烷（天然氣）、甲醇、異戊醇、甲乙基酮（MEK）、甲基異丁基酮、異丁醇、三甲基醇、辛烷、戊烷、戊醇、丙烷、丙醇、異丙醇、苯乙烯、乙酸乙烯酯、氯乙烯、二甲苯、甲苯

(a)I級1區危險場所：

• 在正常操作情況下，易燃氣體或易燃液體——產生的蒸氣，或可燃液體——產生的蒸氣存在可燃的濃度。

• 由於修理或維護作業或洩漏，常常有易燃性的氣體或易燃液體——產生的蒸氣，或高於其閃火點之可燃液體常常存在可燃的濃度。

• 設備或製程損壞或操作錯誤，可能釋出易燃的氣體、易燃的液體——產生的蒸氣，或可燃的液體——產生的蒸氣之可燃的濃度，同時也可能造成電氣設備的故障，因此而使電氣設備直接成為發火源。

I級1區的危險場所，例如噴霧室（spray booth）的內部以及使用揮發性易燃溶劑的噴霧和油漆作業之附近場所；有揮發性易燃液體的開放性儲槽，大儲桶的場所；供易燃的溶液汽化的乾燥室或隔間之場所；有使用揮發性易燃溶劑以淬取油脂設備之場所；有易燃氣體逸散之氣體製造工廠之氣體發生室和其他處所；供易燃氣體或揮發易燃液體之用，通風不足的泵浦處所；內裝揮發性易燃液體之排氣的儲槽內部；內裝揮發性易燃液體之浮頂式儲槽，其內外浮頂之間的區域等。

(b)I級2區危險場所：

• 處理，在製程中或使用之揮發性易燃氣體、易燃液體——產生的蒸氣，或可燃性液體——產生的蒸氣，在此之液體、蒸氣或氣體通常封閉在密閉容器或密閉系統之內，只有在容器或系統意外破裂或毀壞（breakdown），或在設備操作異常時才外逸（escape）。

• 易燃氣體、易燃液體——產生的蒸氣，或可燃性液體——產生的蒸氣，其可點燃濃度常可藉由正壓機械通風防範，並且在通風設備故障或操作異常而成為危險情況。

• 鄰近I級1區的場所，易燃氣體、易燃液體——產生的蒸氣，或高於其閃失點之可燃性液體——產生的蒸氣，有時會傳送（communicated）過來，除非此傳送（communication）被來自清淨空氣源之足夠的正壓通風和有效防止通風故障措施所避免。

298

b.II級危險場所

為存在或可能存在可燃性的粉塵的場所。包括：

(a)II級1區危險場所：

· 在正常作業情況下，空氣中可燃性的粉塵的量足以產生爆炸性或可點燃的混合物。

· 機器或設備故障或操作異常可能產生爆炸性或可點燃的混合物，也可能因電氣設備的故障，保護裝置的操作或其他原因而成為發火源。

· E組的可燃性粉塵可能存在，其量足以變得危險（可能出現具導電性質可燃性粉塵）。

(b)II級2區危險場所：

· 可燃性粉塵通常不會懸浮在空氣中，其量不足以產生爆炸性或可點燃的混合物，且粉塵累積量常不足以干擾電氣設備或其他裝置的正常操作。

· 處理或製程設備因不常見的故障致粉塵懸浮在空氣中，由於電氣設備或其他裝置操作異常或故障，使得堆積的粉塵可能被點燃。

c.III級危險場所

為出現易於點燃的纖維或飛絮，但不會在空氣中懸浮，其量不足以產生可點燃的混合物，包括：

· III級1區危險場所：係指處理、製造，使用易於點燃的纖維或會產生可燃性發飛絮之物質的場所。

· III級2區危險場所：係指儲存或處理易於點燃的纖維或飛絮，但不製造的場所。

美國NEC於1996年首次將國際通用的IEC Zone（區）分類納入其Article 505之中。原本的I級1區即Zone 1，I級2區即Zone 2，其定義相同，僅有最危險的場所0區（Zone 0）定義為：易燃性氣體、蒸氣或液體的可點燃的濃度連續存在或長時間存在的場所。Zone 0的場所亦為I級1區內的場所（表10-11為NEC與IEC分類比較表）。防爆型的電氣設備中只有本質安全的設備（intrinsically safe equipment）較適合安裝於Zone 0的危險場所。

表10-11　常見的危險場所分類比較表（NEC/IEC）

Zone 0	Zone 1	Zone 2
Division 1		Division 2

嚴格來說，美國NEC分類系統與國際電工委員會（IEC）Zone分類系統兩者之間有重疊之處。常見的比較表如**表10-11**所示，亦即Division 2等於Zone 2；Division 1等於Zone 0和Zone 1。該表直截了當，比較簡單，但不完全正確且可能有誤導之嫌。仔細比較API RP 500和IP-15會發現Division 2不僅等於Zone 2，與Zone 1有重疊情況，亦即比較正確的比較表應如**表10-12**所示。IEC的Zone 0確定在NEC Division 1之內，而Division 1場所可歸類於Zone 0和Zone 1之內。而歸類於Zone1的場所很可能被歸類於Division 2之內。此外，Zone 2的後段是灰色地帶（gray area），亦即被歸類為Zone 2的場所在NEC的分類系統內不被歸類，反之亦然。這是不同分類系統所使用的危害半徑（hazard radius）之形狀與大小不同所致（IEEE, 1997）。

2.國際電工委員會（IEC）危險場所分類

不論是歐洲或日本或台灣（CNS 3376），對防爆電氣設備危險場所的分類，大致上如IEC在1995年所規範的危險場所分類，今摘譯其定義如下：

- Zones（區域）：危險場所（areas）分成數個區域（zones），依爆炸性氣體環境發生的頻率與時間（duration）而定。
- Zone 0：爆炸性氣體連續出現或長期出現的場所（area）。
- Zone 1：在正常的操作中，爆炸性的氣體環境不可能發生的場所，若其發生，可能不常見，且僅短時間存在的場所。

　國內中國國家標準CNS 3376-10與上述定義相同。

關於可燃性粉塵的危險場所，則區分為：

- Zone 20：係指在正常操作時，可燃性的粉塵雲連續或常常出現，其量

表10-12　實用的危險場所分類比較表（NEC/IEC）

Zone 0	Zone 1		Zone 2
Division 1		Division 2	

資料來源：IEEE (1997).

足以產生爆炸濃度。

- Zone 21：係指在正常操作時，可燃性的粉塵雲有時會出現，其量足以產生爆炸濃度。

- Zone 22：係指粉塵不常發生且僅持續短期間，或粉塵層的堆積會造成爆炸濃度。

由於易燃性氣體、蒸氣和液體意外洩漏到周圍環境而形成爆炸性的氣體環境。IEC因此將爆炸性之氣體環境區分成Zone 0、Zone 1和Zone 2，並依其洩漏之頻率與時間分成三個洩漏等級（grades of release）：

- 連續等級（continuous grade）：指連續洩漏或預期長時間發生洩漏。一年洩漏1,000小時以上。

- 主要等級（primary grade）：指在正常操作時，預期定期發生洩漏或有時洩漏。一年洩漏10～1,000小時。

- 次要等級（secondary grade）：指在正常操作時，不預期發生洩漏。若發生洩漏，可能不常見且僅短時間而已。一年洩漏時間在10小時以下。

原則上，連續等級之洩漏常成為Zone 0危險場所；主要等級之洩漏常成為Zone 1危險場所；次要等級之洩漏常成為Zone 2危險場所。實務上，作業現場之通風情況會影響此一原則。

至於易燃性氣體和液體的蒸氣，IEC將之分成三級：

- IIA：丙烷。

- IIB：乙烯。

- IIC：乙炔、氫。

美國NEC亦仿照此一分類方式，將原來的Class I Group A、B、C、D，搭配成IEC之IIC、IIB和IIA，如**表10-13**所示。

3.同中有異

上述兩大分類方式看似相同，然而在實際運用到Zone的大小範圍時，卻見互有差異，不相一致的現象。究其原因，在於各國所行之有年的標準、規章各不相同。比較美國API、NEC、英國IP、HSE，甚至德國、法國、挪威、澳大利亞的電氣設備防爆規章，對同一設備（如泵、閥、儲槽、管路或其他製程設備）的同一等級洩漏所規定的Zone雖相同（例如都屬於Zone 1的危險場所），但Zone的範圍大小，各國規章卻不相同（例如API認為

表10-13　NEC轉變成IEC之分類

NEC	NEC/IEC	氣體／蒸氣
Class I		
Group　A	II C	乙炔
B	II C	氫
C	II B	乙烯
D	II A	丙烷

Zone 1的範圍距洩漏源3公尺處，而IP卻認為洩漏源5公尺危害半徑涵蓋的範圍）。當然，國際電工委員會（IEC）也與API、NEC、IP等略有不同。因此，不少廠商選擇其使用上較方便，技術上較易取得的規章，例如在台灣廠商使用美國API或NEC者較多，沙烏地阿拉伯亦然，此與國家歷史，地理上的背景有關。

一般而言，劃分危險區域（zone or division）範圍的方法需考量下列因素：

(1)易燃易爆危險物的洩漏源（sources of release）之認定（鑑定）。

(2)決定洩漏等級。

(3)決定洩漏率（release rate）、洩漏速度等。

(4)危險場所的開放（密閉）程度（室內、室外、侷限性）。

(5)通風情況（自然或人工通風，良好或不良）。

(6)使用何種規章或計算方式以決定Zone的涵蓋範圍。

(7)瞭解危險物的密度、揮發性、爆炸下限、天氣情況（如風速）、地形等。

　　圖10-3與圖10-4為製程設備上方通氣口相關的危險場所區域劃分。其餘詳見附錄六和附錄七。

②選擇適當的防爆電氣設備

　　在裝設防爆電氣設備之前，應先調查危險區域內可能存在的發火源〔除了電氣發火源之外，尚有其他發火源，如動火的設備、有人活動的場所、自發性發火物質、熱表面、機械火花、靜電火花、車輛引擎、閃電、射頻（RF）等〕，確認危險場所的等級，再考慮下列事項，以選擇適當的危險區域之電氣設備。

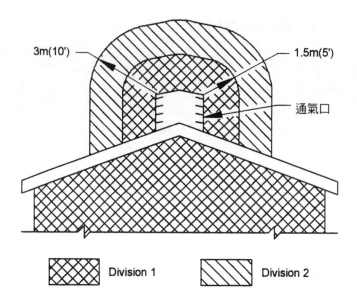

圖10-3　Division 1的通氣口

資料來源：NEC (1996).

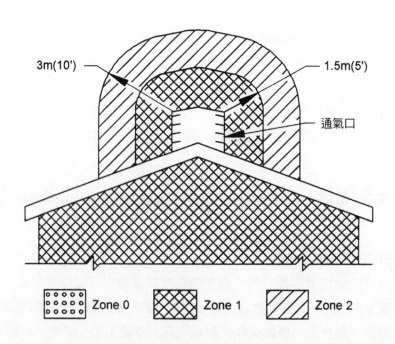

圖10-4　Zone 1的通氣口

資料來源：NEC (1996).

1. 選用適合危險區域的電氣設備：依IEC的規範，選用適合Zone 0、Zone 1和Zone 2的防爆型電氣設備（CNS 3376-14標準與IEC相同）（**表10-14**）。

2. 選用電氣設備之最大表面溫度低於易燃性氣體或蒸氣的自燃溫度（AIT）：參考**表10-15**所示的電氣設備表面溫度等級和作業現場存在的易燃性氣體和蒸氣的自燃溫度（AIT）。如果電氣設備之標示未列出周圍溫度範圍，則此設備僅能使用於-20°C～40°C之周圍溫度內。

3. 選用電氣設備符合易燃性氣體或蒸氣的等級：如前所述IEC將易燃性氣體或蒸氣分成三個等級：IIA、IIB、IIC。符合安裝的電氣設備如**表10-16**所示。電氣設備之防爆型式為e、o、p、q、m者為II群（group）的設備。防爆型為d和i者再分成IIA、IIB和IIC等三群。保護型式為n者通常為II群設備，但假若設備包含密封斷路裝置，非故障元件或限流設備或電路者，該設備應為II A，II B或II C，皆依**表10-16**規定選用。

4. 適合周圍的環境狀況：電氣設備安裝的場所是在室內、室外，或在非常潮濕、充滿腐蝕性氣體的地方？如果是，則需要在構造上加強，以適合較特殊的環境。

5. 維護能力：防爆裝置安裝之後，需要特殊安全維護。因此需考慮檢查維護頻率、維護材料的準備、維護時電源需中斷的程度等。

6. 經濟上的考慮：宜考慮設置費用、預期壽命、操作及維護費用等。

表10-14　適用於危險區域的防爆電氣設備

危險區域	防爆構造種類
Zone 0	本質安全（ia）──亦適用於Zone 1和Zone 2
Zone 1	1. 本質安全（ib）（intrinsically safe） 2. 耐壓防爆（d）（flameproof enclosure） 3. 正壓防爆（p）（pressurized apparatus） 4. 填粉防爆（q）（powder filling） 5. 油浸防爆（o）（oil immersion） 6. 增加安全防爆（e）（increased safety） 7. 模鑄防爆（m）(encapsulation)（ma, mb） 8. 特殊防爆（s）（special protection）
Zone 2	1. 適用於Zone 0和Zone 1的防爆型設備 2. 保護型式（n，有nA、nC、nR、nL） 3. 符合認可之工業用電氣設備標準要求的電氣設備。在正常作業時，不致產生火花或電弧。電氣設備有外殼保護，其機械強度適合作業環境

表10-15　電氣設備最大表面溫度等級

電氣設備最大表面溫度	電氣設備溫度等級				氣體／蒸氣自燃溫度（AIT）
	歐洲和英國	德	日	美國	
450℃	T1	G1	G1	T1	＞450℃
300℃	T2	G2	G2	T2 T2A（280℃） T2B（260℃） T2C（230℃） T2D（215℃）	＞300℃
200℃	T3	G3	G3	T3 T3A（180℃） T3B（165℃） T3C（160℃）	＞200℃
135℃	T4	G4	G4	T4 T4A（120℃）	＞135℃
100℃	T5	G5	G5	T5	＞100℃
85℃	T6		G6	T6	＞85℃

註：1.台灣CNS 3376與IEC 60079、歐洲EN 60079相同。

　　2.英國BSI與歐洲標準相同。

表10-16　容許安裝的電氣設備分群（sub-group）

易燃性氣體或蒸氣等級	容許的電氣設備
IIA（丙烷）	IIA、IIB或IIC
IIB（乙烯）	IIB或IIC
IIC（乙炔、氫）	IIC

③防爆電氣設備的配線與安裝

　1.各種電氣設備的防爆構造

　　在此先定義各種電氣設備的防爆構造：

　(1)本質安全防爆構造：此構造的電氣設備在正常操作或異常故障時，能限制設備內的電能，不會釋出足夠能量的電氣火花或熱，不能在爆炸性的環境中引燃易燃性的氣體或蒸氣。

　(2)耐壓防爆構造：此構造的電氣設備器殼（enclosure）若內部發生爆炸，能承受內部爆炸壓力不致損壞。器殼內的火焰不會經由電氣設備的接縫或構造上的間隙傳到外面，引燃外部易燃性氣體或蒸氣爆炸（圖10-5）。

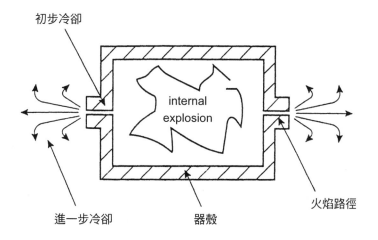

初步冷卻

internal
explosion

進一步冷卻　　　器殼　　　火焰路徑

圖10-5　防爆型電氣設備——耐壓防爆構造

(3)正壓防爆構造：此構造的電氣設備即CNS所謂的內壓防爆構造。IEC
和歐洲標準用的代碼為p，不是CNS使用的f，是在器殼內使用purging
（迫淨）和加壓（pressurization）的構造，以防發生火花。常應用於
大型的發電機、控制盤、顯示盤等。此構造的電氣設備先將空氣或惰
性氣體灌入器殼內，把可燃性氣體和空氣的混合氣體排出，待完成
purging循環，才能啟動電氣設備。設備運轉中器殼內之壓力維持正
壓，一旦purging系統故障，電氣設備即停止運轉。purging系統需維持
器殼內的壓力。

(4)油浸防爆構造：此構造的電氣設備在正常操作時將會產生電氣火花、
電弧的元件浸入高燃點的礦油中，因此不可能有發火源以點燃設備外
部的危險氣體和蒸氣。此構造應用於電子設備。

(5)增加安全防爆構造：此構造的電氣設備在正常操作時其內部元件不會
產生火花、電弧或過熱（熱表面）。其外部電氣元件也不容許產生
火花或過熱現象。此構造常應用於照明設備、接線箱、鼠籠式（rotor
cage）馬達等。

(6)填粉防爆構造：此構造的電氣設備器殼內使用石英、砂，或類似的不
燃性乾燥粉末以排除易燃性的氣體和空氣的混合氣體。此構造主要應
用於電子設備、小型變壓器等。

(7)模鑄防爆構造：此構造的電氣設備器殼即是模鑄，其電氣線路模鑄在

堅硬的環氧樹脂或抗火材料之內。此構造應用於切換開關、電驛、接點等。

(8)特殊防爆構造：此構造的電氣設備為上述構造所沒有的特殊保護構造，經公認的機構測試合格者。為少被使用的防爆構造，主要應用於電子和低功率設備。

(9)保護型式「n」：此防爆裝置無特別的構造名稱。始見於英國，於1997年納入英國標準BS 6941。BS 5000 part 16將無火花馬達列為N型保護，僅適用Zone 2危險場所。此型式的電氣設備之器殼設計應優於品質良好之標準工業設計，與增加安全防爆構造類似，在器殼內的元件不會產生火花。有nA（無火花設備）、nC（接點適當保護）、nL（或ic）（能量有限的設備）、nR（限制呼吸設備）等型式。此保護型式應用於照明、馬達、接線盒／箱、低功率設備。

2.防爆電氣設備的防爆基準

上述防爆電氣設備的安全設計觀念，可歸納為下列幾個防爆基準：

(1)以機械隔離方式排除爆炸性的氣體、蒸氣

　　‧將電氣線路浸於油中的油浸防爆構造（o）。

　　‧以inert gas迫淨呈正壓狀態的正壓防爆構造（p）。

　　‧以樹脂模鑄器殼和線路的模鑄防爆構造（m）。

(2)防止火花或發火源發生

電路元件不會產生火花，或熱不足以點燃易燃性氣體、蒸氣，符合的構造有：

　　‧增加安全防爆構造（e）。

　　‧僅適用於Zone 2危險場所的保護型式（n）。

(3)將爆炸圍堵在電氣設備之內：耐壓防爆構造（d）屬之。

(4)淬火（quench）：填粉防爆構造（q）容許外部周圍的易爆性氣體、蒸氣進入設備之內接觸發火源，但細碎粉狀填充物卻能淬火，防止爆炸。

(5)限制點燃能力：器殼內的電氣元件容許發生火花，但其能量不足以點燃易燃性氣體、蒸氣。本質安全防爆構造（i）即屬之。

3.危險場所的電氣配線與設備

防爆型電氣設備，如開關、插座、熔絲、變壓器、馬達、斷路器、繼電

器、電阻器、整流器、電抗器、電熱器、照明燈具等的配線，固定或調整，皆需依照危險場所的等級，可能存在的易燃易爆物的危險程度、作業性質與作業環境而考慮其安全性；以免使這些高低壓電纜、絕緣電線意外引火而成為發火源。

有關這一部分，相當繁雜，非本書所能列舉，讀者可參考CNS 3376、11780、11779、9822、9823、9824、9825，電業法屋內線路裝置規則第五章，或歐洲標準BS/EN 60079（IEC 60079）。在此僅依據美國職業安全衛生署（OSHA）訂定的電氣安全標準，29 CFR 1910 subpart, electrical有關危險場所防爆電氣設備之規定簡單以圖說明之（Kovacie, ASSE, 2003）。

(1)I級1區危險場所的電氣配線與設備

　　I級1區危險場所的電氣配線與設備（**圖10-6**）需合乎下列要求：

　　a.儀表、繼電器和儀器，如表示電壓電流的儀表，壓力或溫度的感知器，必須在經認可的器殼之內。這些器殼包括耐壓防爆、正壓防爆構造。

　　b.適用於I級1區的配線方式包括：螺牙的、堅固的金屬或鋼做的金屬導管（conduit）和MI型電纜。彈性結合如馬達端子，必須是I級1區專用。全部的接線盒與器殼需皆是防爆型，且線管、電纜接合處皆有螺牙。所有導線連接，需以板鉗鎖緊，至少有五個螺牙齧合。

　　c.線管和電纜系統上需用封條（sealing），以避免氣體、蒸氣、火焰從電氣設備的一端通向另一端。MI型電纜具備此項結構；但仍需予以密封，以防濕氣及其液體從接頭進入電纜。下列情況需設置封條：

　　　・線管從1區進入2區或非危險場所。

　　　・離器殼18吋之內有會產生電弧的裝置（**圖10-7**）。

　　　・直徑大於或等於2吋之線管進入含有接線頭的封箱之內時。

　　d.器殼（或封箱）或保護管（raceway）內若會有液體或冷凝的蒸氣留存之時，需有排水管。要控制蒸氣的冷凝及液體蓄積需使用：

　　　・經許可的避免累積的系統。

　　　・定期排水的設施。

　　e.會產生電弧的裝置，如開關、斷路器、馬達控制器、熔絲，需經認定專用於I級1區。

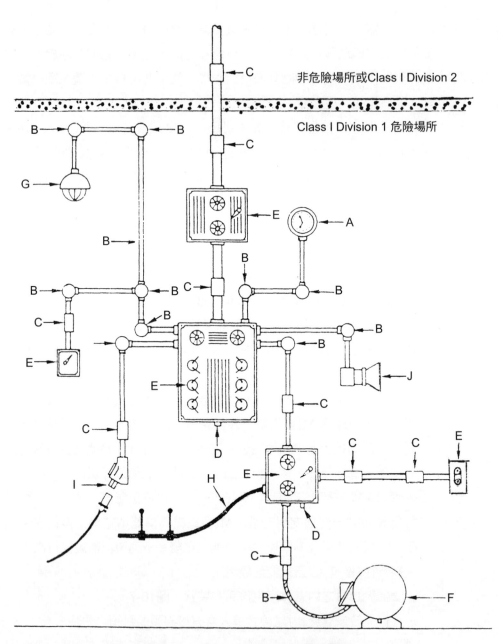

圖10-6　Class I Division 1危險場所

資料來源：ASSE (1983/2003).

SEALING

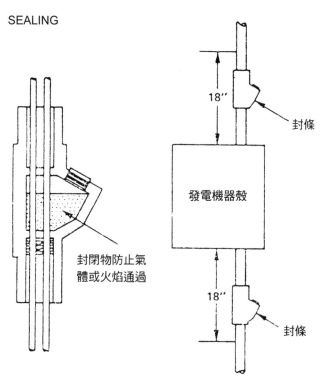

圖10-7　封條

資料來源：ASSE (1983).

　　f.馬達（**圖10-8**）必須是：

　　・經認可適用於I級1區。

　　・以正壓通風，完全封閉。

　　・在器殼內填充以正壓完全封閉的inert gas。

　　・沉浸在易燃液體或氣體之中。

　　第四種裝置只有在馬達外殼內之壓力大於大氣壓力，且液體或氣體在空氣中容易燃燒之時才被容許。又，這種馬達除非已將所有的空氣迫淨掉，否則不可接上電源。

　　以上後三種馬達，一旦發生壓力故障或液體或氣體供給故障，應能切除動力來源。第二和第三種馬達不可在高於器殼外氣體或蒸氣自燃溫度之80%以上的表面溫度下運轉。

　　g.固定式和移動式照明燈具必須是防爆型，且能防止外表損壞。

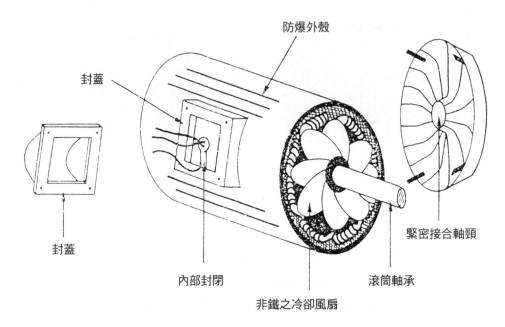

防爆外殼

封蓋

緊密接合軸頸

封蓋

內部封閉

滾筒軸承

非鐵之冷卻風扇

圖10-8　防爆馬達

資料來源：ASSE (1983).

　　h.設計有彈性的（可撓性）電線（cord）以供特別堅固的用途。這種有
　　彈性的電線包含一條設備接地線。宜將之支撐，使在端子連線上沒
　　有張力（tension）情況。如果通過進入防爆外殼，其上宜有封條。

　　i.供手提式設備使用的插座及插頭必須是認可的防爆型，並有一條設備
　　接地線連接。

　　j.不論電壓高低，專用於I級1區的信號、警告、遙控和通訊系統皆需經
　　認可。

(2)I級2區危險場所的電氣配線與設備

　I級2區危險場所的電氣配線與設備（**圖10-9**）需合乎下列要求：

　　a.儀表、儀器和繼電器必須是在認可之防爆型器殼內。然而，如果線路
　　接點浸在油中，或封閉在密封腔內（chamber）或在線路內不致釋出
　　足夠能量以點燃外部危險的環境，則可使用普通用途的設備。

　　b.配線方法：必須使用螺牙堅固的金屬導管或PLTL、MI、MC、MV、
　　TC或SNM型電纜系統。接線盒與接合處不需要防爆型，除非具有產
　　生電弧或火花裝置。

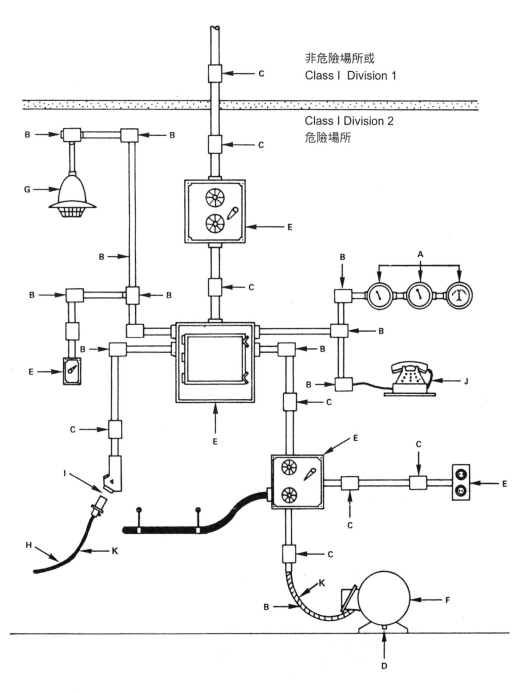

圖10-9　Class I Division 2危險場所

資料來源：ASSE (1983).

c.連接到防爆型器殼的所有金屬導管必須有封條。從危險場所通向非危險場所的金屬導管亦需封條。

d.器殼（或封箱）內或沿著保護管內若會有液體或冷凝的蒸氣留存之時，需有排水管。

e.在防爆型器殼內常會有產生電弧的裝置，包括開關、斷路器、馬達控制器和熔絲。然而，若產生電弧和火花元件封閉在完全密封的腔內或油浸型式，則普通用途的器殼可使用於I級2區危險場所。

f.適用於I級1區危險場所的馬達、發電機和其他旋轉的電氣機器設備亦適用於I級2區危險場所。其他馬達外殼之內的接點、開關裝置、阻抗裝置都適用於I級2區危險場所。無電刷（brushes）馬達、開關或類似會產生電弧的裝置亦可接受。

g.照明燈具必須全部密閉，且能防止受損。若正常操作表面溫度超過外部氣體、液體或蒸氣自燃溫度（AIT）的80%時，必須安裝防爆型燈具。

h.可撓性（flexible）電線必須：

・適合特別嚴苛（hard）用途。

・具備一條設備接地線。

・以認可的方式連接端子。

・適當支撐。

・需要時有適當的封條。

i.插座和插頭必須經認可，適用於I級危險場所。

j.信號系統和類似的系統需符合NEC 501-14規定。

k.電氣系統所有非帶電金屬元件皆需設備接地。此外，如果使用防鬆螺母與襯套，需使用跨接跳線（bonding jumper）。進入封箱或器殼的螺牙導管必須至少五個螺牙（**圖10-10**）才合乎接地連接標準。

(3)II級危險場所的電氣配線及設備

II級危險場所的電氣配線及設備（**圖10-11**）需合乎下列要求：

a.II級1區的配線方法，會產生電弧及火花之元件的接線盒和接合處皆需有防塵引燃的器殼。需使用經認可之端子的有螺牙的金屬線管或MI（礦物絕緣）型的電纜。II級2區之內，接線盒和接合處不需是防止粉塵引燃型式，但須設計以減少粉塵進入，並避免火花或燃燒物質

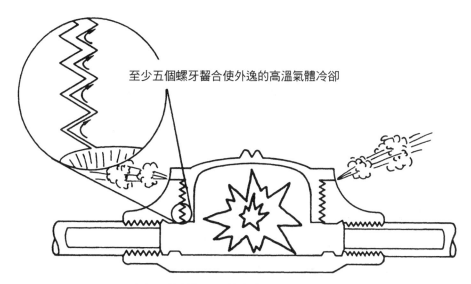

至少五個螺牙齧合使外逸的高溫氣體冷卻

器殼以鑄鐵製作，其強度足以承受最大爆炸壓力

圖10-10　螺牙導管至少五個螺牙齧合

資料來源：ASSE (2003).

外逸。

b.一旦保護管自其他能使粉塵進入的器殼穿過防塵引燃器殼之內時，必須設法採取防止粉塵進入防塵引燃器殼之可行方法。

c.所有安裝在II級1區的開關、斷路器、馬達控制器和熔絲都必須是防止粉塵引燃型式。

d.II級1區的馬達、發電機及其他旋轉電氣機械，都必須是防止粉塵引燃型式，或完全封閉的管狀通風型式。而在II級2區，旋轉設備必須是下列之一型式：

・防塵引燃型式。

・完全封閉的管狀通風型式（**圖10-12**）。

・完全封閉的非通風型式。

・完全封閉的風扇冷卻型式。

但在某些情況下，可以使用標準的開放式設備和自清（self-cleaning）式鼠籠式馬達。

e.II級1區照明燈具必須是防塵引燃型式。II級2區照明燈具需為能減少

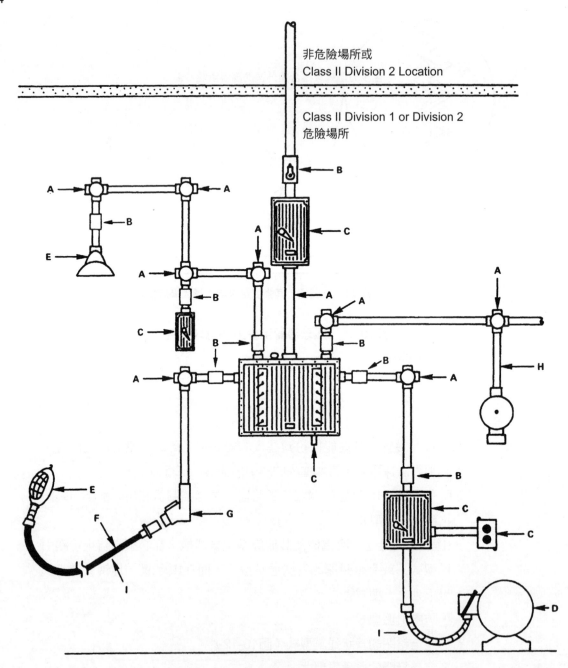

非危險場所或
Class II Division 2 Location

Class II Division 1 or Division 2
危險場所

圖10-11　II級危險場所的配線與設備

資料來源：ASSE (2003).

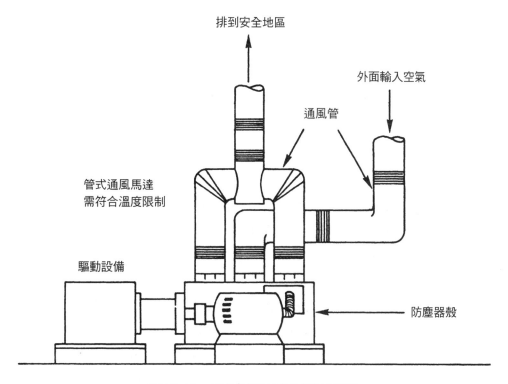

圖10-12　完全封閉的管狀通風馬達

資料來源：ASSE (2003).

粉塵堆積的設計，且需予封閉以避免火花或熱金屬外逸。II級兩區的照明燈具，皆需清楚標示其最高瓦特數，使用時，不可超過其最高容許表面溫度。此外，燈具能防損毀。

f.1區和2區的可撓性電線皆需：

・適用於特別嚴苛地方。

・具有設備接地線。

・以經認可的方法與端子連接。

・適當支撐。

・在需要時，給予適當的封條。

g.使用於II級1區的插座、插頭需有設備接地線的接頭。使用於II級2區的插座，零件暴露時，與供電線路相接的導線不得有破損。通常在斷路器與插座之間安裝連鎖即可達成上項規定。插頭不得移除，除非斷路器位於「關」的位置，且除非插頭插進插座之中，不可將斷

路器轉到「開」的位置。

h.信號系統及其他類似的系統，參見NEC 502-14。

i.電氣系統上之不帶電的金屬機件皆需有設備接地。鎖緊螺母及絕緣襯套不可依賴保護管與設備封箱（器殼）之間的電氣連接線。若使用鎖緊螺母或襯套，需用連結跨接線。以螺牙裝在器殼的線管，作接地連線需齧合五個螺牙以上。

總之，II級1區的電器設備必須是防塵引燃（dust-ignition proof），而II級2區的設備則須防止粉塵進入（dust tight）。此外，設備需能以全額（full rating）作用不致造成有機粉塵過度的失水或炭化。兩區的最高操作表面溫度如**表10-17**。

(4)III級危險場所的電氣配線及設備

III級危險場所的電氣配線及設備（**圖10-13**）需合乎下列要求：

一般而言，容許使用於II級2區的場所亦可適用於III級危險場所。使用於III級的設備需能全額運轉，且不致造成累積的纖維或飛絮過分的失水或炭化。不會超負載的設備之最高操作溫度為165°C；會超負載的設備則為120°C。

a.配線必須在螺牙金屬線管之中，或屬於MI型或MC電纜線。接合處和接線盒需有能避免火花和燃燒物質外逸的器殼。

b.開關、斷路器、馬達控制器和類似的設備需安裝在緊密的金屬器殼之內，此器殼為減低纖維和飛絮進入的設計，並且沒有使火花或燃燒物質外逸的開口。

c.馬達、發電機及其他旋轉電氣設備必須是完全封閉的非通風型式，完全封閉的管式通風或完全封閉的風扇冷卻式。

‧完全封閉非通風式馬達的繞組（windings）需完全封閉在緊密的外殼

表10-17　最高操作表面溫度

	設備不可超負載	設備（如馬達、變壓器）可能會超載	
		正常運轉	異常運轉
II級	℃	℃	℃
E	200	200	200
F	200	150	200
G	165	120	165

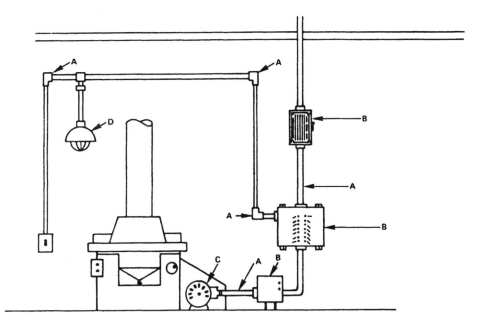

圖10-13　III級危險場所

資料來源：ASSE (2003).

　　內，並且經由結構體（frame）藉著輻射和傳導予以冷卻。

・有通風管之開口、封閉的通風管式馬達，其通風管將空氣送至馬
　達，再將空氣送到安全的地區。

・完全封閉的風扇冷卻式馬達，是以內部的風扇在器殼之內使空氣循
　環，以冷卻繞組。

・在某些情況下，亦可使用自清式紡織（self-cleaning textile）馬達和
　標準開放式機器。

d.照明燈具必須有減少纖維進入設計的器殼，以避免火花或熱金屬外
　逸，並且最高操作表面溫度不可超過165°C。

(三)靜電的預防與控制

　　本書第三章已詳述靜電產生的方式，容易產生靜電的作業場所，作為發火
源的能量等。在此專論靜電的預防與控制的設計、措施。讀者若要更詳細的資
料，可參考NFPA出版之*Fire Protection Handbook*或拙著《工業安全（工程）》
第十章。

◆連結與接地

使用導電體或導線（conductor）將兩種或兩種以上的導電物體連接起來的動作，是為連結（**圖10-14**）。

使用導電體或導線將一種或一種以上的導電體連接到大地的過程，是為接地（grounding, earthing）。接地是連結的另一種方式。

導電性物體也可以連結到另一已接地的導電性物體。

連結可將兩導電體之間的電位差降至零。

接地可減少物體與大地之間的電位差，使物體上產生的靜電迅速排入大地。

如**圖10-14**連結與接地把整個儲桶的電壓降至大地水準或零電壓。這也可消滅整個系統各組件之間靜電荷的累積，避免靜電荷升高至火花電位。

連結與接地用的導線，其內的電流量甚小大約只有10^{-6}安培，以毫安培計。很小的導線即已足用。但導線的機械強度必須強固，能抵擋工作場所的衝擊，具抗腐蝕性，具可撓性。原則上以銅線較佳。導線外的絕緣被覆有無皆可。有些人較愛用未絕緣的導線，如此較易看出其瑕疵。需注意導線的維護，定期檢查。

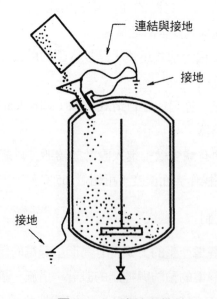

圖10-14　連結與接地

資料來源：Plant/operations Progress (1988).

接地或連結用的導線之電阻不必要求很低，因電流量小，通常一百萬歐姆足供接地之用。

有些物體直接與大地接觸，如地下或半地下的儲槽，地下的管路，沒有必要再做連結或接地。地上的大型儲槽若直接接地，原則上不必接地線，但其內部油面可能產生靜電火花（**圖**10-15），在操作上，仍需使用其他防範靜電的措施。

◆ **使用導電性地板**

在某些危險場所（如存在易燃性氣體或蒸氣的區域），可使用導電性地板（floor）或墊子（mat），作業員工可穿導電鞋以防靜電在人體上的累積（**圖**10-16）。導電性地板的電阻約在兩萬五千與一百萬歐姆之間。

在這種危險場所中作業的易燃氣體或液體的儲桶應實施接地。

◆ **離子化**

連結或接地適用於導電體。對於非導電體的物料，如紙、布、塑膠、橡膠或皮革上產生的靜電，使用接地或連結，不能有效排除。離子化為防範這些物料累積靜電的方法之一。

所謂離子化為利用熱、高電壓、紫外線或其他輻射線將空氣離子化。非導

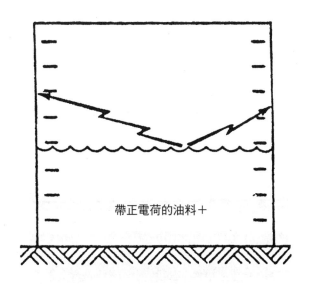

帶正電荷的油料＋

圖10-15　**直接在地上的油槽**

資料來源：Vervalin (1973).

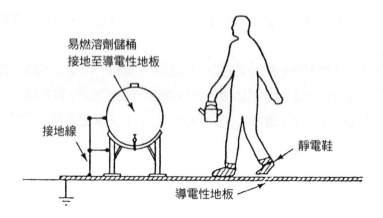

圖10-16　導電性地板

電性材料上累積的電荷與已電離的空氣接觸，電荷相反的離子會互相吸引而慢慢消失。

①靜電梳

　　在絕緣體（不良導體）上若裝設靜電梳（comb）或靜電刷（brush）（**圖10-17**），絕緣體上產生的靜電會累積在梳狀或刷狀的尖端（靜電常集中於曲率半徑最小的地方），其電壓會使周圍的空氣離子化。靜電荷因此而消逝或被中和。

　　這種靜電梳或刷是使用金屬棒上纏繞著有針尖的銅線或黃銅線，或金屬絲環繞在金屬線或圓木棒之上。靜電梳安置在絕緣體之上後，再予接地。

②電力中和器

　　電力中和器（**圖10-18**）的上面有一排帶尖端的導線，與變壓器（5,000～12,000伏特）連接。電力中和器本身亦需接地。

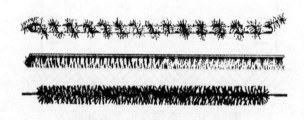

圖10-17　靜電梳或靜電刷

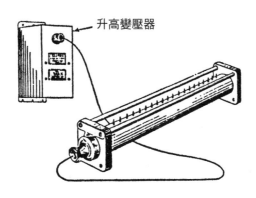

升高變壓器

圖10-18　電力中和器

使用時，可將電力中和器放置在靜電累積的地方，利用高壓電在針尖上將周圍的空氣離子化，使累積在紙張、羊毛、絲綢、棉織物或纖維等上面的靜電流洩掉。

這種由高壓電激發的靜電消除器或中和器不宜安裝在有易燃性氣體、液體或其蒸氣、粉塵之處，否則中和器可能引發燃燒。一旦激發的尖端（point）接地不良或中和器故障，亦可能產生火花而引燃易燃性的氣體或蒸氣。尖端也必須保持清潔。

③輻射中和器

空氣能被放射性物質離子化。輻射靜電中和器使用鐳或釙（Po 210）。鐳與釙能放射α粒子，使中和器與帶靜電的物體之間的空氣離子化。鐳與釙分布在薄的金箔上，貼在金屬防護棒的一端。因中和器本身不需外來電力，不會造成火災危害，故在火災危險場所用之較為安全。

這種中和器因含放射線，使用前必須經主管機關許可。

④火焰

使用火焰的高溫亦能使空氣離子化。常用於印刷業，以驅除從印刷機出來的紙張上的靜電，以防止紙張相黏。然而需防範其點燃紙張，引發火災。

◆增加相對濕度

弄濕（humidification）作業場所以增加相對濕度，可用於避免紙張、木材、紡織品、陶瓷、玻璃等絕緣材料上靜電的累積。濕度使得這些材料上形成一潮濕的薄膜，增加物料的導電性，提供靜電消逝的途徑。

絕緣材料表面的導電性是依空氣中的水含量而定。濕度高時，材料表面上的濕氣會防止靜電的累積。若靜電消失率大於發生率，終使靜電逐漸消失。以平板玻璃表面的導電性為例，在相對濕度50%時，為相對濕度20%時的1,000倍。

一般而言，在室溫中超過50%的相對濕度大致可避免靜電累積。冬天室內相對濕度低於30%，作業過程中絕緣物料表面若沒有或僅一點點濕氣，靜電火災可能發生。

增加相對濕度消除靜電的方法，不適用於有油類的液體之作業場所，或因濕氣而影響產品品質、外表的作業。

◆ 以金屬鏈條代替輸送皮帶，或以添加物增加導電性

在易燃易爆的場所，減少使用傳送皮帶，可使用金屬鏈條或齒輪來驅動。若一定要使用皮帶驅動，可以下列方法控制靜電：

1.離滑輪約4～6吋，靠近皮帶約0.25～1吋處裝置一個接地的靜電收集器（即前述之靜電梳或刷）（**圖10-19**）。

2.使用導電性材料做成的皮帶。

3.在皮帶表面加上一層塗料，使皮帶導電。此層塗料需定期重刷，增加其可靠性。

◆ 以氧化金屬為底的表面膜塗在絕緣材料之上

在低導電性的物料表面若再加上一層使靜電易於消除的薄膜，亦可防止靜

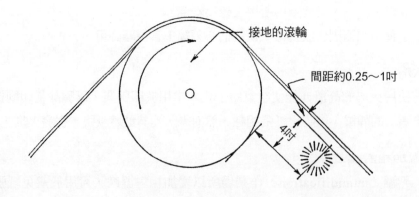

圖10-19　靜電收集器

電累積。例如使用Fe_2O_3、ZnO、Cr_2O_3塗在磁器上，或以透明的氧化錫塗在玻璃上。多數金屬的薄膜可用噴塗或蒸發方法在磁器、玻璃、塑膠等物料上而得數歐姆的低電阻。

◆ 穿靜電衣或靜電鞋

靜電衣以1～5公分的間隔，織入導電性纖維，使得累積的靜電產生小電量放電，以排洩靜電。導電性纖維表面包覆導電性物質或織入不鏽鋼纖維。其每一公分的纖維線的電阻等於100～1,000歐姆。在低濕度時，靜電衣凸顯其預防靜電的功能。

靜電鞋與一般使用的塑膠鞋的鞋底電阻不同。普通塑膠鞋底的電阻約10^{12}歐姆，靜電不易洩出。而靜電鞋底電阻約為10^5～10^8歐姆，可防止人體帶電。另有一種適用於高壓電活線接近作業的導電鞋，其鞋底電阻在10^5歐姆以下，可防止靜電感應所致的電擊。

◆ 易燃性液體儲存設備的靜電防範

易燃性液體的儲槽，不論固定儲槽或移動的槽車（油罐車），其儲存進料或抽送出料的過程中，因液體與液體之間，或液體與固體之間的混合攪動，上升沉降、結合分離而產生靜電荷。此靜電荷被保留在液體的能力依液體的電阻係數（**表10-18**）而定。電阻係數較高者，靜電不易溜走。例如苯，甲苯等液體的表面易累積靜電，就是所謂的「表面電荷」（surface charge）。此表面電荷高時，與儲槽內壁之間的電位差變大，足以使空氣離子化，空氣的絕緣瓦解，火花會越過槽壁而成為發火源，這種內在的表面靜電荷不能用外在的接地和儲槽連結的方法消除。較好的防範易燃性液體起燃方法即inerting，常用N_2惰性化。

表10-18　各種液體的電阻係數

名稱	電阻係數（歐姆－公分）
原油	10^9～10^{11}
汽油	10^{13}～10^{14}
甲苯	2.5×10^{13}
二甲苯	2.8×10^{13}
苯	1.6×10^{13}
丙酮	10^7～10^{10}
甲醇	10^9

　　有時在不良導體的油料中加入抗靜電添加物（例如水或一些溶劑）可增加其導電性，使其靜電較易消逝。但此種減少靜電累積的方法少被使用。即使加入抗靜電添加物，仍需採取其他措施減低靜電危害。

　　易燃性液體儲槽或槽車宜採取下列措施防範靜電：

1. 儲槽若與大地絕緣，需實施接地或連結（圖10-20）。

2. 進料時，輸油管應延伸至儲槽底部，可減少攪動、噴濺，有助於消減靜電的產生和累積。為防停止卸料時之虹吸作用，可在輸油管上挖個洞（圖10-21(a)）。另一方法是安裝一根角鐵（不需延伸管路至槽底），使液體沿著角鐵順流而下（圖10-21(b)）。

3. 分送高電阻、低閃火點液體的管線之間，或管線與儲槽，應連結或接地。

4. 為避免靜電火花在儲槽的進卸料口發出，進卸料管宜與開口邊緣接觸。若未接觸，則管路與儲槽應連結（圖10-22）。

5. 宜以低速（1m/sec以下）輸送管路中的可燃性液體，可減低靜電的發生。加大進卸料管口徑，可減低液體的流速，降低靜電生成量。

6. 灌裝油料時不可將金屬物品（如量尺）放入油罐中，以免產生靜電火花。

7. 填充油料停止後至少等一分鐘，待靜電消失後，再抽出進料管。最後將儲槽圓蓋蓋好之後，再拆除連結、接地的導線。

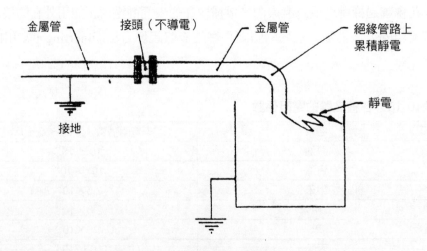

圖10-20　儲槽與輸油管接地

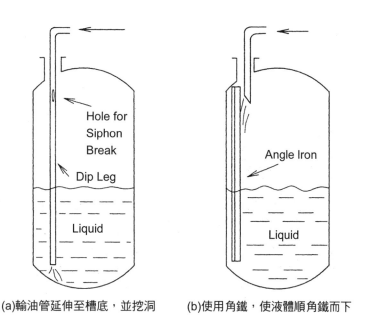

(a)輸油管延伸至槽底,並挖洞   (b)使用角鐵,使液體順角鐵而下

圖10-21 卸料時防止虹吸作用之裝置

資料來源:Crowl and Louvar (1990).

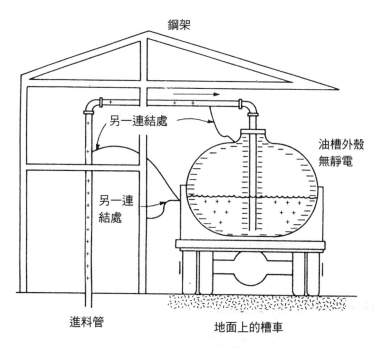

圖10-22 進料管與儲槽口未接觸,管路與儲槽應連結。鋼架與進料管接觸時,亦可由鋼架連結到槽車,或由進料管連結到槽車

資料來源:API RP 2003, 5, Fig. 2.

(四)閃電災害的防範

本書3.2.3已言及閃電對設備、設施、建築物等的危害。在此再詳述閃電的危害與防範之道。

◆閃電引發災害的種類

1. 直接雷擊（direct lightning stroke）：雷擊直接擊中戶外的輸配線路、變壓器、變電箱和其他設備，或經由屋外線路進入屋內設備所造成的損毀。

2. 閃電誘發高壓電致絕緣失效：閃電擊中輸配線路及其附近物體，會誘發高壓電波，快速向兩邊行進。此一激起的脈衝電壓造成發電機、馬達、變壓器或其他電氣設備的絕緣失效。

3. 感應電荷：空中帶電浮雲接近地面，會激發地面上的導體或金屬物體產生感應（induced）電荷。如果雲層底部帶負電，則地面金屬物體產生正電，在兩者接近時而發出閃電，電荷洩流到地裡而消失。在此情況下，閃電若擊中易燃物則起火燃燒；若擊中電氣設備，則使其絕緣失效。

◆閃電防範

1. 防範直接雷擊：對於屋內的電氣設備、自來水管或自動灑水系統的輸水管，和用於牆壁與屋頂作為強化、鑲崁、分隔、框架的金屬，對防範直接雷擊具備一定的保護作用。室外電氣設備之防範雷擊，常用避雷針。其防護半徑等於避雷針的高度，即所謂圓錐形（cone）保護。保護屋外輸配線路可使用數條平行的接地線，架在輸配線路之上約數十公分。

2. 防範急衝電流：電湧或電流急衝（surge）常使電氣設備絕緣失效，防範此類危害，常安裝消雷器（lightning arresters），可削減高壓系統約44,000伏特以上的電壓。消雷器可排放急衝電流至大地。至於射電頻率危害的防範，已在本書3.2.4說明。其餘有關熱的發火源和化學的發火源的防範，大部分已在本書10.3.1敘述，小部分將在下面小節補述。

10.4 洩爆設計與裝置

本書第六章6.6詳述粉塵爆炸的防護，其中第四單元已討論洩爆設計與裝置。在此僅補述可燃性氣體的洩爆面積計算圖，其餘雷同，不再贅述。

美國防火協會（NFPA）所採用的計算圖原為德國防火防爆專家W. Bart-knecht所研發。對於內含易燃性氣體的製程設備，其洩爆面積考量氣體的爆炸威力、發火源之大小、製程設備的容積等因素，使用計算圖如**圖10-23(a)**、(b)、(c)、(d)分別計算丙烷、甲烷、氫、煤氣爆炸時所需的洩爆面積。其計算方法一如在第六章所舉的例題。其畫圖方式一概由右下角之設備容積（vessel volume, m^3）向上畫到P_{red}線（即洩爆裝置開啟後，製程設備內可達到的最大容許壓力），以表壓力計算。然後再水平往左直畫到vent release pressure（使洩爆口開啟的壓力），即P_{stat}斜線，再往下畫到左下角的洩爆面積（vent area, m^2）即得。

　　洩爆裝置以及下述之圍堵、抑制爆炸系統、爆炸阻隔設備，甚至是各種消防設備，皆屬被動式的防火防爆措施，不是預先防範方法。本章10.1～10.3所言者才是預防之道。

　　圖10-23各圖中所謂降低的壓力（reduced pressure, P_{red}），通常限制在製程設備強度的三分之二以下。限制在此壓力之下，方不致使設備爆裂。

　　大多數易燃性或可燃性氣體爆炸，初壓為1atm。最大爆炸壓力可達7bar（表壓力）。洩爆裝置在低壓時開啟，可立即使爆炸壓力下降，不會達到最大爆壓（P_{max}）。洩爆面積是製程設備容積，K_G值（依立方根定律），使洩爆口開啟的壓力（P_{stat}），發火源能量，初期亂流的函數。

　　易燃性氣體的K_G值、等於$(dp/dt)_{max} \cdot V^{\frac{1}{3}}$，是該氣體之基本（fundamental）burning velocity的函數，與氣體爆炸時的最大壓力上升率有關。大多數有機化合物的氣體之基本burning velocity相近，故K_G值相似，如**表10-19**。

　　K_G＝75時，爆炸初期升高的壓力，將洩爆口打開（即P_{stat}），此時之壓力約為氣體被點燃前，製程設備（如儲存容器）內氣體絕對壓力（P_{abs}）的1.5次方。

　　計算圖適用於製程設備L/D≦3～5者，且僅適用於點燃氣體之前的氣體壓力等於1atm。

　　如果是狹長形的容器或管路（L/D≧6），則需增加洩爆裝置的安全係數，因在狹長設備中產生的爆炸壓力較高。原則上，洩爆口的位置應位於火焰和燃燒的氣體之處，如此可減少燃燒氣體的膨脹，以及對尚未燃燒氣體運動的影響。因此，洩爆口應位於可能是發火源之處。容器或管路的任一處皆有可能是發火源時，宜在整條管路上以適當間隔安裝洩爆口（**表10-20**）。

　　長管路在構造上的強度有兩種設計方式：

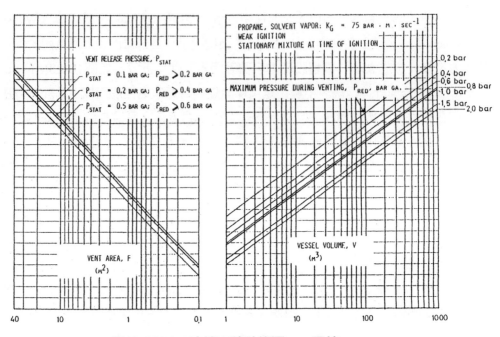

圖10-23(a)　洩爆面積計算圖──丙烷

註：1.P_{red}：洩爆裝置打開後，製程設備內可達到的最大容許壓力。

2.vent release pressure：為使洩爆口打開的壓力。

3.發火源：弱（即≦10watt）。

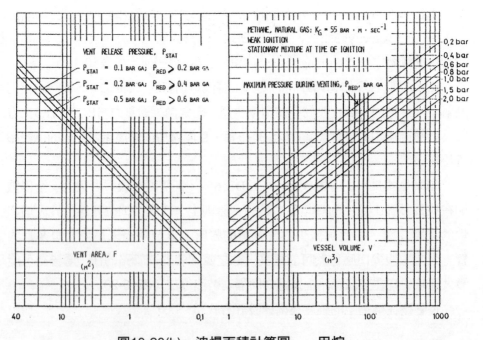

圖10-23(b)　洩爆面積計算圖──甲烷

註：發火源：弱。

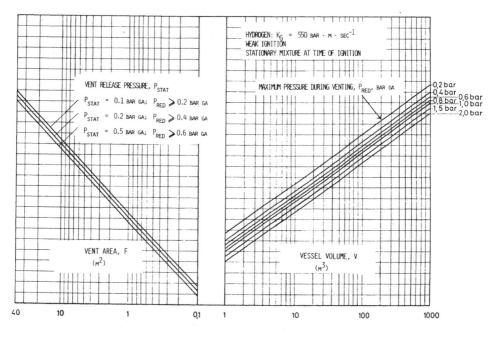

圖10-23(c)　洩爆面積計算圖——氫

註：發火源：弱。

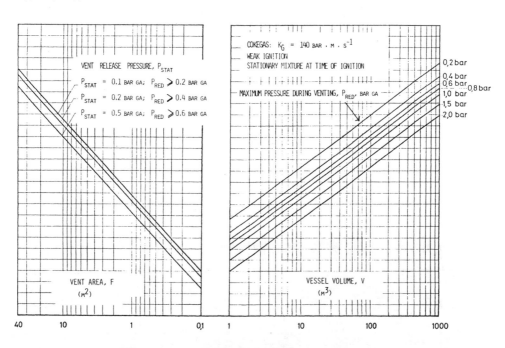

圖10-23(d)　洩爆面積計算圖——煤氣

註：發火源：弱。

表10-19　氣體K_G值（bar·m·sec^{-1}）

氣體	無亂流，靜止時的氣體混合物
甲烷	55
丙烷	75
乙酸丙酯	40
甲乙基酮	56
甲苯	56
甲醇	66
乙酸乙酯	67

註：1.K_G值在有亂流時，會大幅提高。

　　2.發火源＝10watt。

表10-20　洩爆口的最大間距和無阻礙長管路內的P_{max}

洩爆口的大小（k factor）	最大間距（ft）	P_{max}公式（psi）	使用最大間距之P_{max}（psi）
1（洩爆口＝管路斷面積）	60D	$P_{max}=0.04\,L_1/D$	2.4
2（洩爆口＝管路斷面積×1/2）	30D	$P_{max}=0.06\,L_1/D+0.1$	1.9
3（洩爆口＝管路斷面積×1/3）	20D	$P_{max}=0.07\,L_1/D+0.2$	1.6
4（洩爆口＝管路斷面積×1/4）	15D	$P_{max}=0.08\,L_1/D+0.3$	1.5

註：1.D＝直徑；L_1＝洩爆口的間距（ft）。

　　2.本表僅適用於管路內無阻礙的情況，且管路筆直。

　　3.管路內含丙烷和空氣的混合氣體。若非丙烷，需修正係數。

1.爆炸後會永久變形，但不致破裂。

$$P_{es}=\frac{1.5\,P_{red}}{Fu}$$ （10-1）

2.爆炸後不會永久變形，構造強度較高。

$$P_{es}=\frac{1.5\,P_{red}}{Fy}$$ （10-2）

式中，P_{es}＝抵抗P_{red}的構造設計壓力（bar）

　　　　P_{red}＝管路內產生的最大壓力（bar）

$$Fu = \frac{管路最大應力}{管路可容許的應力}$$

$$Fy = \frac{管路之屈服應力}{管路構造材料可容許的應力}$$

10.5 圍堵

　　設計如銅牆鐵壁般強固的結構，以防爆炸壓力摧毀設備，進而使火焰及危險物質外洩釀禍，最典型的例子即是核電廠的圍阻體（**圖10-24**）。但核電廠龐然巨物的圍阻體不適用於一般的製程設備。通常只有小型的製程設備方才適用圍堵（containment）的設計觀念。

　　這種設計觀念有兩種：(1)抗壓；(2)抗壓抗震。

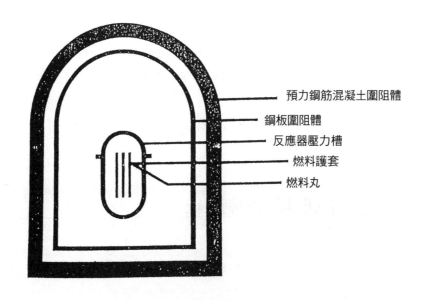

圖10-24　核電廠輕水反應器圍阻體圍堵設計

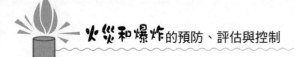
10.5.1 抗壓

這種製程設備的結構足以抵抗最大爆炸壓力（P_{max}）的1.5倍。依據英國標準BS 5500（1985）或美國ANSI/ASME VIII Boiler and Pressure Vessel Code（1986）的要求，這種容器在爆炸後能防止彎曲、變形、崩塌和最輕微的永久變形。

10.5.2 抗壓抗震

這種製程設備的結構強度略遜於抗壓設計。其設計強度足以抵擋爆炸壓力而不致裂開，但在爆炸時會形成永久變形，需修理或更換。

設備內部壓力增加而發生爆裂或永久變形，常肇因於下列情況：

1.可塑變形，因局部應力大於構造材料的屈服強度。

2.破裂（rupture），因局部應力大於構造材料的展延強度。

3.逐步增加的變形和疲勞。

4.潛變（creep deformaton）和疲勞。

5.腐蝕、侵蝕。

6.低溫脆變。

為預防不策，容器需實施測試。抗壓設備需以設計壓力的1.5倍壓力進行水壓試驗；而抗壓抗震（pressure shock resistance）設備則以設計壓力的85～95%壓力進行水壓試驗。

此外，勿忽視容器與管路之間的接合設計，也需符合相關的規章（如BS 4870, 1981）。

 ## 10.6 爆炸抑制系統

本書6.6第三單元簡略介紹爆炸抑制系統，以下詳論此抑爆系統的原理、偵測、滅火及其應用與限制。

10.6.1 抑爆原理

在密閉的製程設備之內，一旦易燃性物質被點燃，爆炸壓力隨之產生。爆炸初期，爆壓上升緩慢，爆壓不高（**圖10-25**）。爆炸抑制系統利用此一低壓，約在0.05～0.1bar時，以壓力偵測器測知由發火源傳過來的壓力波（**圖10-26**）。因火焰蔓延，擴散開來的速度遠不及壓力波行進的速度，故壓力波在千分之十秒左右即被偵測，透過控制單元，迅速開啟滅火器，使抑制劑（即滅火劑）噴出，將火焰撲滅——自偵知壓力波至開始噴射抑制劑共需約千分之二十秒——則在P_{max}發生之前，火焰和破壞性爆壓已被控制。

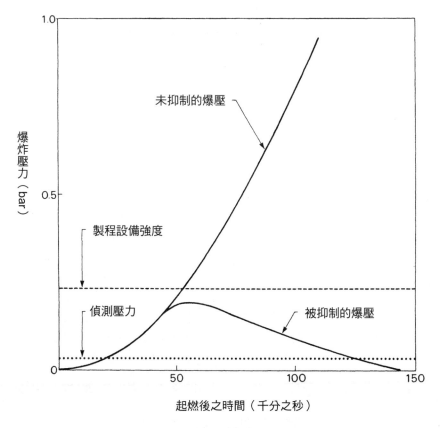

圖10-25　爆炸抑制的時間—壓力關係

資料來源：Field (1982).

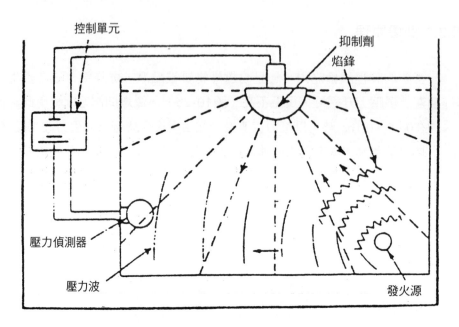

圖10-26　爆炸抑制系統

資料來源：IChemE (1988).

10.6.2 偵測系統

　　現今使用的偵測器有兩類，一為偵測壓力，另一為偵測輻射線。對於粉塵爆炸的場所，不宜使用感光（輻射）偵測器，因懸浮的粉塵會遮蔽輻射線，大大影響偵測器的感測動作。

　　最常用的壓力偵測器內裝有甚薄的金屬薄膜，能感應極低的壓力。所偵測的壓力常是預先設定的一個下限（threshold）壓力，以便能順利啟動偵測動作。在英、美兩國，化工廠以外的製程設備，常設定在0.02bar，遠低於設備之設計強度之0.07bar。而在德國，設定啟動壓力可能為0.5bar，設備設計強度至少1bar。

　　另有一種非預設下限壓力偵測器，而是隨著壓力上升率達0.8bar/s即感測的偵測器。

　　偵測器本身需能抗震動、抗腐蝕性，且不受製程溫度變化之影響。

　　定期檢查預先設定之下限壓力，以確保偵測之可靠度。

10.6.3 控制單元

這種電子控制系統主要的功能有二：接收來自偵測器的訊號和啟動鋼瓶，噴射抑制劑。此外，啟動聽覺或視覺警報器，並使製程設備安全停機，切斷料源供應，停止風扇。

不少控制單元會監測偵測器的電力持續性（金屬薄膜有電力接點）和抑制劑啟動電路。萬一停電，此控制系統亦有備用電池應付緊急情況。

10.6.4 滅火鋼瓶與抑制劑

儲存抑制劑的鋼瓶有半圓形和長筒形（似家用瓦斯筒形狀）兩種。半圓形鋼瓶以化學炸藥開啟。常用之液態抑制劑（常為Halon，即鹵化烷滅火劑）噴出的速度為200m/sec，在10～30ms內噴完。相對於長筒形鋼瓶，半圓形抑制器內容量較低、噴射距離較短（＜2.5m），主要用於保護小型製程設備，其操作溫度低於60°C。

另一常用的抑制器為長筒形之高速排放（high rate discharge, HRD）鋼瓶。容量較大，以N_2加壓抑制劑（如水、乾粉、鹵化烷等），可在100ms噴完，噴射距離約10m。

抑制劑中較常用的乾粉為A、B、C乾粉。鹵化烷中較常用者為Halon 1011（CH_2ClBr），亦有使用Halon 1211或Halon 1301者。

10.6.5 使用上的限制

爆炸抑制系統對於爆炸威力超過K_{st}＞300bar・m・s^{-1}的粉塵爆炸，或K_G＞75bar・m・s^{-1}的氣體爆炸，難以有效壓制。抑爆系統可保護內含CO、CH_4、C_3H_8、汽油、有機溶劑的製程設備，卻不能保護內含氫、煤氣（coke gas）、金屬粉塵的製程設備。

圖10-27為旋風分離器與研磨機上安裝的HRD抑制器和半球形抑制器。

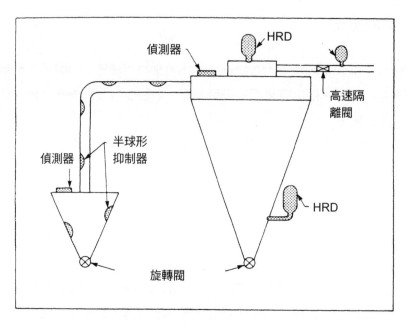

圖10-27 旋風分離器與研磨機中使用的爆炸抑制系統

資料來源：Moore (1979).

 10.7 爆炸阻隔設備

　　爆炸阻隔設備有旋轉閥、快速動作閥、快速動作阻隔閥、抑制劑阻隔器。此外，滅焰器既無阻隔（barrier）作用，亦非閥，為方便計，暫歸類於此。除了滅焰器之外的阻隔設備，皆已在本書第六章說明，不再贅述。本節僅討論適用於氣體、蒸氣或霧滴而不適用於粉塵環境的滅焰器。

　　滅焰器的功能有二：

1.熄滅火焰。

2.吸收燃燒氣體或蒸氣的熱，以防過熱（溫度太高）。

　　氣體或蒸氣能通過細小的孔隙，但一大團的火焰不易通過。大火焰想要通過，必須分裂成小火焰。這些小火焰在通過狹長的、具有吸熱作用材質的孔隙時遭個個擊破而被消滅。

　　滅焰器限制製程設備的連鎖性火災、爆炸，但未能降低爆炸壓力；而洩漏

裝置則能洩放爆壓，但未能防止爆炸之蔓延。兩者具有互補作用，若能合併裝設，則可限制火災爆炸的蔓延與效應。

滅焰器都裝置於管路內，防止火焰在管路蔓延。

最早使用滅焰器在十九世紀初，見於礦工安全燈。今日，常見於：

1.廢氣燃燒塔。

2.易燃液體儲槽的排氣管。

3.回收有機溶劑蒸氣的管路系統。

4.輸送氣體燃料到燃燒設備（如燃燒器）的管路系統。

5.小型內燃機的曲柄軸箱。

6.貨卡車的排氣管。

10.7.1 滅焰器的優缺點

滅焰器的優點：

1.種類多（約有八種以上），可防各種gas、vapor、mist爆炸。

2.安裝簡易，直接固定在管路裡面。

3.不很需要維護保養，特別無粉塵之時。

4.若有破損，換新簡易。

5.便宜。

6.不易被爆炸位移，相當固定。

滅焰器的缺點：

1.對氣體流動不免有阻力。

2.作用好似濾清器（若gas不潔）。

3.不適用多粉塵的作業環境。

4.若因有髒物而堵塞，可在滅焰器上游安裝可棄式濾網。

5.因多是金屬材質，會腐蝕，宜使用抗腐蝕材料。

因此，仍需定期檢查維護，以確保安全。

10.7.2 滅焰器的種類

(一)皺摺式（crimped metal arrester）

此種滅焰器甚強固，耐衝擊，對gas flow的阻力低。可滅威力大的爆炸。可裁剪成圓形、正方形、長方形等，依管路形狀而定。如**圖10-28**所示。

(二)金屬網式（wire gauze arrester）

此式之優點：便宜、安裝簡便；缺點為：滅火效果不佳、易破損。對gas flow阻力大（網口、mesh很小）。適用較小的爆炸，可裝在小型內燃機的曲軸箱內。

(三)洞板式（perforated plate arrester）

這種滅焰器（**圖10-29**）有不同大小的圓洞和多種板面厚度。機械強度大於金屬網式，較能承受高溫。對gas flow的阻力大。

(四)平行板式（parallel plate arrester）

爆炸是由互相接近，但各自分隔的金屬板或朝向gas flow的金屬環滅火。其

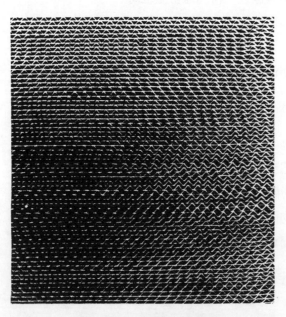

圖10-28　皺摺式滅焰器

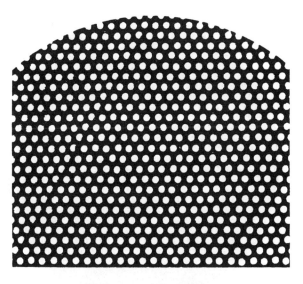

圖10-29　洞板滅焰器

優點是堅固，能耐強大爆壓，便於拆卸清理；缺點是重量略大，對gas flow阻力較大。可用於內燃機的排氣系統。

(五)填料塔式（packed tower arrester）

其優點為易組立，便於拆卸清理，也夠堅固；缺點是體積大，對gas flow阻力大，爆炸時也會移動而失效。

(六)熔結式（sintered metal arrester）

這種礦渣做成的滅焰器的孔隙甚小（**圖10-30**），能消滅強大爆炸。但對gas flow的阻力大、易堵塞。因此，宜使用於gas相當乾淨的場所。

10.7.3 影響滅焰器滅火的因素

影響滅焰器滅火效果最大的因素是淬火直徑（quenching diameter），其次才是其厚度。所謂淬火直徑為混合氣體中火焰未必能蔓延過管路的最小直徑。在實際情況中，淬火直徑代表滅焰器孔隙直徑的上限，大於此直徑，不論滅焰器的厚度如何，淬火作用未必遂行。實務上，管路內易燃gas起火爆炸，其火焰開始蔓延，火焰行進速度遠超過標準燃燒速度（burning velocity）。滅焰器孔隙

圖10-30　熔結滅焰器

（aperture）比淬火直徑至少需小50%以上。如此之後，滅焰器的滅火效果才隨著其厚度的增加而增加。

　　上述之燃燒速度與火焰速度（flame speed）不同。所謂混合氣體的燃燒速度是混合氣體的基本性質，為火焰水平延燒到未燃氣體、蒸氣的速度；而火焰速度是火焰沿著管路、設備蔓延的速度。燃燒速度依gas之性質、gas的量、壓力、溫度而定；火焰速度依火焰形狀、亂流而定。火焰速度常高於燃燒速度。

　　表10-21為混合氣體的標準燃燒速度與淬火直徑。淬火直徑隨著gas與air或O_2的百分比大小而變。表中的值為常溫、常壓下各種混合氣體的最小值。在空氣中，大多數飽和碳氫化合物與溶劑之蒸氣的淬火直徑相當接近丙烷（即0.105吋），但快速燃燒的氣體、蒸氣的淬火直徑較小。

　　淬火直徑不可與防爆電氣設備規定的最大實驗安全間隙（maximum experimental safe gap, MESG）混淆。MESG是法蘭或電器設備接合處之間容許之最大間隔，以防爆炸火焰在設備內傳播，況且MESG比淬火直徑狹小，因涉及高爆壓。

表10-21　混合氣體的標準燃燒速度與淬火直徑

混合氣體	標準燃燒速度（ft/s）	淬火直徑（in）
CH_4 / air	1.2	0.145
C_3H_8 / air	1.5	0.105
C_4H_{10} / air	1.3	0.11
C_2H_4 / air	2.3	0.075
C_2H_2 / air	5.8	0.031
H_2 / air	11	0.034
C_3H_8 / O_2	13	0.015
C_2H_2 / O_2	37	0.005
H_2 / O_2	39	0.012

10.7.4 計算火焰速度、孔隙直徑或滅焰器厚度

　　除了爆轟之外，滅焰器所能消滅的最大火焰速度可以下式計算。

$$V = 0.5 \frac{ay}{d^2}$$

式中，V＝火焰速度（ft/s）

　　　　a＝自由面積，亦即不算金屬網，能使gas或火焰自由通過的面積

　　　　y＝滅焰器的厚度（in）

　　　　d＝孔隙直徑（in）

　　對於四方形或圓形的孔隙，d＝孔隙的直徑。對於皺摺金屬滅焰器，其孔隙常呈三角形，若是直角等腰三角形，d＝0.83×皺摺高度。

【例題】

　　某座廢氣燃燒塔的直徑＝1ft＝30cm，用以排放C_3H_8、C_4H_{10}等廢氣。若煙囪長30ft，滅焰器安裝在其基部，以防母火回燃到相關設備。假設使用皺摺金屬滅焰器，其厚度應多少？

　　　　已知：1.火焰速度＝330ft/s（99m/s）＝V

　　　　　　　2.皺摺高度＝0.05″（0.127cm）

3.滅焰器表面積＝0.8 in² ＝a

4.滅焰器孔隙直徑，d＝0.83×0.05″

〔解〕

應用上式 $V=0.5\dfrac{ay}{d^2}$

$$330=0.5\frac{(0.8)\,y}{(0.83\times0.05)^2}$$

$$0.4y=330\times0.00172$$

$$y=1.42″$$

得滅焰器的厚度為1.42″

關於火焰速度，若管路直徑在12吋以下，一端開放，發火源近此開放端，則各種混合氣體及火焰在管路奔跑的距離之火焰速度如**表10-22**。

火災、爆炸控制的最後一個手段就是滅火、亦即使用各種消防設備與滅火劑進行滅火行為。本書不討論消防設備，僅在最後一章討論各種滅火劑。

表10-22　火焰速度（發火源在管路開口端）

氣體混合物	火焰速度（ft/s）			
	火焰行進長度（ft）			
	1	5	10	35
C₃H₈ / air	16	230	330	330
C₂H₄ / air	100	230	500	D
H₂ / air	-	D	D	D

註：1.若火焰行進長度（run-up length）低於3吋，火焰速度設定為4ft/s。

2.D表示可能發生爆轟，爆轟速度可達7,000ft/s。

 參考文獻

1.Industrial Risk Insurers (IRI), Information Manual 2.5.2, Plant Layout and Spacing For Oil and Chemical Plants. IRI, 1991.

2.HSE series bocklet HS (G) 34, The Storage of LPG at Fixed Installations, HMSO, 1987.

3.NFPA Fire Code 69 Appendix B, pp. 69-23.

4.NFPA, *Fire Protection Handbook*, chapt. 12, 16ed, pp. 12-78, 1986.

5.FM, *Handbook of Industrial Loss Prevention*, chapt. 3, 1967.

6.National Electrical Code, Hazardous (Classified) Locations, Article 500, NFPA 70, 2011.

7.Alexander et al., A Comparative Review of NEC Versus IEC Concepts and Practices IEEE, 1997 (Paper NO. PCIC-97-5).

8.IEC 79-10, Electrical Apparatus for Explosive Gas Atmospheres-part 10, IEC, 1995.

9.CNS 3376，一般用電機具防爆構造通則，C1038-0～20。

10.Kovacic, T . M., *An Illustrated Guide to Electrical Safety*. ASSE, 1983, 2003.

11.Vervalin, Charles H., *Fire Protection Manual for Hydrocarbon Processing Plants*. 2ed, p. 232, Gulf Publishing Company, 1973.

12.Crowl, D. A., and Louvar, J . F., *Chemical Process Safety*, Prentice Hall, 1990.

13.Field, P., *Dust Explosion*, Elsevier, Oxford, 1982.

14.IChemE, Guide to Dust Explosion Prevention and Protection Part 2, 1988.

15.Moore, P. E., Explosion Suppresion in Industry, *Phys. Technol. 10*(202), 1979.

Chapter 11

滅火原理及滅火劑

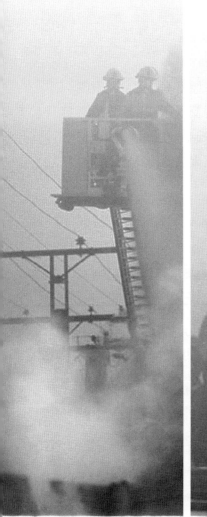

在第十章之前，本書所述所討論探究者，不外是火災和爆炸如何發生、發展，可能造成的危害及後果的風險評估。第十章則討論預防火災、爆炸的基本策略，如不使易燃性的fuel-air mixture在作業現場形成，實施設備的inerting、限制fuel的使用量，維持fuel的儲存、搬運、使用之安全，設備設施之設計應符合本質較安全設計原則，fuel與發火源之間保持最小安全間隔距離、消除或控制發火源等。第十章又討論如何在設備之內建置抑爆、洩爆的裝置，以及萬一發生火災、爆炸，有安全裝置進行滅火（如flame arresters），或防止火焰傳播蔓延（如快速動作閥、浮動式阻隔閥等），這些裝置有如車內的安全氣囊（air bag），內建在車內保護駕駛人，都具備事先預防之意。

然而人總有失誤，機器設備總有故障之時。萬一發生火災、爆炸，安全裝置或系統失效，最後不得已的下策即動用滅火劑滅火，進行事故發生後的控制。本章先討論滅火原理，再詳細討論各種滅火劑的滅火之道，優劣強弱以及如何對症下藥。

11.1 滅火原理

本書在第二章已詳細討論燃燒、火災或爆炸發生的各種情況，因素和兩個重要的基本理論（即三角理論和四面體理論）。該章也論及固態、液態、氣態可燃物燃燒的不同特性，並分辨無焰燃燒〔即表面（surface or glow）燃燒〕和發焰（flaming）燃燒之不同。這些基本知識對講求有效滅火之道極為重要。例如，請問讀者能否回答下列問題：

1. 乾粉（即$NaHCO_3$、$KHCO_3$、KCl、ABC乾粉、Monnex等）為何不能滅金屬（如K、Mg、Ca）火災？
2. 為何對付普通可燃物（如木材、塑膠）的火災，使用水比使用inert gas、泡沫、乾粉都較有效？

如果讀者未能正確回答這兩個問題，請再回去詳讀第二章的論述。在此，簡略回答上列兩個問題，詳細的原因，在瞭解本章之內容後即可豁然開朗。

1. 對於第一個問題，因金屬燃燒屬於無焰燃燒，不產生火焰，肇因於無H^+、OH^-出現。而乾粉之滅火，主要抓H^+、OH^-，使火焰立刻熄滅。亦

即乾粉對金屬火災大嘆英雄無用武之地。

2.對於第二個問題，主要原因有三：(1)普通可燃物的火災屬於分解燃燒，需要加熱分解才能燃燒；(2)水的汽化潛熱比其他滅火劑高，冷卻效果較佳；(3)水可大量使用，其他滅火劑卻相對少量可用而已。

從三角理論或四面體理論觀之，運用下列任一種方法或並用多種方法，皆可滅火：

1.冷卻可燃物或降低火焰的溫度。

2.稀釋氧，使空氣中的氧降低至不足以閃火或燃燒的濃度。

3.移除（removing）、隔絕（isolating）或覆蓋（blanketing）可燃物。覆蓋使可燃物與氧隔開。

4.使用化學物質以抑制或破壞燃燒的化學反應，火焰迅速熄滅。

以下再就這四種方法分別說明。

11.1.1 冷卻可燃物或降低火焰的溫度

普通可燃物，如木材、紙、塑膠、橡膠以水冷卻最為有效。原本已超過其熱分解溫度（約250～450°C）的普通可燃物不論直接用水柱噴射或小水珠的噴灑（spray），皆使其熱分解的表面之熱分解率（pyrolysis rate，$g/m^2/sec$）大降，因而停止熱分解，火焰終將熄滅。甚至對付難纏的深層火災（deep-seated fire）的悶燒（smoldering），亦可以大量的水灌浸，使室內可燃物（如家中的沙發、成堆成捆的紙、蔗渣等）浸漫一段時間為較實務的作法。

大多數的滅火劑皆具備冷卻效果，卻都不如水，因為水的汽化潛熱是滅火劑中最大的（**表11-1**）。泡沫因含有94%以上的水，冷卻效果亦佳。這是泡沫常用於氣態和液態易燃物的原因之一。液態易燃物的著火點若高於泡沫的溫度，易燃物一旦接觸泡沫，立即被冷卻，且其蒸氣壓快速下降。如果液態易燃物是水溶性，將被泡沫中的水稀釋，其蒸氣壓也下降。

水霧（water mist）也是冷卻的利器。水霧是細小的水珠（其直徑約$5×10^{-6}～1,000×10^{-6}m$），能移除易燃物表面的熱，或其火焰內的熱。為求較好的冷卻效果，最好以較大的水珠、較高的濃度（例如在空氣中超過15%以上water mist）直接噴灑在火焰之上。

表11-1　比較滅火劑的汽化潛熱

滅火劑	汽化潛熱（焦耳／克）
水	2,260
CO_2	573
N_2	200
CCl_4	194
Ar	167
Halon 1301（$CBrF_3$）	119

註：CCl_4目前已不再使用。1900年前即已使用。1919年發生使用CCl_4滅火器造成兩人中毒死亡案件。

　　inert gas如CO_2、N_2，汽化潛熱低於水，仍會吸收熱；況且加壓儲存於鋼瓶的液化CO_2自噴頭（nozzle）出去時，來到1atm，迅速汽化過程中亦會吸熱。噴出的瞬間，占瓶內25%的固態CO_2（即乾冰）粒子在可燃物上有冷卻效果。此外，各種inert gas都會吸收火焰的輻射熱。

　　由**表11-1**可知Halon 1301亦有汽化潛熱，雖不及其他滅火劑，終究有冷卻效用，何況加壓液化儲存在鋼瓶內的$CBrF_3$在汽化的過程中也會吸熱。

　　常用的乾粉的主要滅火作用在於和H^+、OH^-作用，破壞連鎖反應，冷卻效果輕微。因乾粉在火災現場會受熱分解，產生CO_2和steam，吸收輻射熱，有一點冷卻效用。

　　除滅火劑具備冷卻作用之外，尚有一些防火防爆的裝置亦有冷卻降溫的作用，例如滅焰器（詳見第十章）大多使用金屬材料，兼具滅火與吸收通過的氣體、蒸氣的高熱。

11.1.2 稀釋空氣中的氧

　　惰氣化是在密閉容器或空間內滅火的重要措施。儲槽內常加入氮氣以防flammable fuel-air mixture形成。steam亦用來保護儲槽。然而最常使用的滅火劑仍是CO_2。因CO_2比N_2更易於加壓儲存。同在21°C，液化CO_2的儲存量是不易液化（仍為氣態）的N_2的三倍。CO_2稀釋氧的效果比N_2更佳。

　　空氣中氧的濃度一旦下降，影響燃燒甚鉅：

　　1.因氧減少、空氣中的N_2增加，N_2會吸收輻射熱，可燃物的分解率和汽化

率亦降低。

2.氧濃度下降，燃燒反應減緩，燃燒速率（burnig rate, kg/sec）隨之下降（圖11-1），火焰向外延燒的速率（flame spread rate, mm/sec）亦下降。

3.空氣中氧的濃度降低，影響爆炸上限較大，UEL亦隨之降低。

其他滅火劑稀釋氧的效果雖不如CO_2或N_2，但仍有其作用。例如水滅火時，汽化產生steam，使空氣inerting，氧濃度亦下降。泡沫和水霧也有和水一樣類似的效果。Halon（海龍）系列的滅火劑可將空氣中的氧稀釋至19%。

11.1.3 移除、隔絕或覆蓋可燃物

(一)移除

快速將可燃物自火災現場移開以減少損失，並可防止火焰的蔓延、擴大。例如木材造紙工廠、穀倉、泡棉紡織廠等皆可用此方法。易燃性液體儲槽剛起火時，立即抽送至空的儲槽。deep seated fire這類長時間悶燒的火災，最好的滅火方法就是將尚未燃燒的可燃物移開火災現場，再以大量的水浸泡，而已燃燒

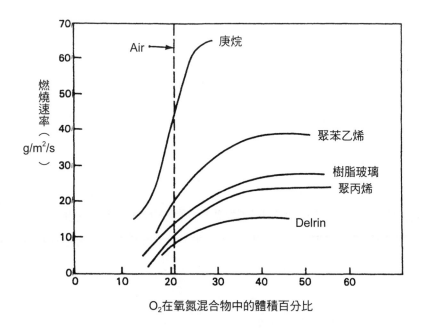

圖11-1　氧在空氣中的濃度與燃燒速率成正比

資料來源：Tewarson (1988).

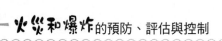
的可燃物則予開挖，再以水滅之。

(二)隔絕

對於易燃性氣體、液體外洩著火，最好的應付方法之一是立即將控制閥關閉，切斷其源頭。而已燃燒的部分則一面監控，一面任其燃燒至易燃物燒盡為止。

(三)覆蓋

泡沫滅火的方式即將泡沫迅速覆蓋在可燃物上面，使可燃物與氧隔絕。有些泡沫甚為黏稠，好像形成防熱毯，覆蓋在正在燃燒的液體表面或垂直面（如儲槽外牆）上。高膨脹泡沫常直接浸泡可燃物，直到完全熄火為止。

乾粉的滅火作用之一就是乾粉的皂化作用（saponification），對於一些油脂，會產生肥皂般的泡沫，貼附在可燃物之上，使火焰窒息。但一般常用的乾粉的皂化作用相當有限。比較好的是碳酸鉀、乙酸鉀、檸檬酸鉀與水的混合物所形成的wet chemical的皂化作用，這是專門對付用來油炸煎烤的廚房設備火災的利器，它會在易燃性液體表面鋪上一層泡沫，將易燃物與氧隔開，火焰因缺氧而熄滅。

11.1.4 抑制或破壞連鎖反應

乾粉與鹵化烷（即台灣所謂之海龍滅火劑）皆具有這種滅火效應，主要是燃燒反應中所生的H^+、OH^-與滅火劑本身的K^+、Na^+、NH_4^+、Br^-、Cl^-、F^-相互作用，快速將火焰消滅。

上述皆強調如何滅火，然而滅火之前，需考慮人身是否安全，對財物是否造成損毀，對環境是否造成破壞。本章的後半部分將逐一詳論各種滅火劑。每一種滅火劑皆有其優勢和使用上的限制，沒有一種滅火劑能適用於任何可燃物，故宜對症下藥，取其利，防其弊。原則上，理想的滅火劑應具備下列特性：

1. 便宜。
2. 易取得。
3. 汽化潛熱大，冷卻效果佳。

4.不具導電性。

5.降低空氣中的氧。

6.無毒性。

7.無腐蝕性。

8.能抑制連鎖反應。

9.能隔絕可燃物與氧。

10.對人、物料、設備的傷害，損毀低。

11.低環境破壞。

12.經久儲存也不變質，仍可有效使用。

13.與其他滅火劑相容性高（亦即不互相干擾破壞、可同時使用）。

14.吸收、阻隔輻射熱。

15.不產生有害的生成物。

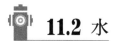 **11.2** 水

11.2.1 水的優點與缺點

(一)水的優點

自古以來，水是使用最廣泛的滅火劑。以水剋火，在於水的優點確實不少：

1.便宜低廉。

2.容易取得且量多，不論自來水管，或井、池塘、游泳池、溪河之水，因地制宜。

3.安全無毒性。

4.無腐蝕性。

5.施放時不分解對火災有助益的氫和氧。

6.滅火時產生steam。

7.形成水霧，防堵輻射熱。

8.比熱大，水的比熱是4.186KJ/kg，k（或1cal/g，℃）。0.45kg（一磅）的

水從0°C升至100°C所需的熱約190KJ。

9.水的汽化潛熱甚高，約2,260KJ/kg。4倍於任何其他的不燃性液體。水的mole汽化潛熱等於44KJ/mole（9,717cal/mole）。

10.液態的水汽化成水蒸氣，其體積增加約1,600～1,700倍。例如1加侖（3.8公升），體積等於0.004m³，完全變成steam，其體積成為6.3m³，增加1,575倍。

假設消防隊滅火時以每分鐘送出378.5公升的水來計算，這些汽化的水將吸熱979,356.5KJ或16,322.6kw，所產生的水蒸氣達631m³/分。

(二)水的缺點

雖說水的優點甚多，使用上仍需注意下列缺點：

1.導電性，避免受其電擊。**表**11-2為固定式自動灑水設備與未絕緣帶電設備（如變壓器、油壓開關、馬達）的安全距離，**表**11-3為消防水管與帶電電氣設備之安全距離。

2.易造成水損，如造紙、電子、電腦等工廠的原料或成品易受損毀。

3.與某些物質起化學反應，產生火災爆炸，如禁水性物質。

4.消滅易燃性液體的火災缺乏效率，尤其浮於水面，不溶於水者，以水柱灌救，恐使油類噴濺散開，反而擴大火勢，何況水遇高熱的油類會汽化

表11-2　固定式自動灑水設備與未絕緣帶電設備之安全距離

電氣設備的最大電壓（KV）	最小安全距離（mm）
14.5	178
24.3	254
36.5	330
48.3	432
72.5	635
121	1,067
145	1,270
169	1,473
242	1,930
362	2,134
550	3,150
800	4,242

註：取自NFPA 15, Standards for Water Spray Fixed Systems for Fire Protection.

表11-3　消防水管與帶電電氣設備之安全距離（公尺）

對地電壓	導線間之電壓	噴頭口徑		
		6mm	19mm	32mm
115	230	0.5	1	2
460	480	0.75	3	5
3,000	5,195	2.0	5	10
6,000	10,395	2.5	6	12
12,000	20,785	3.0	6.5	15
60,000	103,820	4.5	12	22
150,000	259,800	6.0	15	25

註：取自NFPA, *Fire Protection Handbook*, pp. 10-13, 19 ed., 2003.

而發生水蒸氣爆炸。

5.對低閃火點的液態可燃物火災效果不彰。

此外，水若遇到一些汙染物（如殺蟲劑、毒性物質）可能會造成水源或地下水的汙染。

11.2.2 水的滅火作用

水的滅火作用有三：

1.冷卻固態和液態的可燃物，冷卻火焰。

2.產生steam，使空氣中的氧含量下降，並吸收輻射熱。

3.產生水霧，阻隔輻射熱投射到可燃物之上。

茲將此三種作用詳細說明如下：

(一)冷卻

冷卻（cooling）是水最主要的滅火作用。水因其汽化潛熱特別高，對固態普通可燃物的冷卻效果相當顯著，除降低可燃物的熱分解率之外，也降低火災的熱釋出率（heat release rate）。當水的熱吸收率（heat absorption rate）達到火災的總熱釋出率，火災開始被控制。當水的熱吸收率大於火災的熱釋出率，火災已被抑制，終而滅火。

理論上，並不需要吸收全部的釋出熱，只要能影響燃燒反應即可。事實

上，只要吸收火災釋出的30～60%的熱即可滅火。

滅火所需的水依火災的熱釋出率（KJ/sec或kw）而定。滅火的快慢，取決於水如何施放，施放多少量的水，使用哪種方式施放。

若不是以水柱（water stream）方式噴灑，而是像自動灑水系統（sprinkler system）噴灑，水珠的大小影響滅火效率。最適當的水珠直徑在0.3～1.0mm之間。水珠宜大小一致。到達火災現場的水量受到燃燒速率和煙塵（plume）向上速度的影響。水珠必須克服plume向上運動和氣流的影響。例如sprinkler產生的水珠受制於天花板的高溫，可能被蒸發而致無法穿透fire plume。一般而言，1mm直徑的水珠，能穿透6.1m/sec的plume，1.5mm水珠能穿透9.1m/sec plume，2mm水珠能穿透12.2m/sec plume（水霧的水珠直徑小於0.3mm）。

(二)產生steam，降低氧含量，吸收輻射熱

前已言之，水受熱之後產生約1,600倍體積的steam。steam降低氧的效果次於CO_2，卻優於N_2。steam會吸收輻射熱，減低火焰溫度及燃燒率，但其效應低。

steam稀釋氧的效果在寬廣的室內不高，因密度低，僅具短暫性的效用，是滅火的次要角色。若在室外，此效應更為不彰。

(三)產生水霧，阻隔輻射熱

噴水滅火的過程之中，會產生霧（fog）狀的細小水珠具有防堵輻射熱的效果。此一效果在屋內隔間（compartment）較為明顯，降低輻射熱投射到正在燃燒或未燃燒的可燃物表面。

11.3 水霧

水霧作為滅火劑的發展相當晚近，約在三十年前。研究使用水霧的動機來自於：(1)改良海上商船安裝的自動灑水系統，期望使用更小的水管，施放更少的水，降低整套系統的總重量，進而降低成本；(2)當時國際上正積極尋找鹵化烷（halon）的替代品，以保護大氣中的臭氧層。這股開發新型滅火劑的旋風起自於歐洲，特別是北歐的瑞典、挪威、芬蘭和丹麥這些注重海權的國家。加

拿大、美國亦隨後跟進，直到1993年，美國防火協會（NFPA）才制定水霧滅火系統的標準，亦即NFPA 750。直至今日，不僅海上油輪、商船安裝水霧滅火系統，陸上的油田、旅館、古蹟、藝廊、電腦室，以及工廠內的機械室、渦輪機、電子作業場所等亦有之。其接受度呈緩慢和穩定的發展。

水霧適用於A類火災（如家具、床鋪等的火災）和B類火災（如液態的碳氫化合物的火災）。

11.3.1 水霧的滅火作用

水霧是極細小的水珠，依NFPA 750的分類，所謂Class 1 mist，為水珠直徑＜200×10^{-6}m者；Class 2 mist，水珠直徑在$200\sim400\times10^{-6}$m之間；Class 3 mist，水珠直徑在$400\sim1,000\times10^{-6}$m之間。水霧既然也是水，其滅火作用與水相似，亦即有冷卻、稀釋氧、阻隔輻射熱的作用，然而兩者仍略有差異之處。

(一)冷卻

冷卻作用有三，其一是冷卻高熱的氣體和火焰；其二是冷卻可燃物表面；其三是冷卻火災附近的物質表面。冷卻可燃物和鄰近的物質表面，可降低延燒速度。與自動灑水系統相較，更細的水珠的表面積比大水珠的表面積大得多，吸熱速度更快，火焰的氣相溫度降低。有人認為火焰溫度若低於1,327°C（1,600°K），擴散燃燒產生的火焰難以繼續存在（UL 2167, 1998）。火災產生的熱未必要全部移除才稱之為冷卻，事實上只要吸熱達30～60%即可使燃燒難以持續。其原因是冷卻之外尚有其他的滅火作用同時進行，如氧的稀釋或輻射熱的阻隔等。

對液態可燃物的火災而言，水霧汽化之後，冷卻火焰，轉而降低可燃物表面的輻射熱通量，進而降低易燃性蒸氣的發生率。火焰降溫和蒸氣發生率的降低，使燃燒速率降低，終使燃燒結束。

閃火點高於常溫者，如柴油（約60°C），以冷卻之法來滅火，較易遂行；而閃火點低於常溫者，如酒精（約12.8°C）則較不易，恐有復燃之虞。

以冷卻之法欲滅A類火災的可燃性固體，需考量可燃物的幾何排列和炭層深度（depth of the char layer）。暴露在外，面向水霧者較易滅，而深藏不露的部分（如在積垛內側）不易接觸水珠，單靠冷卻之法恐不易滅之。

(二)氧的稀釋

　　水霧的滅火作用與水的較顯著歧異之處，可能在氧的稀釋能力方面。水的冷卻作用優於其他兩項滅火作用，而水霧的稀釋氧的作用卻是最重要的滅火作用。當然稀釋作用最好在室內進行才能發揮較大的效果。在高熱的室內噴灑細小的水珠，汽化速度甚快，水珠在高溫下急速膨脹，氧會被水蒸氣取代。一旦降低至最低氧濃度（MOC）之下，燃燒不可能再進行下去。對固態可燃物的火災而言，氧濃度必須降至5～6%以下，而對液態或氣態可燃物，氧濃度降至12～16%以下即可滅火。氣態可燃物（事實上，高溫下，原本固態和液態的物質，可燃燒的部分已轉為氣態）在室內溫度越高，水珠轉化為水蒸氣的速度越快，水蒸氣的濃度也越高，氧濃度下降的速度也越快。例如受熱氣體的溫度達70°C時，水蒸氣的濃度可達30%，氧濃度降至14.7%（圖11-2）。從圖11-2也可說明在室內滅大火與滅小火容易。在此所謂「大火」與「小火」，只是相對性的比較而已，無特別的名詞定義。因大火在火災初期，消耗較多的氧，又加上啟動水霧滅火之後，更多的水蒸氣濃度，使氧濃度快速降至無法燃燒的程度。

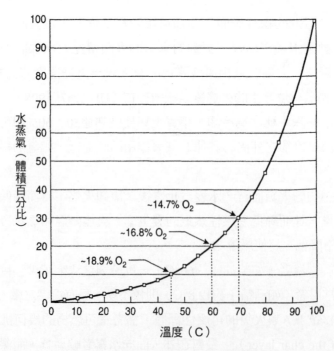

圖11-2　氣體溫度與飽和空氣中水蒸氣濃度（vol.%）的關係

資料來源：Back et al. (2000).

(三)阻隔輻射熱

　　水霧在火焰與可燃物之間阻隔輻射熱（radiant heat blocking），避免火焰擴延至尚未燃燒的可燃物表面，降低汽化率或分解率。粒徑小，濃度高的水霧，阻隔輻射熱的效果越好。

　　水霧的滅火機制可能不止於上列三項。有可能還包括噴灑時周圍空氣和水蒸氣被捲入，稀釋可燃物與空氣之易燃性混合氣體，使混合氣體的濃度降至爆炸（燃燒）下限之下。

11.4 泡沫

　　滅火用的泡沫，依其成分與製造過程的不同，分成兩大類：(1)化學泡沫（chemical foam）；(2)機械（或空氣）泡沫（mechanical or air foam）。化學泡沫為最古老的泡沫，使用普及率較低，今日常見於滅火器（extinguisher），少見於滅火系統（台灣稱滅火設備）。機械泡沫為繼化學泡沫之後，使用最廣的泡沫，多見於滅火系統。機械泡沫的種類不少，在此將擇要介紹。

11.4.1 化學泡沫

　　化學泡沫的發展始自十九世紀末（1877年），在1920～1950年間使用較廣，以後逐漸為機械泡沫所取代。化學泡沫由兩種不同的無機物經化學作用而成；一是碳酸氫鈉，另一是硫酸鋁。在滅火器內，分內外瓶，內瓶裝的是硫酸鋁，外瓶是碳酸氫鈉。兩物質在滅火時經過混合，產生大量的CO_2，使泡沫噴出鋼瓶之外。

$$6NaHCO_3 + Al_2(SO_4)_3 \longrightarrow 6CO_2 + 3Na_2SO_4 + 2Al(OH)_3$$

　　如此產生的化學泡沫甚為黏稠，因此在滅火系統之內常發生阻塞，清洗保養困難，且不經濟，1950年代之後逐漸為機械泡沫所取代。

11.4.2 機械泡沫

機械泡沫在二十世紀初（1904年）就已產生，先在英、德歐洲諸國使用2.5%或4%的泡沫濃縮液（foam concentrates）。1930年代以後逐漸取代化學泡沫。現在多使用3%或6%的泡沫濃縮液和97%或94%的水，再在泡沫水溶液中加入空氣而成滅火用的泡沫。美國防火協會（NFPA）列出九種泡沫滅火劑（foaming agents）：(1)蛋白（protein）泡沫；(2)氟蛋白（fluoroprotein）泡沫；(3)合成碳氫化合物界面（synthetic hydrocarbon surfactant）泡沫；(4)水成膜（aqueous film-forming）泡沫；(5)中和高膨脹（medium and high expansion）泡沫；(6)酒精型（alcohol-type）泡沫；(7)成膜氟蛋白（film-forming fluoroprotein）泡沫；(8)低溫（low temperature）泡沫；(9)抑制蒸氣（vapor suppression）泡沫。鑑於後三種泡沫滅火劑在國內無人提及，本書僅介紹前六種泡沫。

(一)蛋白泡沫

美國海軍研究所（U S Naval Research Laboratory）在二次大戰期間改進德國和英國的消防泡沫，研究出蛋白泡沫。這種泡沫濃縮液含高分子量的蛋白質的聚合物（來自於化學消化和自然蛋白質固體的水解）。此聚合物賦予泡沫彈性、機械強度和保留水分的能力。此泡沫滅火劑亦含有多價的金屬鹽（如鐵鹽），有助於蛋白聚合物的泡泡強化能力，藉以抵抗燃燒的高熱。使用上有3%和6%兩種，混合乾淨的淡水或海水皆可。產生的泡沫穩定性高，抗熱性亦佳。其泡沫膨脹比約1：8，適用溫度為-7°C～49°C。所謂泡沫膨脹比是泡沫膨脹之後的體積除以膨脹前的體積，亦即：

$$泡沫膨脹比 = \frac{泡沫濃縮液＋水＋空氣體積}{泡沫濃縮液＋水}$$

國內有人常稱泡沫濃縮液為泡沫原液。

(二)氟蛋白泡沫

美國海軍應用科學實驗所研究發展一種能與碳酸氫鉀乾粉（紫焰乾粉）相容共用的泡沫，此即氟蛋白泡沫，於1965年正式問世。其組成與蛋白泡沫相

近，除了含有蛋白聚合物之外，尚添加氟化的表面活性劑，使產生的消防泡沫具備「可燃物流瀉」（fuel shedding）的特性，易言之，即在滅火時，泡沫可附著在可燃物之上，對隔絕氧的效果更佳，特別是應用在儲槽火災液面下滅火的情況，直接將泡沫灌注到較底部的易燃物。

氟蛋白泡沫常用於消滅石油和碳氫化合物的儲槽火災，冷卻效果佳，能防止可燃物復燃。與水的混合方式和蛋白泡沫相同，有3%和6%兩種，使用溫度是-7°C～49°C。

(三)合成碳氫化合物界面泡沫

這種泡沫國內常稱之為合成界面活性泡沫，早在1930年代中期即已出現。其特性是黏性低，表面張力低，會迅速覆蓋在易燃性液體之上，但安全性低，泡沫不持久，抗熱性不佳，泡沫中的水易流失，不能在易燃物上產生一層薄膜，故在施用噴灑時，必須以較高的速率噴出才能滅火。這種泡沫也會破壞其他泡沫，故不能同時或先後使用。常以1～6%的濃度與水混合成各種合成泡沫。可用於消滅A類和B類火災。

(四)水成膜泡沫

水成膜泡沫簡稱為AFFF，是NFPA取用的名字。常見於飛機場專用的滅火劑輕水泡沫（Ligh Water）即屬之。Light Water是3M公司的註冊商標。1964年，AFFF由美國海軍研究所開發成功，能與紫焰乾粉共同使用。其起泡藥劑是氟化物，碳氟界面活性劑。

水成膜泡沫之所以得名，乃由於這種泡沫在應用時，會繼續在可燃物（即A類和B類火災）的表面形成一層薄膜，以覆蓋可燃物，破壞可燃物與氧之間的氧化還原反應。由於其黏度低，表面張力甚小，故能迅速地覆蓋在可燃物之上，敏捷地滅火。AFFF藉由流動性及在煤油上薄膜的強度。能防止火焰復燃，除了滅A類和B類火災之外，對噴射機的航空用油類火災特別適合。

原則上，AFFF的濃縮液勿與其他泡沫濃縮液混合，但在滅火時，可與其他泡沫，甚至乾粉一起使用，這是其優異之處。AFFF濃縮液可與清水或海水配成1%、3%、6%的濃度，其使用溫度為1.7～49°C。

(五)中和高膨脹泡沫

泡沫濃縮液和水的混合溶液在加空氣後會大幅膨脹，依其膨脹率（expansion ratio）可分為：

1.低度膨脹泡沫：20倍（20：1以下）。
2.中度膨脹泡沫：20～200倍（20～200：1）。
3.高度膨脹泡沫：200～1,000倍（200～1000：1）。

$$膨脹比率 = \frac{最後泡沫的體積}{未加入空氣前泡沫溶液的體積}$$

低度膨脹的泡沫，如蛋白泡沫、氟蛋白泡沫和合成界面活性泡沫。

在此所言的中度和高度膨脹的泡沫的膨脹率自20：1至1000：1。能夠產生如此高膨脹的泡沫常是藉由大型送風機之風扇（blower-fan）產生氣泡（圖11-3），膨脹倍數依泡沫濃縮液的濃度（1～3%之間）和空氣的流速而定，通常以大型送風機吹拂，膨脹比可達500～1,000，若以手提式小型發動機轉動風扇，膨脹比約只200。生泡機產生泡沫的速度約30～3,000m³／分。為防金屬網面受損，生泡機不可太靠近火災現場。

1950年代，英國首先研發高膨脹泡沫，專門對付煤礦坑內的火災。其起泡藥劑含氨、十二醇、醚、硫酸鹽，再加入安定劑。

高膨脹泡沫對付侷限地區（confined spaces），採取全面性大量噴灑（total flooding）的方式最為有效，將侷限地區，如礦坑、船艙、隧道、地下室、倉儲區，甚至油槽，灌注到一定深度，使大量的泡沫把易燃性的蒸氣，熱煙趕走，空氣亦被隔絕在外，如果在室內同時並用自動灑水系統，效果更佳。

原則上，高膨脹泡沫可用於消滅A類和B類火災。

(六)酒精型泡沫

普通的機械泡沫在遇到一些可燃物的火災時，常迅速遭受破壞，喪失其效用。這些可燃物包括醇類、丙酮、甲乙基酮、異丙醚、乙酸丁酯、胺類、酐類、丙烯腈、亮漆和漆的稀釋劑。這些可燃物縱使僅是少量與常見的碳氫化合物混合，即能使普通的滅火用泡沫迅速瓦解。

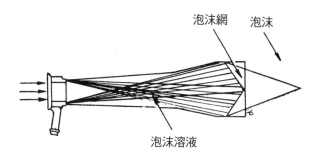

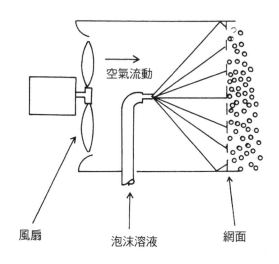

圖11-3　高膨脹泡沫

因此乃發展酒精型濃縮液，此抗醇（alcohol-resistant）濃縮劑含蛋白、氟蛋白或AFFF為主的成分。最常見的稱為聚合的抗酒精AFFF濃縮液，其所產生的泡沫適用於碳氫化合物或水溶性的易燃性液體的火災。其顯現AFFF在碳氫化合物之特性，並產生一種飄浮的膠狀物。

酒精型泡沫正常使用溫度是1.7～49°C。

11.4.3 泡沫的滅火作用

化學泡沫的滅火作用主要有二：(1)利用化學反應產生的二氧化碳降低空氣中的氧含量；(2)利用泡沫水溶液中的水發揮冷卻作用。

本小節主要討論機械泡沫的滅火作用。

(一)在可燃物與氧之間隔絕氧

因泡沫比任何易燃性液體輕，會飄浮在可燃物之上，把空氣隔絕掉，封閉可燃物的受熱蒸氣，使其缺氧，停止燃燒。

有些泡沫比較黏稠（例如6%泡沫濃縮液和94%水的混合液），形成堅韌的防熱毯，覆蓋在燃燒中的可燃物表面和垂直面上（如儲槽壁）。

有些泡沫較稀薄，擴散迅速，立即覆蓋在可燃物表面；有些泡沫能在液面上產生封閉易燃性蒸氣的薄膜（如AFFF）；有些泡沫直接大量灌滿整個空間（如高膨脹泡沫），皆使易燃物窒息。

(二)冷卻

3%的泡沫濃縮液需加97%的水；6%的泡沫濃縮液需加94%的水，幾乎不論何種泡沫，皆含至少94%以上的水。泡沫易被：(1)高熱；(2)機械力；(3)其他化學物或汙染物所破壞，但其中大量的水都具有冷卻作用。

(三)產生水蒸氣，降低空氣中的氧並吸收輻射熱

既然泡沫飽含水，自然具備此項滅火作用。在此不再贅述。

11.4.4 使用泡沫宜注意事項

1. 有些泡沫會破壞其他泡沫，例如合成界面活性泡沫會破壞蛋白和氟蛋白泡沫。
2. 注意泡沫與乾粉共容性的問題。滅火時，如果能用乾粉先消滅火焰，再用泡沫防可燃物復燃，最為理想。但有些可共容，例如化學泡沫、氟蛋白泡沫、AFFF可與$KHCO_3$共容；但蛋白泡沫與$KHCO_3$不相容；蛋白泡沫與$NaHCO_3$相容。
3. 注意泡沫之spray比water spray更易導電。泡沫不適用於滅C類火災。
4. 噴灑泡沫時需注意溫度高於100°C的易燃性液體。因易燃物高溫，泡沫形成steam、air與易燃物的乳狀液，在用於滅儲槽火災時，會使體積增加4倍，燃燒中的液體可能大量起泡而發生噴濺、溢流而出的情況。
5. 噴灑泡沫愈輕柔，滅火效果愈佳，所需滅火劑量愈少。
6. 使用泡沫滅火能否成功與噴灑速率（application rate）有關。專業機構建

議的最低噴灑速率是測試所發現的最實用之控制速度及所需滅火劑量。噴灑速率係指每分鐘到達可燃物表面積之泡沫溶液體積。例如泡沫的膨脹比率是8：1，噴灑速率是4.1Lpm/m²，則發泡後每分鐘供給32.8公升／m²。噴灑時，超過建議的噴灑速率，則可縮短滅火時間，若application rate超過建議使用量的3倍以上，滅火時間縮短有限。相反地，application rate若低於建議使用量，滅火時間延長或者未必能滅火。

7. 使用常溫的水所產生的機械泡沫較安定。較佳的水溫在1.7～27°C之間。淡水或海水皆可用之。水中若含泡沫汙染物（如清潔劑、油汙、腐蝕抑制劑），將不利於泡沫品質。

8. 泡沫會受燃燒生成物的不良影響。最好勿將生泡機放置在正在燃燒的可燃物附近。

9. 需注意看所有發泡裝置設備的建議壓力範圍。若超出建議壓力值範圍，泡沫會變質。

 ## 11.5　惰性氣體

滅火用的惰性氣體中以CO_2最常用，無論是滅火器或滅火系統（設備）皆用之。N_2仍然少見於滅火器的鋼瓶。有與CO_2、Ar混合而成為海龍替代品（halon replacement agents）的Inergen（IG541）者。N_2常用於易燃性物質的儲槽內上方空間，作為inerting之用，已詳論於第十章。steam亦有人用之，主要是使用鍋爐燒出來的steam。以蒸氣管就近保護儲槽。當然He、Ne、Ar亦可用之，卻很貴，因成本考量，幾乎無人使用，除非在相當特殊的情況，例如金屬火災的防範。在此著重於比較CO_2與N_2的基本性質及其滅火功能。

11.5.1 CO_2的基本性質和CO_2與N_2的比較

CO_2是無色、無味、無毒、無腐蝕性、不導電的氣體。其本身的非可燃性，且與大多數物質不起反應，自儲存鋼瓶內噴出時藉由本身提供的壓力，噴出後的氣體可滲透到火場的任何區域，滅火之後無殘留物，不需清理，這些優點使其成為良好的滅火劑。

　　CO_2在室溫、常壓時為氣態。降溫、加壓則易於液化。儲存於壓力容器的液態CO_2，儲存溫度21°C，儲存壓力則為58atm，此壓力是液態CO_2滅火時被驅出鋼瓶的壓力。鋼瓶內常有一支伸至瓶底的導管（dip tube），CO_2被驅出時，常是液態，而非vapor形態。一旦液態CO_2自噴頭出去，到周圍latm，會迅速汽化，由於液態CO_2汽化時吸熱之冷卻作用，使CO_2變成乾冰，溫度約-79°C。若液態CO_2原先在21°C，約有75%外洩的CO_2會汽化，而有25%會變成乾冰。

　　CO_2特異之處在於其形態在正常一大氣壓力時僅以氣相和固相存在，而非液相（圖11-4）。在超過臨界點（critical point）時，不論壓力如何，CO_2都是氣體；在壓力容器內，儲存溫度為-57°C～31°C，CO_2一部分是液態，一部分是氣態；小於-57°C，CO_2依壓力而定，可能是氣態或固態。圖11-4有個三相點（triple point），是位於溫度等於-57°C、壓力等於5.2atm之處，此時，固態、液態、氣態共同存在。

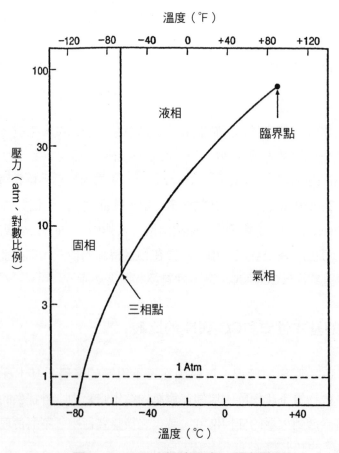

圖11-4　CO_2的相隨溫度、壓力變化

CO_2的儲存裝置有兩種。一是高壓鋼瓶，在21°C時瓶內的壓力是58atm，瓶外的溫度宜在0～49°C。因瓶內的壓力隨溫度及CO_2的密度而變，宜避免過冷過熱。

　　另一儲存裝置是低壓冷凍儲槽。儲槽外殼有熱絕緣材料保護，以維持槽內-18°C的低溫，槽內壓力約20.4atm。維持正常的噴灑速率（discharge flow rate），槽外的溫度不宜降至-23°C之下。萬一降至-23°C以下，需安裝具備循環泵之加熱器，使溫度回到-18°C。

　　自儲存裝置噴出來的液態CO_2是白色，雲霧狀（因是細小的乾冰粒子和汽化的氣體）。因其低溫（近-79°C），白色的氣體會凝結，產生霧狀，乾冰粒子昇華後一段時間維持霧狀。

　　工業上亦有液態的N_2氣鋼瓶，但液態N_2不作滅火劑之用。N_2因其沸點甚低，達-196°C，平常溫度液化不易。當然N_2可儲存在1atm，-196°C之溫度，但長時間儲存，N_2會流失。

　　若比較CO_2與N_2在鋼瓶儲存情況，同在21°C，CO_2於58atm可成液態，而N_2加壓至140atm仍為氣態。比較兩者的儲存量，CO_2是N_2的3倍。因此之故，CO_2比N_2使用較普遍。

　　從滅火的效能而言，同體積的CO_2比N_2有效。這可由**表11-4**看出。抑制同一易燃性物質，CO_2所需的滅火濃度比N_2少。

　　表11-5是比較CO_2與N_2在空氣中對空氣的比，於25°C時，防止易燃性gas或vapor燃燒所需的比例。在N_2方面，因空氣已含近80%的N_2，故表中是再加入的N_2。從**表11-5**亦可知各種gas或vapor的易燃性。

表11-4　抑制碳氫化合物在空氣中燃燒所需CO_2和N_2濃度（％）

碳氫化合物	CO_2	N_2
CH_4	24	38
C_2H_6	33	46
C_3H_8	30	43
C_2H_4	41	50
C_3H_6	30	43
C_6H_6	32	45

表11-5　防止易燃性氣體燃燒所需的CO_2/air和extra N_2/air比（25℃）

易燃物	CO_2		N_2	
	CO_2/air	%O_2	extra N_2/air	%O_2
CS_2	1.59	8.1	3	5.2
H_2	1.54	8.2	3.1	5.1
C_2H_4	0.68	12.5	1	10.5
C_2H_5OH	0.48	14.2	0.86	11.3
C_3H_8	0.41	14.9	0.78	11.8
C_6H_6	0.4	15	0.82	11.5
CH_4	0.33	15.7	0.63	12.9

資料來源：Friedman, NFPA (1998).

11.5.2 惰性氣體的滅火作用

(一)稀釋空氣中的氧

　　inert gas共通的滅火作用有三，最重要的效用在於降低空氣中氧的濃度。這種作用適合在室內受侷限的空間發揮其最大的效果，在空曠無障礙物的場所效果不彰。表11-6為CO_2的體積百分比相對於稀釋的氧所造成的影響。

　　表11-6最後兩項係指深層火災（deep seated fire）的燃燒深度。inert gas能防止氧接近悶燒的deep seated fire，故有滅火效果，然需使用高濃度且維持較長的時間才有顯著功效。

　　比較各種inert gas稀釋O_2的效果，依序為CO_2＞steam＞N_2＞He。

　　因為噴灑出去的inert gas必須在密閉空間內保持一定的濃度，並維持一段的浸漫時間（soaking period）才能發揮其稀釋作用，密閉空間必須氣密，否則inert gas會流出消散，而發生死灰復燃的現象。在設計CO_2滅火系統的使用劑量

表11-6　CO_2稀釋O_2對燃燒的影響

O_2%	CO_2%	對燃燒的影響
21	0	沒有影響
17	19	燃燒速度降低至二分之一
16	24	小火災熄滅
14	33	大火災熄滅
13	38	25mm深的燃燒熄滅
5	76	150mm深的燃燒熄滅

常需多加10%的量，以防噴灑時，CO_2自隙縫洩漏出去。較常發生死灰復燃者如高熱的金屬火災或deep seated fire。He、Ar等inert gas對付金屬火災相當有效，而N_2則千萬不可使用，因為會使火焰更加猛烈；CO_2亦不宜，因金屬及其氫化物會分解CO_2。若是金屬粉塵（如Mg粉），會與CO_2激烈反應生熱。

$$3Mg + N_2 \longrightarrow Mg_3N_2 + \triangle Hc$$
$$2Mg + CO_2 \longrightarrow 2MgO + C + \triangle Hc$$
$$4K + CO_2 \longrightarrow 2K_2O + C$$
$$2KH + CO_2 \longrightarrow K_2O + C + H_2O$$

(二)冷卻

前已言之，CO_2、N_2、He皆具有汽化潛熱，皆有冷卻效用。液態的CO_2自鋼瓶噴出時，75%的CO_2從液態汽化而吸熱，25%的CO_2從液態變成細小的乾冰粒子，昇華時亦吸熱。如果以CO_2的冷卻效果與水相比，CO_2自不及水的四分之一以上。可是CO_2的滅火效果主要不在於冷卻，而在於稀釋氣。因此滅火行為必須考量各種滅火劑的優缺點，強項或弱項，才能對症投藥。

(三)吸收輻射熱

各種inert gas都會吸收火焰的輻射熱，對燃燒多少具有不良影響。

以上為inert gas三種滅火作用。最適合使用inert gas滅火的火災是C類電氣設備的火災。火滅了，設備不受傷損，又無殘留物，這是其優勢所在。除了C類火災之外，以CO_2為例，可保護的設備或場所不少，今彙整如下：

CO_2滅火設備適宜保護：

1. 氣、液態易燃物。
2. 電氣設備、電器品和電子產品，如變壓器、油壓開關、電氣室、馬達、電腦、電視、電話等。
3. 廚房設備：烤箱、炸焙器具、抽油煙管。
4. 停車場、汽車修護廠、內燃機、柴油引擎等。
5. 機密性、高價值的文件、檔案、書畫、軟片、晶片等。
6. 易受水損者。

但CO_2也有不宜使用的場所或物質：

1. 人多的地方或逃生不易之處，如辦公大樓、旅館、醫院、養老院等。
2. 氧化劑（或含氧的化合物，如硝化纖維）多的地方，以CO_2滅火，缺乏效率。
3. 強還原劑的金屬，如K、Na、Mg、鈦、鋯和金屬的氫化物。

此外，CO_2本身雖不導電，然而CO_2自壓力容器噴出時，乾冰粒子可能攜帶靜電。靜電會累積在未接地的噴射口（discharge nozzles）。為預防人受到電擊或防範可能發生的火災爆炸，所有的噴射口必須接地或連結。1954年，德國某個易燃物儲槽旁安裝CO_2滅火系統，槽內裝有70%的燃料油，大量的CO_2在30～60秒內快速對油面的火焰噴射，突然引發大爆炸，造成多人死傷，此案例可資鑑戒。

11.6 鹵化烷及其替代品

鹵化烴（halogenated）滅火劑是碳氫化合物中一個或一個以上的氫原子為鹵素原子（F、Cl、Br）所取代。取代後的鹵化烴具有不燃性兼滅火功能。不論滅火器或滅火系統皆用之。其中Halon 1211和Halon 2402最常使用於手操作的滅火設備及現場固定式的滅火系統。Halon 1301最常用於全面性大量噴灑的固定式滅火系統。

前述之Halon 1211（$CBrClF_2$）和Halon 1301（$CBrF_3$）是甲烷（CH_4）的H被鹵族取代；Halon 2402（$C_2Br_2F_4$）是乙烷（C_2H_6）的H被鹵素取代，是目前使用最普遍的鹵化烴滅火劑，本文在此改稱之為鹵化烷滅火劑。

最早出現的鹵化烷是1900年之前即有的CCl4（Halon 104），毒性甚高。於1910年手提式滅火器問世。1919年發生第一次使用該滅火器死亡案件；潛水艇製造工人一人衣服著火，另一人以CCl_4滅火器滅之，兩人皆死亡。

1920年代後期出現的Halon 1001（CH_3Br）漸受歡迎，但毒性仍高。在二次大戰期間使用於英、德的船舶和飛機。

二次大戰期間，德國發明Halon 1011（CH_2ClBr）代替Halon 1001。1947年，美國保險業實驗所（UL）報告有比較CCl_4與CH_3Br的毒性，並發現CH_2ClBr

（Halon 1011）的滅火效果較佳。

二次大戰之後，乾粉NaHCO₃問世，其手提式滅火器成為鹵化烷的另一選擇。

迄1950年代，早期的鹵化烷（Halon 104、1001、1011）逐漸為乾粉取而代之。至1960年代，這三種鹵化烷因其毒性而壽終正寢。

1940年代，普渡（Purdue）研究基金會進行六十種以上新滅火劑的評估。同時，美國陸軍工程師團（U.S. Army Corps of Engineers）實施滅火劑的毒性研究。結果，有四種Halon被選來作進一步研究：即Halon 1202（CF_2Br_2）、Halon 1211、Halon 1301、Halon 2402。測試結果發現，Halon 1202滅火效果最佳，但毒性居首；而Halon 1301滅火效率第二，毒性居四者之末。根據此項研究結果，美國陸軍發展Halon 1301的手提式滅火器；空軍選1202作為戰鬥機引擎防火之用；聯邦航空署使用Halon 1301作為民航機引擎防火之用。

1960年代，使用Halon 1301滅火系統以保護電腦室。此後二十五年，Halon 1301逐漸普遍，主要用以保護電子設備，如電腦室、電信設備、博物館、船舶機器、油管泵浦站等，1970年代初期，美國防火協會（NFPA）訂立Halon 1301和Halon 1211滅火系統設置標準。俄羅斯使用Halon 2402頗為普遍，而在歐洲則使用Halon 1211於全面性噴灑系統。

11.6.1 鹵化烷的基本性質

美國陸軍工程師團首先將鹵化烷滅火劑納入一個識別系統。這個系統有四個或五個阿拉伯數字，第一個數字代表化合物中C原子的數目，第二個數字至第五個數字，依鹵族元素週期表中的次序，由上而下依序為F、Cl、Br、I。故Halon 1301，即代表一個C原子，三個F原子，零個Cl原子和一個Br原子。滅火劑中甚少有I原子取代甲烷或乙烷的H原子，此由於碘化烷見光分解，甚不安定。在正常溫度和壓力下，鹵化烷或為氣體，或為油狀液體，常用的Halon 1301、Halon 1211，為氣體。常溫下以N₂加壓液化儲存。

Halon滅火劑中各個鹵素有其特殊的作用：

1.F：賦予化合物之安全性，降低其毒性及沸點，增加其熱安定性。

2.Cl：賦予滅火效率，增加其毒性及沸點，降低其熱安定性。

3.Br：與Cl相同，但其程度增加，亦即滅火效率比Cl更好。

故含F、Cl、Br的化合物,具有各種不同程度的滅火效率,化學與熱的安定性,揮發性與毒性。F、Cl、Br與C原子以共價鍵連結,不像無機的鹵化物(如NaCl),沒有碘化之傾向或在水中變成導電性。分子中出現F原子增加C－Cl及C－Br之強度,提高化合物(如$CBrF_3$)的安定性。

氣態或液態的Halon在火災中迅速汽化。Halon沒有腐蝕性、不導電、不留殘餘物。

除了破壞臭氧層為人詬病的議題之外,Halon最受關注的是其毒性問題。**表11-7**為美國保險業實驗所(UL)對各種Halon滅火劑的毒性分類,可知Halon 1301的毒性比任何Halon低。**表11-8**為Halon 1301、Halon 1211和Halon 2402濃度與容許暴露的時間。

表11-7 UL對各種Halon的毒性危害分類(動物實驗結果)

級數	定義	Halon或化合物
6(毒性最低)	暴露2小時於濃度20%以下的gas或vapor,不致造成傷害	Halon 1301
5a	毒性大於6級而小於4級	Halon 1211、CO_2
4	暴露2小時於濃度2~2.5%的gas或vapor,能造成嚴重傷害	Halon 101、Halon 1202、Halon 2001
3	暴露1小時於濃度2~2.5%的gas或vapor,能造成嚴重傷害	Halon 1011、Halon 104、Halon 103($CHCl_3$)
2	暴露30分鐘於濃度0.5~1%的gas或vapor,能造成嚴重傷害	Halon 1001(CH_3Br)
1	暴露5分鐘於濃度0.5~1%的gas或vapor,能造成嚴重傷害	SO_2

表11-8 Halon 1301、Halon 1211與Halon 2402濃度與容許暴露時間

	濃度(vol.%)	容許暴露時間
Halon 1301	到達7	15分
	7~10	1分
	10~15	30秒
	15以上	避免暴露
Halon 1211	到達4	5分
	4~5	1分
Halon 2402	5以上	避免暴露
	0.05	10分
	0.1	1分

Halon滅火劑尚有一個值得關切的缺點，就是其分解生成物具有毒性和腐蝕性。Halon在暴露於約482°C以上的火焰或可燃物熱表面之後分解，產生刺激性的物質。一般而言，產生的分解物與Halon滅火劑的種類、濃度、噴灑速度和現場可燃物的種類有關。這些分解出來的化合物，其毒性與分解量和分解的速度相關。以Halon 1301為例，主要的分解物為HF、HBr、Br_2、F_2、COF_2、$COBr_2$（**表11-9**），其中HF和HBr皆有腐蝕性及毒性，其餘分解物都有劇毒。**表11-9**第二列為在空氣中暴露十五分鐘後的近乎致命濃度（approximate lethal concentration, ALC），第三列為短時間暴露的危險濃度（dangerous for short exposures）。分解物的濃度依空間的大小、封閉情況、火災的大小、可燃物的多寡、噴灑劑量、滅火時間長短等因素而定。原則上，人員在5%的Halon 1301中暴露五分鐘，不致有真正的危害。故在設計Halon 1301滅火系統時，宜使火警偵測和滅火行為在五分鐘內完成，以減少其分解物之可能危害。

　　至於Halon的腐蝕性問題，現今使用之含氟的滅火劑較為安定。Halon 1301、Halon 1211或Halon 2402對常用的建築用金屬的腐蝕性並不嚴重，除非有水出現。對於硬質塑膠材料的腐蝕性而言，影響輕微，Halon 1301比Halon 1211，Halon 2402的不良影響更小。

11.6.2 鹵化烷的滅火作用

　　Halon滅火劑的滅火作用有三：

1.破壞燃燒的連鎖反應（breaking chain reaction）。
2.稀釋空氣中的氧。
3.冷卻。

表11-9　Halon 1301分解物的致命濃度

分解物	暴露15分鐘後空氣中ppm	危險濃度（ppm）
HF	2,500	50～250
HBr	4,750	
Br	550	50（註）
COF_2	1,500	
$COBr_2$	100～150	

註：此ppm是Cl_2的濃度，非Br_2的濃度。

資料來源：美國National Research Council Advisory Center。

這三種滅火作用中，最重要的是第一項，第二項和第三項作用不大。

(一)破壞連鎖反應

這是Halon滅火劑之所以能快速（以合乎標準的噴灑速率，大約不到半分鐘）滅火之道。連鎖反應中出現的自由原子——O和H以及自由基——OH在燃燒反應中扮演非常重要的角色。這些自由原子和自由基也是flame的構成要素，一旦被消除，火焰即刻熄滅，燃燒中的可燃物也隨之降溫至1,500°C以下，燃燒很難再繼續下去。以最常用的Halon 1301為例，$CBrF_3$在火焰中分解成Br^-、CF_3^+，然後迅速抓取H和OH，常在數秒之內滅火。

$$CBrF_3 \longrightarrow Br^- + CF_3^+$$
$$Br^- + H \longrightarrow HBr$$
$$HBr + OH \longrightarrow Br^- + H_2O$$

$$HBr + H \longrightarrow Br^- + H_2$$

Br與H、OH的反應速度高於F和Cl。I的滅火效率和Br相近，但I較貴且毒性高。

此外，Br抓取電子的能力更勝於O，亦有抑制氧原子的燃燒氧化作用。

(二)稀釋氧含量

Halon滅火劑和inert gas一樣，具備降低空氣中氧含量的能力。但因Halon主要滅火作用在破壞連鎖反應，其所降低的氧濃度不多，由**表11-10**可見，當氧降至15%（大多在19%左右），易燃物早已無法燃燒。由此亦可知Halon對人的窒息性危害低於CO_2，若使用CO_2滅火，常將氧降至14～15%以下。

(三)冷卻

汽化潛熱雖低（119joules/g），Halon 1301畢竟仍然略有冷卻效果。以N_2加壓液化的滅火劑在汽化過程中吸收熱。

表11-10　防止易燃物燃燒所需之最低Halon與空氣體積比（25℃）

易燃物	Halon 1301		Halon 1211	
	1301/air	%O_2	1211/air	%O_2
H_2	0.29	16.2	0.43	14.7
CS_2	0.15	18.2	—	—
C_2H_4	0.13	18.5	0.114	18.8
C_3H_8	0.073	19.5	0.065	19.7
CH_3COCH_3（丙酮）	0.059	19.8	0.054	19.9
C_6H_6	0.046	20	0.052	19.9
C_2H_5OH	0.045	20	—	—
CH_4	0.054	19.9	0.062	19.7

11.6.3 鹵化烷的滅火效用

如果比較Halon 1301與CO_2的滅火效果，顯然Halon優於CO_2：

1. Halon 1301在低體積百分比（約3.5%）就有效滅火（而CO_2常需至少30%以上），O_2濃度降至19%左右，不致使人窒息。

2. Halon自nozzle噴出時，大部分為液態，只有少部分汽化（CO_2有75%汽化）。

3. Halon液體噴射比CO_2遠（Halon 1301分子量149，CO_2分子量44）。

4. 同樣滅CH_4火災，需33%的CO_2，Halon 1301只需5.4%，亦即一分子的Halon 1301是一分子CO_2滅火效果的6.1倍。當然這是就CH_4的火災計算。平均而言，不論Halon 1301或Halon 1211，同一重量時，Halon的滅火效率是CO_2的2.5倍。由**圖11-5**亦可比較。

如果僅比較Halon 1301和Halon 1211，依NFPA從全面性噴灑的試驗，由**表11-11**可知Halon 1301以較少約10%的量滅這些易燃物的火災。

Halon 2402的滅火效果與Halon 1301和Halon 1211相當，也是非常優異。但因其在室溫時是液體，主要用於局部性噴灑（local application system），故無比較資料。

Halon滅火劑對A類火災的滅火效果難以預料，依特定的可燃物，其結構形狀及何時滅火而定，但4～6%的Halon 1301、Halon 1211對塑膠火災很有效。NFPA的標準認為Halon滅火劑可控制deep seated fire。

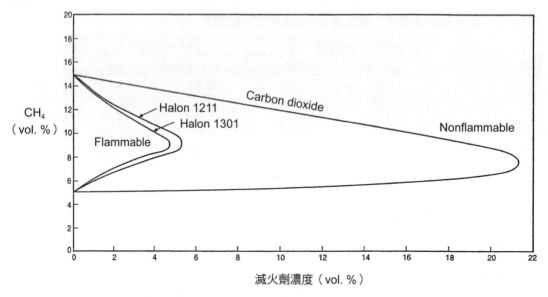

圖11-5　比較Halon 1301、Halon 1211和CO_2對CH_4爆炸範圍的影響

資料來源：Kuchta (1985).

表11-11　比較Halon 1301與Halon 1211滅火所需的平均體積%

易燃物	Halon 1301	Halon 1211
CH_4	3.1	3.5
C_3H_8	4.3	4.8
C_2H_4	6.8	7.2
C_6H_6	3.3	2.9
C_2H_5OH	3.8	4.2
CH_3COCH_3	3.3	3.6

11.6.4 鹵化烷替代品

　　鹵化烷最為人詬病的缺點是破壞大氣層的臭氧（O_3）。以Halon 1301為例，滅火之後，Br飄至大氣層和臭氧結合，將臭氧全部變成氧，臭氧消失不見了。

$$CBrF_3 \longrightarrow CF_3 + Br$$
$$Br + O_3 \longrightarrow BrO + O_2$$
$$BrO + O \longrightarrow Br + O_2$$

　　臭氧層的消失，將無法扮演過濾遠紫外線的角色，地表上的動植物隨之遭殃，全球的氣候也將惡化。為減緩此一衝擊，1987年，全世界共有二十五個國家齊集在加拿大開會，共同簽署「蒙特婁議定書」（Montreal Protocoal）以保護臭氧層。這些國家呼籲限制氟氯碳化合物的使用量至1998年減少1987年使用量的一半，且Halon的生產量要在1993年凍結在1986年的生產水準。然而鑑於臭氧層日益惡化，此舉似乎緩不濟急，更多的國家於1992年，11月在丹麥首都哥本哈根研議修正「蒙特婁議定書」，從嚴要求自1994年1月1日開始，全世界已開發國家停止生產氟氯碳化合物（包括Halon滅火劑、冷凍劑、除臭劑、塑膠吹泡劑等）。由於此一限制，乃激勵水霧和Halon替代品的問世。1994年，NFPA制定clean agent滅火系統標準（即NFPA 2001）。所謂clean agent的滅火劑係指立即汽化蒸發且無殘留物的滅火劑，亦即Halon替代品（clean agent alternatives）。國際標準組織（International Standards Organization, ISO）於2000年公布ISO標準14520。

　　Halon替代品甚多，可分兩大類（**表11-12**）：

1. 鹵烴化合物（halocarbon compounds）：包括CEA-410、FM-200、FE-13、NAF-SIII等。
2. inert gas及其混合物：包括Inergen（IG-541）、Argonite（IG-55）、Argon（IG-01）。

　　鹵烴化合物為含鹵族的碳氫化合物。此類滅火劑又可分為五種：(1)HBFC；(2)HFC；(3)HCFC；(4)FC或PFC；(5)FIC。

表11-12　主要的Halon替代品

商品名稱	分類名稱（註）	化學式
CEA-410（or PFC-410）	FC-3-1-10	C_4F_{10}
FM-200	HFC-227ea	C_3F_7H
FE-13	HFC-23	CHF_3
NAF-SIII	HCFC Blend A	$CHCL_2CF_3$（4.75%）、$CHCIF_2$（82%）、$CHCIFCF_3$（9.5%）、Organic（3.75%）
Triodide	FIC-1311	CF_3I
Inergen	IG-541	N_2（52%）、Ar（40%）、CO_2（8%）
Argonite	IG-55	N_2（50%）、Ar（50%）
Argon	IG-01	Ar（100%）

註：分類名稱是美國加熱冷凍空調工程師學會（ASHRAE）所定名稱。

11.6.5 Halon替代品的特性

Halon替代品的種類不少，性質各異，卻都有下列共通之處：

1. 都不導電。

2. 都是clean agent；立即汽化，無殘留物（no residue）。

3. 都是液化氣體或顯現同一行為（例如是可壓縮液化）。

4. 都能儲存或噴出於Halon 1301容器（但HFC-23除外）。

5. 噴出於容器時藉N_2壓力（HFC-23除外）。

6. 就儲存容積和滅火劑重量而言，滅火效果皆比Halon 1301差，因此使用時需增加其儲存量。

7. 自設備噴灑後都是全面性噴灑的氣體；對其噴頭設計和操作程序需特別注意，以確保其混合良好。

8. 如果火災種類（即A、B、C、D四類）相同，火災大小和噴灑時間相近，其產生的分解物（主要是HF）比Halon 1301更多。

9. 若重量相同，至目前為止，都比Halon 1301貴。

另一方面，inert gas替代品含N_2、CO_2、Ar或其混合物。通常是加壓儲存的氣體，在空氣中形成的混合物，無殘留物，不導電。

從環境保護的觀點來看，我們主要關心Halon滅火劑對臭氧層的破壞和全球暖化的不良影響。另一個與環境有關的因素是物質在大氣層中的壽命（atmospheric lifetimes）。Halon替代品是因保護臭氧層而誕生，故其破壞臭氧層指數（ozone depletion potential, ODP）甚低（**表11-13**），僅HCFC混合物尚有一些影響，因此HAF-SIII將於2020年禁止生產。**表11-13**中GWP（global warming po-

表11-13　Halon替代品的環保因素

名稱	ODP	GWP（100年）	大氣壽命（年）
Halon 1301	16	5,800	100
CEA-410	0	5,500	2,600
FM-200	0	2,050	31
FE-13	0	9,000	280
NAF-SIII	0.05	1,600	16

註：本表GWP是以一百年累積的全球暖化效應計算，尚有以二十年和五百年累積之計算方式。

tential，全球暖化潛勢）較大者如CEA-410、FE-13，大氣壽命（表示在大氣層中滯留的時間）甚久者，如CEA-410、FE-13，對全球的溫室效應（greenhouse effect）有不良影響。破壞臭氧層指數（ODP）是以CFC-11（$CFCl_3$）為標準。Halon 1301的ODP等於16，意即其破壞臭氧的量是CFC-11的16倍。而GWP是以CO_2為標準，Halon 1301，一百年累積的GWP等於5,800，亦即1磅的Halon 1301造成全球暖化的效應等於5,800磅的CO_2所造成全球暖化的效應。這三項數字越小對環保越好。

任何滅火劑的使用都必須考量人員的安全問題，從Halon滅火劑的淘汰歷史，可知滅火劑的毒性問題是最重要的考量因素之一。在Halon替代品的研發之中，滅火效率、導電性、對金屬的腐蝕性、儲存的安定性和環境保護都列入考量，毒性問題自不例外。物質的毒性常以LC_{50}（代表50%的致命濃度，Lethal Concentration）表示。NFPA 2001清淨滅火劑滅火系統標準（Standard on Clean Agent Fire Extinguishing Systems, 1996）對這些Halon替代品有所規範（**表11-14**）。

人在發現火災之後，身體的腎上腺素分泌因壓力而增加，進而導致心律不整。這種心臟疾病和可容許的暴露濃度可以NOAEL（no observed adverse effect level）和LOAEL（the lowest observed adverse effect level）表示。NOAEL是滅火劑對身體沒有顯著的（marked）或不良影響發生的最高濃度；LOAEL是滅火劑對身體造成不良影響的最低濃度。所以滅火設備的設計濃度不可超過NOAEL，最好也不超過LOAEL。注意**表11-14**中，LC_{50}大大超過NOAEL，可見NOAEL和

表11-14　Halon替代品的毒性資料

商品名稱	分類名稱	化學式	NOAEL%V/V	LOAEL%V/V	LC_{50}
CEA-410	FC-3-1-10	C_4F_{10}	40	＞40	＞80%
FM-200	HFC-227ea	C_3F_7H	9	＞10.5	＞80%
FE-13	HFC-23	CHF_3	30	＞50	＞65%
NAF-SIII	HCFC Blend A	HCFC-22 HCFC-123 HCFC-124 Organic	10	＞10	＞64%
Triodide	FIC-1311	CF_3I	0.2	—	—

註1：NOAEL（no observed adverse effect level，無觀察之不良效應濃度）。
註2：LOAEL（the lowest observed adverse effect level，觀察之不良效應最低濃度）。
註3：NOAEL和LOAEL皆來自美國環保署（EPA SNAP文件）。
註4：LC_{50}來自NFPA 2001（1996年）。

LOAEL是相當保守的濃度標準。美國環保署（EPA）以這些標準來規範Halon替代品的設計濃度。

Halon替代品中的inert gas滅火劑，如IG-541（Inergen）、Argonite、Argon會降低空氣中的氧，有使人窒息的危險。EPA規定inert gas的濃度在平常居住處所（如居家、公寓、辦公大樓等）可高達43%，此時之氧濃度為12%，相當於鹵烴化合物在NOAEL的情況；若inert gas濃度達52%，氧濃度則降至10%，相當於鹵烴化合物在LOAEL的情況。越來越多的毒物學家的共識是：inert gases暴露於52%濃度達五分鐘應該是安全的。此一共識乃發展成為2000年版的NFPA 2001。其標準摘要如下：

1. inert gas濃度達43%（居住處所O_2濃度12%），暴露時間不超過五分鐘。
2. inert gas濃度在43～53%（居住處所O_2濃度10～12%），暴露時間不超過三分鐘。
3. inert gas濃度在52～63%（居住處所O_2濃度8～10%），暴露時間不超過三十秒。
4. inert gas濃度超過62%（居住處所O_2濃度低於8%），必須避免暴露。

11.6.6 鹵化烷替代品的滅火作用和滅火效用

鹵化烷替代品中的鹵烴化合物之滅火機制與Halon 1301類似；而inert gases替代品的滅火作用亦與一般的inert gas相似，請讀者參考前面相關章節，不再贅述。

前已言之，Halon 1301是非常優異的滅火劑，只需少量濃度，即可在甚短的時間內（不超過三十秒）滅火。現今各種Halon替代品的滅火效用（effectiveness）皆難望其項背。這可由**表11-15**看出，例如同樣滅n-庚烷，需要5.2%CEA-410或6.6%FM-200或12%FE-13，而使用Halon 1301只需3.1%而已（NFPA, 2001）。再就最低設計濃度來看（**表11-16**），Halon 1301仍是最低。

表11-15　滅n-庚烷所需的滅火劑濃度（%）

滅火劑	Halon 1301	CEA-410	FM-200	FE-13	CO_2	N_2	Ar
滅火濃度	3.1	5.2	6.6	12	21	30	41

表11-16　滅n-庚烷所需的滅火劑最低設計濃度（％）與滅火濃度（％）

滅火劑	Halon1301	CEA-410	FM-200	FE-13	NAF-SIII	Triodide
最低設計濃度	5	6	7	16	8.6	5
滅火濃度	2.9～3.9	5～5.9	5.8～6.6	12～13	>11	2.7～3.2

註：滅火濃度是依照英國ICI Cup Burner裝置之滅火濃度測定值（體積％）。

11.7 乾粉（dry chemical）與wet chemical滅火劑

　　乾粉是作為滅火劑用途的粉末混合物（powder mixture）。乾粉是譯自dry chemical，不可寫為dry powder或dry compound。dry powder或dry compound係指滅金屬火災的滅火劑，兩者名稱不可混淆誤用。

　　1930年代，乾粉曾經多次實驗。1954年，美國保險業實驗所（UL）予以認可。1956年，NFPA為其訂定標準。

　　碳酸氫鈉（$NaHCO_3$）首先在1920年代使用於手提式滅火器內，是歷史最久的滅火劑，由於其效果不差，可靠，而且經濟便宜，故至今仍然廣被使用。$NaHCO_3$經改良之後於1960年變成可與蛋白泡沫共容共用的乾粉。

　　1950年代美國海軍研究所發展滅火效果甚佳的$KHCO_3$（purple K或稱紫焰乾粉），在歐洲則有磷酸二氫銨（$NH_4H_2PO_4$）（即ABC乾粉）問世。UL認為$KHCO_3$不能與蛋白泡沫共容，但能與AFFF、氟蛋白泡沫共容。ABC乾粉也可與蛋白泡沫共容。

　　1960年代末期，英國皇家化學公司（ICI）發展一種滅火效能最好的乾粉——Monnex，是胺基甲酸粉，主要成分為尿素和$KHCO_3$。Monnex可與蛋白泡沫共容。能在火焰中迅速分解，產生無數小於0.01微米的微粒。

　　俗名為「超級K」（surper K）的KCl用於滅火甚晚，約在1968年。KCl具有和$KHCO_3$相同的滅火能力，且能與蛋白泡沫相容。

11.7.1 乾粉的基本特性

　　現今使用之乾粉的主要成分有五種：(1)$NaHCO_3$；(2)$KHCO_3$；(3)KCl；(4)$CO(NH_2)_2＋KHCO_3$；(5)$NH_4H_2PO_4$。為便於儲存，促進其流動而有添加物，最

常用的添加物是金屬的硬脂酸鹽、磷酸鈣和矽酮，它們覆蓋在乾粉的粒子之上，使乾粉粒子自由流動，受潮與振動時較不易結塊。這些添加物在高溫時會溶解且黏稠，故儲存溫度不宜超過49°C（120°F）。短期間達66°C尚可接受。

乾粉在常溫和低溫時頗為安定，且無毒性，不致癌。對皮膚、呼吸器官有輕微的刺激性。無長期暴露的醫學報告。乾粉對分泌黏液的薄膜有刺激性之急性效應，有可能對呼吸系統上黏液薄膜以及皮膚、眼睛造成化學性燒傷。潮濕的皮膚可能使此一效應增高。在任何情況下，需穿戴自備式呼吸裝置（SCBA），以防止煙霧、粉塵。

乾粉粒徑小於10～75微米，粒子大小對滅火效率有一定的影響。每一種乾粉有其特定的粒徑限制因子（size limiting factor），低於此因子，粒子會全部分解、汽化；高於此因子，粒子不會分解、汽化。最好的中值（median）粒徑是20～25微米。粒徑對乾粉的流動性亦有影響。固態粒子的壓力損失較大，粗粒子造成過度的振盪蜂湧及使流動速率降低，需要較多的CO_2或N_2驅動之。極細的粒子亦造成類似結果，但程度不同。較大的粒子獲得的動能會傳給較小的粒子以穿透向上的火焰。通常，較小的粒子在穿透火焰之前會分解或汽化。滅火效果較佳，所需的滅火劑較少。但粒子太小亦不可行，因粒子太小，不易分散開來，噴射不易。

任何乾粉皆具有某種程度的腐蝕性，尤以ABC乾粉為最（KCl是中性，$NaHCO_3$和$KHCO_3$是略鹼性，而ABC乾粉是酸性）。ABC乾粉受熱分解的H_3PO_4對水的親和力強，對金屬有較強的腐蝕性，對電氣設備的損害較大。

11.7.2 乾粉的滅火作用

(一)破壞連鎖反應（Chain reaction breaking）

乾粉之所以能迅速滅火，主要在於每一種乾粉皆可干擾燃燒的連鎖反應之進行，使自由原子（O和H）及自由基（OH）在火焰中的濃度降低。而要完成此一抑制連鎖反應，乾粉的粒子必須受熱分解。

首先，$NaHCO_3$和$KHCO_3$的分解反應式雷同，以$KHCO_3$代為列式如下：

$$2KHCO_3 \longrightarrow K_2CO_3 + CO_2 + H_2O$$
$$K_2CO_3 \longrightarrow CO_2 + K_2O$$
$$K_2O + H_2O \longrightarrow 2KOH$$
$$\longrightarrow KOH + H^+ \longrightarrow K^+ + H_2O$$
$$K^+ + OH^- \longrightarrow KOH$$

其實超級K，即KCl亦同樣抓H^+和OH^-，使火焰立即熄滅：

$$KCl \longrightarrow K^+ + Cl^-$$
$$\longrightarrow K^+ + OH^- \longrightarrow KOH$$
$$KOH + H^+ \longrightarrow K^+ + H_2O$$

ABC乾粉，即磷酸二氫銨噴灑在燃燒中的可燃物之上，受熱分解，產生黏黏的偏磷酸（HPO_3）。HPO_3會封住赤熱的燃燒物，使氧無法靠近。此外，最重要的是產生NH_3，會破壞連鎖反應。

$$NH_4H_2PO_4 \longrightarrow H_3PO_4 + NH_3$$
$$2H_3PO_4 \longrightarrow H_2P_2O_7 + H_2 + N_2$$
$$H_4P_2O_7 \longrightarrow 2HPO_3 + H_2O$$
$$2HPO_3 \longrightarrow P_2O_5 + H_2O$$
（上列第一反應式生成物NH_3進行破壞連鎖反應）

$$\longrightarrow NH_3 + H^+ \longrightarrow NH_4^+$$
$$NH_4^+ + OH^- \longrightarrow NH_3 + H_2O$$

滅火效果最佳的Monnex因有$KHCO_3$，具備$KHCO_3$之良好滅火能力，又有尿素（$CO(NH_2)_2$），受熱後會產生NH_3，其作用亦如ABC乾粉產生的NH_3，進行連

鎖反應的破壞。

(二)冷卻

乾粉也有一些冷卻效果，但此一作用輕微。從前面已列的反應式可知，例如$KHCO_3$，投入火災現場後，分解不少CO_2、H_2O（即steam），又如ABC乾粉，分解N_2和H_2O（即steam），都具有汽化潛熱，會吸收熱。

(三)窒息

$NaHCO_3$和紫焰乾粉（$KHCO_3$）受熱分解後產生CO_2和水蒸氣（H_2O），有滅火功效，亦具有窒息（smothering）效果，但程度相當有限。

乾粉滅油類火災，亦有一些皂化作用（特別是將烹飪用油轉化為肥皂泡沫），其效果類似前述之泡沫，能隔絕空氣中的氧，使火窒息。但就皂化效用而言，ABC乾粉之酸性不及$NaHCO_3$和$KHCO_3$之鹼性來得有效。單就廚房的油類火災而言，仍以使用鹼性溶液之wet chemical（見11.7.4）為佳。

(四)阻隔輻射熱（radiation shielding）

噴灑出去的乾粉會在可燃物與火焰之間產生粉末，阻擋火焰射出的輻射熱，具有一定的滅火作用。

總而言之，乾粉的滅火作用主要是藉由連鎖反應之破壞。其餘後三種滅火作用的總和效果不及第一種。

11.7.3 乾粉的滅火效用和使用上的限制

乾粉最適合滅B類火災，亦即氣態和液態的易燃物，亦可滅固態的油蠟。

Monnex是所有乾粉中滅火效果最好的，6倍於$NaHCO_3$。$KHCO_3$與KCl的滅火效果相當，和ABC乾粉亦在伯仲之間。$KHCO_3$的滅火效果是$NaHCO_3$的2倍。$NaHCO_3$經過試驗，亦可滅電氣設備的火災。

事實上，只要是發焰燃燒，如木材、紙、紡織纖維、氣態和液態易燃物，因為有火焰，皆適合以乾粉滅之。故棉紡織廠的火災以$NaHCO_3$、$KHCO_3$、KCl滅之，頗為適合，但需注意火焰雖熄了，餘溫仍在，故最好輔以水或泡沫再降其溫度。可是在此情況若以ABC乾粉滅火，因受熱後變黏稠，事故後清理殘留

物不易。

　　乾粉最適用於希望迅速滅火，且不會發生復燃的場所。復燃都因物質或設備高溫而不易冷卻所引起，例如高熱的金屬或會發生電弧的電氣設備。使用乾粉，可能無法防止其復燃。防止復燃之道，最宜是乾粉與水或泡沫並用。因此，乾粉與泡沫的共容性變得非常重要，今臚列如下：

　　1.NaHCO$_3$、KCl可與蛋白泡沫共容。
　　2.KHCO$_3$不能與蛋白泡沫共容。
　　3.KHCO$_3$與化學泡沫、氟蛋白泡沫、AFFF共容。

　　最後，注意乾粉之間不可互相混合使用，否則會發生反應，造成不良影響。

11.7.4 wet chemical滅火劑

　　wet chemical滅火劑是由無機鹽或有機鹽與水混合而成的鹼性溶液。這種特殊的滅火劑專用於對付廚房設備的火災。廚房烹飪油脂的火災被稱為K類火災，其燃燒溫度比其他易燃性液體高，使用普通B類火災的滅火劑（如常用的乾粉、泡沫）較無效果，例如ABC乾粉，皂化作用不足，產生的泡沫無法壓制這種高溫的火災，且易復燃；而常用的泡沫遇高溫則易破滅。

　　廚房設備如油炸鍋、烘焙用鍋、烤箱、爐灶等，若充滿油脂而起燃，最好是使用wet chemical滅火劑，迅速把烹飪油脂轉變成皂泡。此皂化過程是吸熱反應，吸收周圍的熱能，降低滅火。

(一)wet chemical滅火劑的基本性質

　　wet chemical滅火劑的主要成分是碳酸鉀、乙酸鉀、檸檬酸鉀和水，再加一些添加物，如酚酞、磷酸或染料。這種鹼性水溶液因含不少水，故不可滅禁水性物質（如K、Na、Mg、Li）的火災，且不適用於通電中的電氣設備。其儲存容器必須密閉良好，與酸隔離。

　　wet chemical在常溫、低溫皆安定，無毒性，無致癌性。但暴露於此滅火劑對皮膚與呼吸器官會有輕微的刺激性。其餘的人的生理影響與前述的乾粉雷同，不再贅述。

(二)wet chemical滅火劑的滅火作用

◆窒息

這種滅火劑噴灑到烹飪用油脂之上，油脂內脂肪酸和wet chemical的鹼性溶液因水解而發生皂化，產生泡沫，鋪陳在易燃物表面，將油脂與氧隔開。油脂因缺氧而熄火。在滅火過程中，此滅火劑不會使燃燒中的油脂噴濺出來。

◆冷卻

wet chemical內含不少水，故有甚大的冷卻效果。有些滅火系統在此滅火劑噴灑完畢之後仍會繼續噴灑水，冷卻效果更佳，預防其復燃。此外，皂化反應是吸熱反應，會吸收四周的熱能。

11.8 金屬火災滅火劑（dry powder or dry compound）

上述的滅火劑如水、水霧、泡沫、CO_2、鹵化烷、乾粉，皆不宜使用於金屬火災。inert gas中的N_2和He、Ar可用來滅金屬火災（**表11-17**），但N_2不可用來滅鎂的火災，因N_2與Mg反應是放熱反應，會起火燃燒。從**表11-17**的分類，金屬火災的滅火劑有粉末狀、有液態和氣態。其英文名稱是dry powder或dry compound，中文不宜再譯為乾粉，否則將和11.7的乾粉混淆不清。上述的乾粉之英文名稱是dry chemical（直譯是乾化學品，因前人翻譯問題，一直沿用至今）。以下逐一討論各種滅火劑的性質和滅火作用。

11.8.1 G-1粉末

此粉末的商標名稱——Metal Guard，主要成分是石墨的焦碳和有機磷酸鹽。石墨作為熱的良導體，自火焰吸熱，以降低金屬溫度。密集成捆的石墨也能使火災窒息。有機磷酸鹽受熱分解，產生煙氣，滲透進入石墨粒子中隔絕空氣。G-1粉末（powder）沒有毒性，適用於滅Mg、Na、K、Ti、Li、Ca、Zr、Be、Pu等火災，亦可用於Al、Zn、Fe的火災。

表11-17　金屬火災滅火劑

滅火劑	主要成分	金屬火災
粉末		
G-1粉末	石墨化焦碳＋有機磷酸鹽	Mg、Al、K、Na、Li、Ti、Zr、Pu、U
Met-L-X	$NaCl+Ca_3(PO_4)_2$	K、Na
Lith-X	石墨＋添加物	Na、Mg、Li、Zr
T.E.C.	$KCl+NaCl+BaCl_2$	K、Na、Mg、U、Pu
乾砂	SiO_2	各種金屬
NaCl		K、Na、Mg
Na_2CO_3		K、Na
$ZrSiO_4$		Li
液體		
TMB	三甲氧硼	Mg、Zr、Ti
氣體		
BF_3		Mg
BCl_3		Mg
He		任何金屬
Ar		任何金屬
N_2		K、Na

11.8.2 Met-L-X粉末

UL認可的Met-L-X主要成分是NaCl、磷酸鈣和熱塑膠聚合物。不具導電性，安定性高，儲存在滅火器時不需定期更換。滅火之後亦不易復燃。

金屬火災的高溫會使Met-L-X粉末形成蛋糕狀，形成麵包皮，將空氣排除在外，進而滅火。

Met-X-L適用於滅K、Na、Mg等的火災，亦可適用於鈾、鈦、鋯（Zr）及Al的粉塵。

11.8.3 Lith-X粉末

Lith-X粉末主要成分是石墨，並有促進流動性的添加物。施放在金屬上面不會形成糕狀物。滅火的作用主要在排除空氣，藉由石墨吸熱。可對付鉀和鈉的合金，Na、Li、Mg、Zr等火災。

11.8.4 T.E.C.粉末

這是由三種氯化物混合而成的粉末滅火劑，滅火時，會在金屬表面形成一層熾熱熔化的無機鹽，藉以隔絕空氣。T.E.C.滅K、Na或兩者的合金最有效，亦可滅鈾、鈰的小火。

11.8.5 乾砂

砂必須乾燥才能滅火。濕的砂會發生水蒸氣爆炸。這是最容易取得的、便宜的金屬滅火劑。可滅鎂、鋁等各種金屬火災。

11.8.6 NaCl

NaCl可滅鹼金屬火災。可在金屬上形成防護層，隔絕空氣。

11.8.7 Na_2CO_3

俗稱蘇打灰（soda ash）的碳酸鈉滅火的作用和NaCl相似。可滅K、Na的火災。

11.8.8 $ZrSiO_4$（矽酸鋯）

矽酸鋯曾有效滅鋰的火災。

11.8.9 TMB（三甲氧硼）

液態的TMB常加入Halon 1211，會在金屬表面形成熔化的氧化硼，可隔絕空氣。這種滅火劑需定期更換。適合滅Mg、Ti、Zr的火災。

11.8.10 BF_3和BCl_3

這兩種滅火劑曾用於內含鎂的熱處理爐的火災。BF_3的效果較佳。對付小

火，BF_3和BCl_3綽綽有餘。對付大火，能控制火焰和燃燒，但需防其復燃。如果能先使用BF_3，再輔之以其他滅火劑則更佳。

11.8.11 inert gases

氦、氬、氮適用於密閉空間的金屬火災，且大量施放，以降低空氣中的氧，使燃燒中的金屬缺氧窒息。

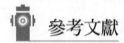
參考文獻

1. Friedman, R., *Principles of Fire Protection Chemistry*, NFPA, 1989.

2. NFPA 15, Standards for Water Sprary Fixed Systems for Fire Protection.

3. NFPA, *Fire Protection Handbook*, pp. 10-13,19ed, 2003.

4. NFPA 750, Standard on Water Mist Fire Protection Systems.

5. UL 2167, Standard for Water Mist Nozzles for Fire Protection Service, 1998.

6. Back et al., A Quasi-Steady-State Model for Predicting Fire Suppression in Spaces Protected by Water Mist Systems, *Fire Safety Journal*, Fall. 2000.

7. Friedman, R., P*rinciples of Fire Protection Chemistry and Physics*, NFPA, 1998.

8. Kuchta, J. M., Investigation of Fire and Explosion Accidents in the Chemical, Mining, and Fuel-Related Industries, Bulletin U.S. Bureau of Mines, 1985.

附　錄

一、估計火災、爆炸機率

在實施火災、爆炸的風險評估中，常需估計火災（或點燃）、爆炸的機率，如此才可得知火災、爆炸的風險。

估計機率的方法有多種，最直接的方法是從有記錄的、實際發生的案件數量計算出來。但這種簡便的方法未必能呈現事實的全貌。很多小型火災、爆炸未必有人知曉而被呈報或記錄下來。通常重大災變、有死傷的案件才比較有紀錄可循。

另有一種估計火災、爆炸機率的方法是考量事故現場是否有發火源。例如英國政府Canvey Report（HSE, 1981）估計易燃易爆物質自製程設備大量洩漏後形成蒸氣雲，飄浮到廠外有人居住的地區，引燃和爆炸的機率如**表1**。

此外，有一些專家由外洩物質洩漏量的大小推估火災、爆炸發生的機率（Kletz, 1968; Wiekema, 1983），如**表2**、**表3**、**表4**。

表1　引燃的情況與機率

引燃的情況	引燃機率
氣雲邊緣接近人口區的邊緣	0.7
氣雲在人口區的上空	0.2
不引燃	0.1

資料來源：HSE (1981).

表2　易燃易爆物質洩漏量與引燃、爆炸次數

洩漏量（噸）	全部次數	引燃次數	引燃後爆炸次數
＞100	12	8	3
100～10	97	19	12
10～1	421	25	15
1～0.1	670	9	6
＞0.1	1,840	1	0
總數	3,040	62	36

資料來源：Wiekema (1983).

表3 廠內引燃與爆炸機率

洩漏量小於或等於（噸）	引燃機率	引燃後爆炸機率
5,000	1.0	0.7
2,000	0.94	0.5
1,000	0.8	0.4
500	0.6	0.32
200	0.45	0.2
100	0.38	0.15
50	0.27	0.11
20	0.17	0.06
10	0.11	0.04
5	0.06	0.025
2	0.04	0.012
1	0.022	0.006
0.5	0.013	0.003
0.2	0.006	0.001
0.1	0.001	0

資料來源：Kletz (1968); Wiekema (1983).

表4 廠外引燃與爆炸機率

洩漏量小於或等於（噸）	人口區邊緣		人口區上方		
	引燃	引燃後爆炸	引燃	引燃後爆炸	未引燃
5,000	0	0	0	0	0
2,000	0.05	0.04	0.01	0.01	0
1,000	0.14	0.13	0.04	0.03	0.02
500	0.07	0.06	0.03	0.02	0.3
200	0.05	0.03	0.01	0.007	0.49
100	0.05	0.02	0.01	0.005	0.56
50	0.04	0.01	0.01	0	0.68
20	0.03	0.01	0.01	0	0.79
10	0.02	0.01	0.01	0	0.86
5	0.01	0	0	0	0.92

資料來源：Davenport (1983).

二、估計自燃溫度

以下列公式估計碳氫化合物的自燃溫度（autoignition temperature, AIT）。

式中，nc＝碳原子數

C′＝由原結構分支之碳原子

C″＝由C_3碳化合物分支之化合物

1.標準狀態（NTP）時為氣態之烷烴

$$AIT = \frac{660}{\sqrt[3]{nc}}$$

2.NTP時為液態之烷烴和甲烷

$$AIT = \frac{660}{\sqrt[3]{nc}} - 100$$

3.同分異構物

$$AIT = \frac{660}{\sqrt[3]{n(c-1)}}$$

4.NTP時為氣態的烯烴

$$AIT = \frac{660}{\sqrt[3]{nc+1}}$$

5.NTP時為液態的烯烴

$$AIT = \frac{660}{\sqrt[3]{nc+1}} - 100$$

6.苯系

$$AIT = \frac{660}{\sqrt[3]{nc}} + 200 - 10（每個C'）- 30（每個C''）$$

7.乙炔系

$$AIT = \frac{660}{\sqrt[3]{nc}} - 200$$

8.醇

$$AIT = \frac{660}{\sqrt[3]{nc+1}} - 40$$

三、限氧指數

限氧指數（limiting oxygen index, LOI）為試驗數值（依據ASTM, D 2863）。定義如下：

物料在垂直位置的最上端被點燃，在O_2與N_2的混合氣體之中，恰可維持燃燒之時，O_2的最低體積濃度，以體積百分比表示。

由限氧指數可知許多物料之相對易燃性（如**表5**）。LOI愈小者，愈易燃；反之，LOI較大者，較難燃。加入阻火劑（fire retardants），LOI值增加。阻火劑可降低紡織品或纖維的易燃性，因其會產生不燃性的氣體，隔絕燃燒表面的O_2，或者會吸熱，或者會干擾燃燒的連鎖反應等。

有數百種阻火劑用於紡織品。**表6**為添加阻火劑的纖維。消防主管機關常規定用於公共場所（如表演中心、大飯店、大醫院等）的地毯、窗簾、布幕等需使用這類產品。阻火劑包括胺基磺酸銨、氧化鋁、石灰等。

表5　氧指數值（Oxygen Index Values）

物料	氧指數值（%）
甲醇	11～12
苯	13～16
酮	16
棉花	16～18.5
礦油	16.1
聚脲酯泡棉	16.5
乙酸纖維素	16.8
聚乙烯、聚丙烯	17.4
聚苯乙烯	17.6～18.3
ABS	18.3～18.8
纖維素	19
環氧樹脂	19.8
尼龍	20.1～26
聚酯纖維	20.6
紅橡木	23
羊毛	23.8
矽橡膠	30
皮革	34.8
碳粉	35
聚氯乙烯	37.1～49
碳黑	56～63
聚偏二氯乙烯	60

註：1.本表數值未添加阻火劑，以ASTM D2863方法測得。

　　2.本表數值來自FM等資料。

表6　阻火劑（FR）纖維

纖維	LOI
PVC	37
FR Rayon	31
Matrix	29～32
FR聚酯	28
FR羊毛	32～34
FR棉花	28～32

6.苯系

$$AIT = \frac{660}{\sqrt[3]{nc}} + 200 - 10（每個C'）- 30（每個C''）$$

7.乙炔系

$$AIT = \frac{660}{\sqrt[3]{nc}} - 200$$

8.醇

$$AIT = \frac{660}{\sqrt[3]{nc+1}} - 40$$

三、限氧指數

　　限氧指數（limiting oxygen index, LOI）為試驗數值（依據ASTM, D 2863）。定義如下：

　　物料在垂直位置的最上端被點燃，在O_2與N_2的混合氣體之中，恰可維持燃燒之時，O_2的最低體積濃度，以體積百分比表示。

　　由限氧指數可知許多物料之相對易燃性（如**表5**）。LOI愈小者，愈易燃；反之，LOI較大者，較難燃。加入阻火劑（fire retardants），LOI值增加。阻火劑可降低紡織品或纖維的易燃性，因其會產生不燃性的氣體，隔絕燃燒表面的O_2，或者會吸熱，或者會干擾燃燒的連鎖反應等。

　　有數百種阻火劑用於紡織品。**表6**為添加阻火劑的纖維。消防主管機關常規定用於公共場所（如表演中心、大飯店、大醫院等）的地毯、窗簾、布幕等需使用這類產品。阻火劑包括胺基磺酸銨、氧化鋁、石灰等。

表5　氧指數值（Oxygen Index Values）

物料	氧指數值（%）
甲醇	11～12
苯	13～16
酮	16
棉花	16～18.5
礦油	16.1
聚脲酯泡棉	16.5
乙酸纖維素	16.8
聚乙烯、聚丙烯	17.4
聚苯乙烯	17.6～18.3
ABS	18.3～18.8
纖維素	19
環氧樹脂	19.8
尼龍	20.1～26
聚酯纖維	20.6
紅橡木	23
羊毛	23.8
矽橡膠	30
皮革	34.8
碳粉	35
聚氯乙烯	37.1～49
碳黑	56～63
聚偏二氯乙烯	60

註：1.本表數值未添加阻火劑，以ASTM D2863方法測得。
　　2.本表數值來自FM等資料。

表6　阻火劑（FR）纖維

纖維	LOI
PVC	37
FR Rayon	31
Matrix	29～32
FR聚酯	28
FR羊毛	32～34
FR棉花	28～32

四、圖解CH₄與O₂、N₂之關係

　　圖1左邊的CO線，代表空氣中甲烷（CH₄）的濃度（體積%）；右邊CN線代表N₂的濃度百分比；底邊ON線代表O₂的濃度百分比。

　　圖中CL線切CH₄爆炸範圍（即flammable mixture涵蓋之區域）之最右緣。L點之O₂濃度等於13%。在CL線之右邊，室溫時，CH₄不燃；而在CL線之左邊，CH₄可燃。

　　圖中CA線為air line（空氣線），A點為O₂在正常空氣中的組成近21%。

　　另有一條AD線，切CH₄爆炸範圍之右端。若CH₄＝5%，則空氣＝95%。在空氣中，O₂居其中之13%，則O₂＝95%×13%＝12.35%，N₂＝95%－12.35%＝82.65%。

　　這個圖告訴我們：

1. 在純O₂中（無N₂狀況，即CO線），CH₄之爆炸上限（UEL）＝60%，爆炸下限（LEL）＝5%。在UEL＝60%時，CH₄＝60%，O₂＝40%，N₂＝0%。
2. 在正常空氣中，CH₄之UEL＝15%，LEL＝5%。亦即CH₄＝15%，air＝85%。若air中，O₂占20.9%，則O₂＝85%×20.9%＝17.8%，N₂＝67.2%。
3. CH₄的LEL幾乎都等於5%，因為N₂的熱容32.7J/k·mol與O₂之熱容34.9J/k·mol相近。

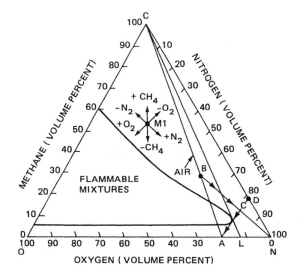

圖1　CH₄-O₂-N₂三角關係圖

五、最大實驗安全間隙

最大實驗安全間隙（maximum experimental safe gap, MESG）係指在標準規定試驗條件下，電氣設備殼內所有濃度的被試驗氣體或蒸氣與空氣的混合物點燃之後，通過25mm長的接合面皆不能點燃殼外爆炸性氣體混合物，此電氣設備內空腔（chamber）兩部分之間的最大間隙。

測定MESG的標準方法規定在IEC 79-1A（1975）附錄D或在IEC 60079-1-1（2002）之內。試驗用裝置如**圖2**。

此一試驗在常溫、常壓下進行。將一個具備規定容積和防爆接合面長度L，可調整間隙Y的標準外殼置於試驗箱內，並在標準外殼與試驗箱內同時充以相同濃度的爆炸性混合氣體，然後以電極放電火花點燃標準外殼內部的混合氣體，經由箱體上的觀察窗觀測標準外殼外部的混合氣體是否被點燃而爆炸。調整標準外殼的間隙和改變混合氣體的濃度，尋求在任何濃度下都不致發生爆炸現象之最大間隙，此即所要測定的MESG。

整個試驗裝置應能承受1.5×10^6Pa的壓力。

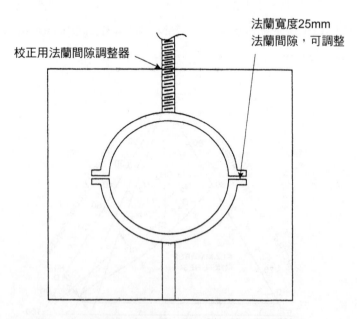

圖2　最大實驗安全間隙（MESG）試驗裝置

資料來源：IEC 79-1A (1975).

標準外殼為內腔容積20cm^{3}的球形容器，防爆接合面長度為25mm。

圓柱形試驗箱的內徑200mm，高75mm。

如本書第十章所述，選用電氣設備需符合易燃性氣體或蒸氣的等級。IEC將易燃性氣體或蒸氣分成三個等級：IIA、IIB、IIC。符合安裝的電氣設備如**表7**所示。電氣設備之防爆型式為e、o、p、q、m者為Group II的設備。防爆型為d和i者再分成IIA、IIB和IIC等三個sub-group。

Sub-group IIA之電氣設備，其MESG大於0.9mm

Sub-group IIB之電氣設備，其MESG在0.5mm～0.9mm

Sub-group IIC之電氣設備，其MESG小於0.5mm

d為耐壓防爆構造；i為本質安全防爆構造

對於gas或vapor分等級或分sub-group，除測試MESG之外，有時需測試MIC（minimum ignition current，最小點燃電流，是點燃gas、vapor、mist與air之混合氣體的最小火花電流）。

在下列情況，只需進行一種測試（MESG or MIC）即可決定gas、vapor或mist之等級：

A：MESG＞0.9mm或MIC＞0.9

B ：MESG介於0.5～0.9mm或MIC介於0.5～0.8

C：MESG＜0.5mm或MIC＜0.45

但在下列情形，需進行MESG和MIC兩種測試才能決定gas、vapor或mist之等級：

當MIC介於0.8～0.9，再以MESG決定sub-group

當MIC介於0.45～0.5，再以MESG決定sub-group

當MESG介於0.5～0.55mm，再以MIC決定sub-group

表7　容許安裝的防爆型電氣設備

易燃性氣體或蒸氣等級	容許的電氣設備Sub-group
IIA（丙烷）	IIA、IIB或IIC
IIB（乙烯）	IIB或IIC
IIC（乙炔、氫）	IIC

MIC為以CH_4 MIC為基礎作為比較的gas，vapor MIC相對比值。

表8比較歐美分組情況。

表8　歐、美分組對照表

測試gases	歐洲	USA
C_3H_8	IIA	Class I group D
C_2H_4	IIB	group C
H_2	IIC	group B
C_2H_2	IIC	group A
CS_2	IIC	未分組

註：英國本質安全構造之防爆電氣設備分級與歐洲類似，但符號略有不同。

六、國際電工委員會（IEC）危險場所分區舉例

對防爆型的電氣設備而言，IEC習慣以**圖3**識別危險場所不同的分區（Zone）。**圖4**至**圖10**依IEC標準劃分各種製程設備危險場所的分區。

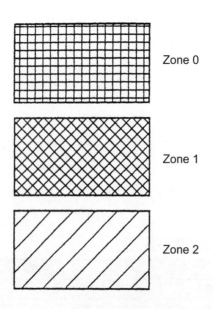

圖3　危險場所分區識別方式

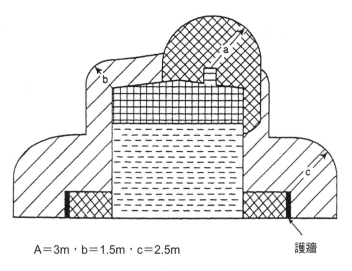

A＝3m，b＝1.5m，c＝2.5m　　　　護牆

圖4　固定式槽頂儲槽

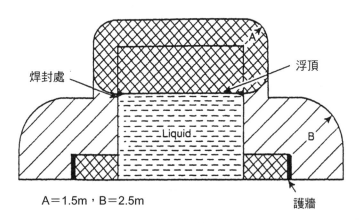

A＝1.5m，B＝2.5m　　　　護牆

圖5　浮頂式儲槽

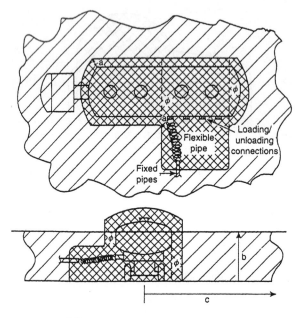

a＝1.5m
b、c＝依釋出之易燃性液體形成的油池而定
φ＝卸料作業Zone 1的界定

圖6　油罐車

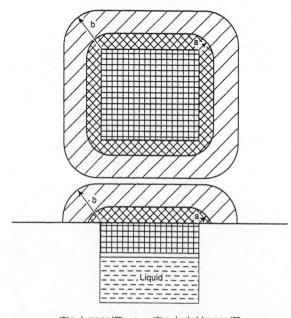

a＝表9之50%欄，b＝表9之大於90%欄

圖7　油水分離器

表9 油池界限之上或之外的危險場所範圍

油池範圍	油池之上或之外的危險場所範圍，其蒸氣壓等於下列大氣壓力的% m				
m²	<10%	25%	50%	75%	>90%
0.1	0.04	0.1	0.2	0.3	0.4
0.3	0.07	0.2	0.4	0.5	0.7
1	0.1	0.3	0.6	1	1
3	0.2	0.5	1	1.5	2
10	0.4	0.8	2	2.5	3
30	0.6	1.5	3	4.5	5.5
100	1	2.5	5	7.5	9
300	2	5	10	15	18
1,000	3	7.5	15	23	27
3,000	4.5	12	23	34	41
10,000	7.5	19	38	56	68

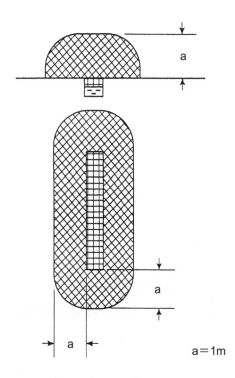

a＝1m

圖8 排油溝（未加蓋）

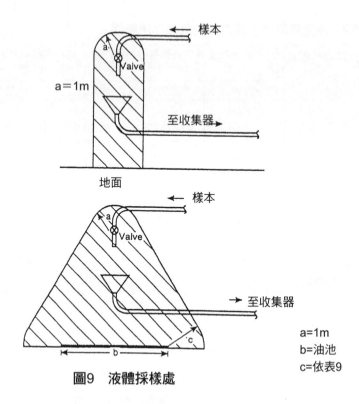

a=1m
b=油池
c=依表9

圖9　液體採樣處

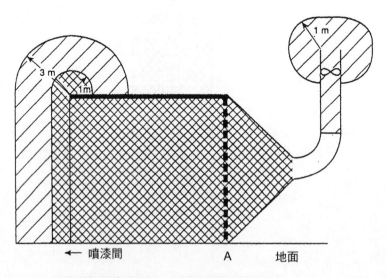

A=格狀柵欄或鐵絲網，以增加空氣流動的均勻

圖10　噴漆間

七、美國電氣規章（NEC）危險場所分區舉例

　　美國的NEC與歐洲的IEC之分區識別圖略有不同，原則上，Division 1約等於Zone 0和Zone 1，Division 2約等於Zone 2。請參考本書第十章2.1之說明。

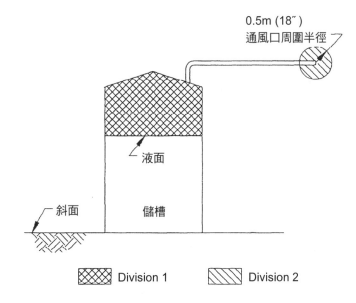

圖11　可燃性液體儲槽（在開放非密閉，通風充足場所）

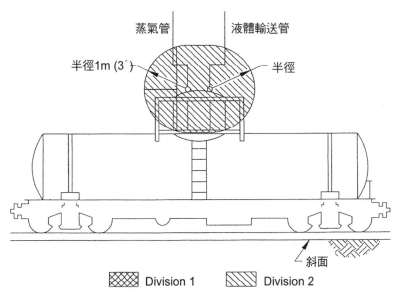

圖12　易燃性液體之油罐車進卸料經由密閉系統

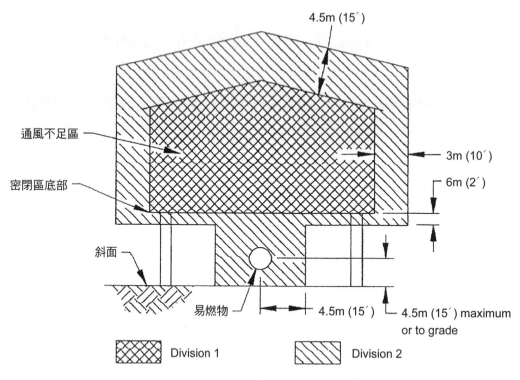

通風不足區

密閉區底部

斜面

易燃物

4.5m (15′)

3m (10′)

6m (2′)

4.5m (15′)

4.5m (15′) maximum or to grade

▨▨ Division 1   ▨ Division 2

圖13　通風不足的壓縮機頂棚（氣體或蒸氣比空氣輕）

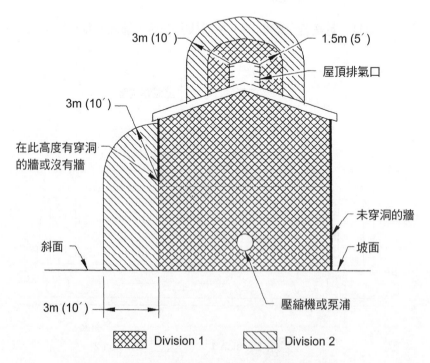

3m (10′)

1.5m (5′)

屋頂排氣口

3m (10′)

在此高度有穿洞的牆或沒有牆

未穿洞的牆

斜面

坡面

3m (10′)

壓縮機或泵浦

▨▨ Division 1   ▨ Division 2

圖14　通風不足的密閉場所內的壓縮機或泵浦

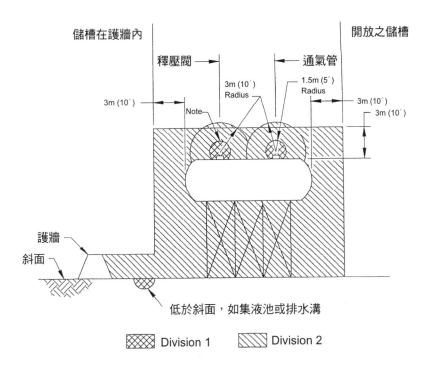

圖15　架高的儲槽或壓力容器

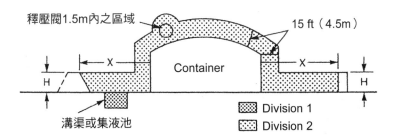

護牆高度低於儲槽至護牆的距離（H＜X）

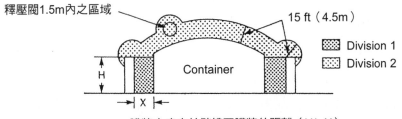

護牆高度高於儲槽至護牆的距離（H＞X）

圖16　極低溫液化氣體儲槽

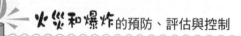

八、運用Raoult's law計算不同濃度之蒸氣的爆炸性

假設溶液是理想液體、蒸氣是理想蒸氣（一如理想氣體），結合Raoult's law與Dalton's law，液體蒸發後達平衡狀態時，可得公式：

$$y_i = \frac{P_i\,eqm\,X_i}{P}$$

式中，y_i＝在vapor-air mixture中揮發性液體之vapor的mole fraction（mole%）

$P_i\,egm$＝平衡狀態時揮發性液體之蒸氣的蒸氣壓

X_i＝揮發性液體在液相中的mole fraction

P＝全壓

運用此一公式計算所得的易燃物與空氣之混合氣體濃度與易燃物之爆炸範圍比較，可知混合氣體是否具爆炸性。

例如儲槽內的溫度皆為15.6°C（60°F），戊烷槽與甲醇槽內的易燃物（即戊烷和甲醇）與air的混合氣體是否能被點燃而爆炸？

首先就戊烷而言，當達平衡狀態時，在15.6°C

P_i＝350mmHg，X_i＝1.0，P＝760mmHg（＝1atm）

則$y_i = \dfrac{P_i\,eqm\,X_i}{P} = \dfrac{(350)(1.0)}{760} = 0.46 = 46\%$

而戊烷的爆炸範圍是1.5～7.8%。

故在平衡狀態時，戊烷太濃稠，不致被點燃而爆炸。

其次，甲醇在15.6°C時，P_i＝72mmHg

則$y_i = \dfrac{(72)(1.0)}{760} = 0.947 = 9.47\%$

甲醇的爆炸範圍是6.7～36%。

故在平衡狀態時，甲醇的濃度落在爆炸上下限之間，會被點燃而爆炸。

液態可燃物的蒸氣隨溫度之不同而變，故其mole fraction亦隨之而變。例如

戊烷之P_i eqm在37.8°C（100°F）＝540mmHg。

則yi＝$\dfrac{(540)(1.0)}{760}$＝0.71＝71%（不在其LFL～UFL之內）。

九、重要名詞定義

1.閃火點（flash point）

以下兩種定義皆可：

(1)易燃性（或可燃性）的液體受熱釋放足夠的蒸氣，和空氣混合，形成易燃性的混合氣體（flammable mixture），接觸發火源（ignition sources）而發出閃火，但立即熄滅（不會繼續燃燒）。此閃火時的最低溫度是為閃火點。

(2)易燃性的液體在空氣中的蒸氣壓，在平衡狀態下，接近該液體爆炸（燃燒）下限時的溫度。

就第二個定義言之，液體在閃火點時的濃度略低於爆炸下限。進一步言之，液體在著火點（fire point）時的濃度與爆炸下限相當。

一般常引用的閃火點，通常是以適當的測試程序和裝置測得，常分開口杯（open cup）和閉口杯（close cup）兩種測試方式。

原則上，閃火點一詞僅適用於液體，不適於固體和氣體，但固態的、糊狀的蠟或亮光漆（polishes）在受熱後熔解成液態，產生蒸氣，亦可測其閃火點。

2.著火點（或稱燃點）（fire point）

易燃性（或可燃性）的液體受熱釋放足夠的蒸氣，和空氣混合，形成易燃性的混合氣體，接觸發火源而起燃，繼續燃燒的最低溫度。

對同一可燃性液體而言，其著火點常高於閃火點。兩者之間的溫度差隨液體之不同而異。一般而言，約相差5～20°C。

3.自燃溫度（autoignition temperature）

易燃性（或可燃性）的氣體或液體的蒸氣與空氣的混合氣體，不藉外在的發火源（如火焰、火花、衝擊熱、化學反應熱和分解熱等）而能自行燃燒的最低溫度。

自然溫度高於著火點，閃火點甚多。

4.最小著火能（minimum ignition energy，簡稱MIE）

使可燃性氣體、液體的蒸氣或爆炸性粉塵與空氣的混合物著火，燃燒爆炸的最低能量。

上述四個名詞之溫度或能量非固定不變，皆受一些因素的影響而變。改變因素包括周圍溫度、壓力、氧的濃度、是否另有其他物質（如inert gas或other flammable gases）共同存在、測試方式等。

5.BLEVE

BLEVE是滾沸液體膨脹蒸氣爆炸（boiling liquid expanding vapor explosion）的簡稱。其發生原因有多種，如儲存容器外面著火、容器內部壓力過大、容器結構體腐蝕及容器受到撞擊等因素。

最常發生的情況是容器外面著火，火焰直接燒向容器。此時，容器內液態可燃物溫度升高，形成大量的蒸氣，內壓增加，達到釋壓閥的設定壓力而打開閥座。若外面的火焰仍持續侵害容器，更多的蒸氣排出後，液面逐漸下降至火焰侵襲容器部位之下，則容器的金屬外殼無液體移除熱而變危弱。最後，容器內壓超過金屬的破壞強度而發生BLEVE。此時，金屬爆裂，殘留的液體迅速釋出而汽化，常被點燃而成巨大的火球。破裂的金屬片可能飛到數百至一千公尺之外的地方，造成嚴重的傷亡或損毀（詳細說明，請見本書5.8.3）。

6.化學性爆炸

化學性爆炸的特點是在爆炸之前必有燃燒反應，亦即有激烈、快速的氧化反應，這是物理性爆炸所沒有的現象。詳而言之，在爆炸之前，必須有可燃物與空氣中的氧混合而成易燃性或可燃性的混合物，被發火源點著。可燃物則包括易燃性氣體、液體或粉塵、爆炸物等。

BLEVE，高溫赤熱的金屬與水之間的蒸氣爆炸，鍋爐本體的爐胴爆炸等在爆炸之前皆無燃燒反應，不屬於化學性爆炸，而是物理性爆炸。

參考文獻

1.HSE, Canvey Third Report, London, HMSO, 1981.

2.Kletz, T. A., 2rd Intl Symposium on Loss Prevention, p. 50, IChemE Symposium Series, 1968.

3.Wiekema, B. J., Analysis of Vapour Cloud Accidents, Proceedings of the 4th Euredata Conference, Venice, 1983.

4.Davenport, J. A., A Study of Vapour Cloud Incidents-an update, IChemE, 4th Intl Symposium on Loss Prevention, Harrogate, 1983.

5.IEC 79-1A, Electrical Apparatus for Explosive Gas Atmospheres, Part 1, First Supplement "Appendix D" Method of Test for Ascertainment of Maximum Experimental Safe Gap, 1975.

國家圖書館出版品預行編目（CIP）資料

火災和爆炸的預防、評估與控制 / 黃清賢
著. -- 初版. -- 新北市 : 揚智文化，
2013.12
面；　公分

ISBN 978-986-298-122-1 (平裝)

1.火災　2.消防　3.工業安全

575.87　　　　　　　　　　　102023731

火災和爆炸的預防、評估與控制

作　　者 / 黃清賢
出 版 者 / 揚智文化事業股份有限公司
發 行 人 / 葉忠賢
總 編 輯 / 閻富萍
特約執編 / 鄭美珠
地　　址 / 22204 新北市深坑區北深路三段 260 號 8 樓
電　　話 / (02)8662-6826
傳　　真 / (02)2664-7633
網　　址 / http://www.ycrc.com.tw
E-mail / service@ycrc.com.tw
I S B N / 978-986-298-122-1
初版一刷 / 2013 年 12 月
定　　價 / 新台幣 500 元